Strafgesetzbuch

für das

Königreich Italien

(Codice penale per il Regno D'Italia).

Nebst

dem Einführungsgesetz vom 22. November 1888 und
der Einführungsverordnung vom 30. Juni 1889

übertragen und erläutert

von

Dr. Richard Stephan,
Staatsanwalt am Königl. Landgericht I zu Berlin.

Berlin.
Druck und Verlag von Georg Reimer.
1890.

Einleitung[1]).

. . . „è l'opera collettiva dei più fidi ed autorevoli depositarii delle tradizioni della scuola italiana, della pratica esperienza della magistratura e del fôro d'Italia, delle più elette e colte intelligenze del paese."

Mancini, Relazione del 25 Novembre 1876.

Mit dem 1. Januar 1890 ist im Königreich Italien ein neues Strafgesetzbuch in Kraft getreten. Diese Thatsache erscheint insofern von hoher Bedeutung, als sie den Abschluss einer langjährigen Epoche gesetzgeberischer Thätigkeit des italienischen Volkes, insbesondere auf dem Gebiete der Rechtspflege darstellt. Wie in unserem deutschen Vaterlande nach Neuerstehung des Deutschen Reiches Regierungen und Volk gleichmässig und einmüthig bestrebt waren, durch einheitliche Gesetze das Band um die verschiedenen Volksstämme fester zu schlingen und das nationale Bewusstsein der Zusammengehörigkeit dauernd zu befestigen und zu stählen, so durchzog auch das italienische Volk, nachdem durch die Ereignisse des Jahres 1859 die von allen Patrioten lange erstrebte, heiss ersehnte Italia Riunita erstanden war, der Drang nach Schaffung einheitlich bindender Rechtsnormen. Während infolgedessen auch alsbald bereits im Laufe der sechziger Jahre mehrere Gesetze juridischer Natur entstanden, von welchen nur das bürgerliche Gesetzbuch (codice civile) und die Civilprozessordnung (codice di procedura civile), beide unter dem 25. Juni

[1]) Zum Theil unter Berücksichtigung eines vom Unterzeichneten über den s. Z. vorliegenden Gesetzesentwurf in der Juristischen Gesellschaft zu Berlin am 11. Mai 1889 gehaltenen, in den Preuss. Jahrbüchern (Decemberheft 1889) veröffentlichten Vortrages.

1865, mit Gesetzeskraft vom 1. Januar 1866 unter dem Ministerium Vacca veröffentlicht, sowie die Strafprozessordnung (codice di procedura penale) vom 26. November dess. Jahrs erwähnt sein mögen, ist fast ein Menschenalter darüber hingegangen, ehe die Codifikation des materiellen Strafrechts zu endgültigem Abschluss gelangte. Das Auffallende dieser Erscheinung ist auf verschiedenartige Gründe zurückzuführen. Einerseits sollte ein streng einheitliches Werk unter Berücksichtigung und Zusammenfassung sowohl aller specifisch italienischer Rechtsanschauungen als auch aller strafrechtlicher Disciplinen auf allen Gebieten des öffentlichen Lebens geschaffen werden, um dem Erlass vereinzelter Specialgesetze möglichst vorzubeugen. Dieses Ziel ist durch das neue Strafgesetzbuch erreicht: es ist ein Codex in des Wortes vollster Bedeutung geschaffen worden. Andrerseits ist die Verzögerung des Abschlusses der Codification auf den häufigen Wechsel im Justizministerium zurückzuführen. Fast jeder der seit der Consolidirung Italiens zum Portefeuille der Justiz gelangten Minister glaubte zur Codifikation des Strafgesetzes verpflichtet zu sein. Viele waren berufen, aber nur Einer, der jetzige Justiz-Minister Giuseppe Zanardelli auserwählt, das Werk zu vollenden, an dessen Auf- und Ausbau nicht weniger als vierzehn seiner Amtsvorgänger, darunter Mancini, Pessina, Conforti, de Falco, Vigliani, Savelli, Tajani durch Herstellung zwölf zum Theil vollständiger Entwürfe gearbeitet hatten. In Italien ist wie in den meisten romanischen Ländern der Justizminister gleichzeitig Cultusminister, und bei der andauernden, durch die Ereignisse von 1870 noch verschärften Schwierigkeit der Beziehungen zwischen Quirinal und Kurie darf der früher wenigstens häufig eingetretene Wechsel im Ressort des Cultus und somit nothwendigerweise auch der Justiz nicht Wunder nehmen. Kein Minister, selbst nicht ein Mancini wurde in seiner Stellung alt; er musste immer wieder das begonnene codifikatorische Werk „seinem Nachfolger zum weiteren Befinden“ überlassen.

Although the last not least. Die pièce de résistance, welche vornehmlich der Durchführung der Codifikation sich entgegenstellte, war die Frage der Beibehaltung oder der Abschaffung der Todesstrafe. In dem Lande eines Beccaria, eines Romagnosi und Carrara[2]) hat

[2]) Cesare Bonesano di Beccaria, (geb. 1738 zu Mailand, gest. 1794 als Lehrer der Staatswissenschaft an der dortigen Universität), ist der erste ital.

sich diese Strafe niemals auch nur geringer Popularität erfreuen können, und auch die Gesetzcommission glaubte ihr Votum auf Abschaffung der Todesstrafe dadurch begründen zu müssen, „dass sie sich mit der Ansicht dieser Gelehrten und der Anschauung des italienischen Volkes identificirte und sich dahin äusserte, dass eine Strafe, über deren rechtlichen und moralischen Charakter das allgemeine Bewusstsein nicht übereinstimme, ihre nothwendigste und festeste Grundlage verloren habe!"

Bereits im Jahre 1865, nachdem schon die Vorarbeiten zum Strafcodex begonnen, und der Justizminister Miglietti seinen Entwurf vorgelegt hatte, erklärte sich die Deputirtenkammer in der Sitzung vom 13. März für die Abschaffung der Todesstrafe, während der Senat neun Tage später derselben solange das Wort zu reden für nothwendig erachtete, bis die Ungefährlichkeit ihrer Aufhebung nachgewiesen sei. Die Krone hat indessen der zuerst zum Ausdruck gebrachten Volksanschauung in der Folgezeit Rechnung tragen zu müssen geglaubt: Seit dem Jahre 1877 hat in Italien keine Hinrichtung mehr stattgefunden. De facto war die Todesstrafe abgeschafft. Selbst der fluchwürdige Anschlag eines Passanante auf den allverehrten Re-Galantuomo im Jahre 1878 vermochte an dieser Thatsache nichts zu ändern. So kam es, dass wenn auch nur allmälig der Senat seinen Widerspruch aufgab und schliesslich in seiner Mehrheit sich gegen die Todesstrafe aussprach, nachdem bereits die Deputirtenkammer am 8. Juli 1888 die Abschaffung derselben votirt hatte.

Bei fernerer Besprechung der Codificirung erscheint es geboten, zur Berücksichtigung der Entstehung des jetzigen Gesetzbuches, sowie

---

Rechtsphilosoph, welcher in seinem ursprünglich anonym zu Monaco (1764) erschienenen Werke „dei delitti e delle pene" die Todesstrafe und die Tortur anfocht. Beide verwirft er vom Standpunkte der Humanität. Auch spricht er bezüglich der Todesstrafe dem Staate das Recht überhaupt ab, über das Leben eines Menschen zum Zwecke der Sühne eines Verbrechens zu verfügen. Die Tortur erklärt er für ein ebenso sittlich verwerfliches als praktisch völlig bedeutungsloses Strafverfolgungsmittel. — Giandomenico Romagnosi, geb. 1771 bei Piacenza, zuletzt Professor in Pavia hat in seinem Buch „Genesi del diritto penale" das Strafrecht in einem System sog. indirekter Vertheidigung aufgebaut. Auch er ist ein entschiedener Gegner der Todesstrafe wie Francesco Carrara (geb. 1805 in Lucca), wie aus des Letzteren Abhandlung zum Strafgesetzentwurf (pensieri sul progetto penale 1874) hervorgeht. Ueber sein anderes Werk „Vom Versuch" („del conato") vgl. das hierüber in Anm. 1 zum fünften Titel erstes Buch Gesagte.

auch zum besseren Verständniss desselben die geschichtliche Entwickelung italienischer Codifikation auf strafrechtlichem Gebiete überhaupt zu berühren. Dieselbe reicht bis in das Ende des vorigen Jahrhunderts zurück. Die Grossherzöge von Toskana hatten von jeher nicht nur für rege Förderung lebhaften Kunstsinnes sondern auch für Weckung starken Rechtsgefühls väterlichst gesorgt. So bildet denn auch der unter Leopold dem Weisen erschienene Strafcodex vom 30. November 1786 die Quintessenz frühester legislatorischer Produktivität des modernen Italiens. Aus diesem Gesetzbuch ist dann unter der Regierung Leopolds II unter thatkräftiger Mitwirkung Mittermaiers, des Altmeisters baierischen Privat- und öffentlichen Rechts der neue toskanische Codex vom 1. September 1853 (mit einigen Abänderungen vom 8. April 1856) hervorgegangen. Dank seinem hohen Werthe ist derselbe bis zur Inkrafttretung des gegenwärtigen Strafgesetzbuches in Geltung geblieben. Dem Beispiele Toskanas folgte alsbald das Stammland Sardinien nach seiner Neuconsolidirung unter Viktor Emanuel 1802. Die bekannten Professoren des Strafrechts Rafaelli und Nani wurden mit der Ausarbeitung eines Strafgesetzbuches beauftragt. Der in wenigen Jahren auch fertiggestellte, unter dem 20. Mai 1808 veröffentlichte Entwurf hat aber niemals Gesetzkraft erlangt, sondern wurde sogar durch die Verordnung vom 23. April 1812 ausdrücklich ausser Kraft gesetzt, — und zwar in Folge des Erscheinens des Code pénal 1810.

Wenn je ein Gesetzbuch unmittelbar und mittelbar sich Geltung weit über die Grenzpfähle seines eigenen Landes hinaus zu verschaffen gewusst hat, so ist es der Code Napoléon, insbesondere der Code pénal, der seine Kreise nicht nur bis zu den entfernteren Theilen des Mittelmeeres sondern auch bis zur Nord- und Ostsee, ja selbst bis zum stillen Ocean gezogen hat[3]). Bereits im Jahre 1812 wurde durch Verordnung vom 1. Juli der Code pénal direkt im Königreich

---

[3]) Man darf mit Recht behaupten, dass die gegenwärtige gesammte continentale Strafgesetzgebung vom Code pénal beeinflusst, wenn nicht beherrscht ist. Dies gilt namentlich auch rücksichtlich des Deutschen Strafgesetzbuches. Dasselbe stellt eine Bearbeitung des früheren preuss. Strafgesetzbuchs vom 14. April 1851 dar; letzteres lehnt sich, unter Preisgabe der strafrechtlichen Bestimmungen des Preuss. Landrechts, mehr oder weniger selbständig an das französische Gesetzbuch an. Letzteres muss auch vom Strafgesetzbuch für Japan von 1880 gesagt werden. — Vgl. Anm. 1 zum ersten Titel des ersten Buches.

Sardinien eingeführt und hat derselbe dort bis zum 15. Januar 1840 gegolten. An diesem Tage trat ein eigenes Strafgesetzbuch in Kraft, welches sich jedoch ebenfalls als eine wenn auch ziemlich selbständige Nachbildung des französischen Gesetzbuchs darstellt. Letzteres muss überhaupt von allen Strafgesetzbüchern gesagt werden, welche die übrigen Staaten Italiens im Laufe dieses Jahrhunderts eingeführt hatten. Unter diesen ging voran das Königreich Beider Sicilien mit dem Strafgesetzbuch vom 1. September 1819, ihm folgte das Herzogthum Parma mit seinem Codex vom 1. Januar 1821. Auch der Kirchenstaat glaubte nicht nachstehen zu sollen, indem er seine Strafrechtsnormen in dem sog. Regolamento Romano vom 1. November 1832 codificirte. Den Schluss machte das Herzogthum Este mit seinem Strafgesetzbuch vom 1. Mai 1856. Alle die vorgenannten Gesetzbücher gleichen einander wie ein Ei dem anderen. Mit dem Aufgang der einzelnen Staaten in dem italienischen Gesammtstaatsorganismus erlosch auch das ephemere Dasein ihrer Gesetzbücher. Es blieben also, wie erwähnt, nur das Toskanische und das Sardinische Strafgesetzbuch in Geltung. Letzteres erhielt den Namen Codice penale italiano (κατ' ἐξοχήν) und wurde mit nur geringen Abänderungen für die Provinz Neapel besonders eingeführt.

Das war der Stand der materiellen Strafgesetzgebung zur Zeit der Erstehung der Italia Riunita. Der Ruf nach Schaffung eines einheitlichen Strafgesetzes erscholl sehr bald. Schon im Mai 1860 sprach die Deputirtenkammer die Erwartung aus, dass bald ein Strafgesetzbuch für den ganzen Staat hergestellt werde. Dieser Anregung leistete der damalige Justizminister Miglietti auch baldigst Folge. Bereits im Januar 1862 legte er dem Senat einen Entwurf zu einem einheitlichen Strafgesetz vor. Es verblieb aber beim Entwurfe. Miglietti's Nachfolger Pisanelli nahm indessen die Idee mit seinem Amtsantritt energisch auf. Durch Circularerlass vom 12. Februar 1863 forderte er die Gerichtsbehörden zu Aeusserungen über die mit dem bisherigen Sardinischen Strafcodex gemachten Erfahrungen auf. Im Anschluss an den Eingang der eingeforderten Gutachten trat unter dem späteren Minister de Falko eine Commission zusammen, welche wenigstens zum allgemeinen Theil eines neuen Strafgesetzbuches einen Entwurf (vom 24. November 1864) lieferte. Von nun an haben alle nachfolgenden Minister sich angelegen sein lassen, das in Angriff genommene

Feld zu bebauen. Die vorerwähnten zwölf zum Theil selbständigen Entwürfe stellen das Ergebniss ihrer Thätigkeit dar. Unter denselben nimmt, abgesehen von dem schliesslich zum Gesetz erhobenen Zanardelli'schen, der von Mancini [4]) herrührende Entwurf vom 23. Oktober 1877 die erste Stelle ein, nicht allein wegen seiner Vollständigkeit, sondern wegen seiner wissenschaftlichen, d. h. systematischen Ausarbeitung, insofern als in sorgfältigster Weise die erforderten Aeusserungen der Gerichtsbehörden und der Anwaltskammern, sowie die eingezogenen Gutachten der juristischen, zum Theil auch der medicinischen Fakultäten sämmtlicher Hochschulen Italiens gesichtet und eingehend gewürdigt worden sind. Von dem Altmeister italienischen öffentlichen Rechts war schlechterdings ein anderes Elaborat nicht zu erwarten. Sein Werk konnte er indessen nicht zum Gesetz erhoben sehen. Dank der Internationalität seines Wissens und dem Kosmopolitismus seines Geistes berief ihn das vom Volke einhellig getragene Vertrauen seines Königs zur Uebernahme der Führung der auswärtigen Angelegenheiten. Mancini wurde hierdurch der Ausführung seiner Lieblingsidee entrückt. Die Erreichung dieses Zieles sollte vielmehr seinem Nachfolger, dem Justizminister Zanardelli [5]) vorbehalten bleiben.

---

[4]) Pasquale Stanislao Mancini (geb. am 17. März 1817 zu Castelbaronio bei Ariano, gest. am 26. December 1888 zu Villa Capodimonte bei Neapel), Italiens grösster Jurist vornehmlich auf dem Gebiete des öffentlichen Rechts, wirkte als Professor des internationalen Rechts und als Advokat anfangs (1848) in Neapel, alsdann in Turin, wohin er 1849 infolge der revolutionären Bewegung geflüchtet war. Sein Wirken und seine Verdienste erhielten dadurch die hohe, gebührende Anerkennung, dass er 1873 als Professor des öffentlichen Rechts in Rom zum Ehrenpräsidenten des Instituts für internationales Recht ernannt wurde. Unter dem Ministerium Depretis schuf er 1876 zum Justiz- und Cultusminister berufen seinen Entwurf zum Strafgesetzbuch; von 1881—1885 fungirte er als Minister des Auswärtigen, bis er alsdann zur Advokatur zurückkehrte. (Carpi a. a. O. Bd. 3 S. 548 ff.)

[5]) Giuseppe Zanardelli, geboren zu Brescia am 29. Oktober 1826 als der Sohn des Ingenieurs Giovanni Z., begann seine Studien auf dem Collegium S. Anastasia zu Verona, die er auf der Universität zu Pavia fortsetzte. Auch er betheiligte sich als Mitglied eines Studentenfreicorps an der insbesondere gegen die damals noch österreichische Herrschaft gerichteten revolutionären Bewegung bis zur Blockade von Mantua (1848). In die Oeffentlichkeit trat Zanardelli zuerst durch seine Briefe über die Ausstellung in seiner Vaterstadt (1857), welche durch ihren politischen, literarischen und juristischen Inhalt die Vielseitigkeit seiner Bildung verriethen und grosses Aufsehen erregten. Die Regierung glaubte gegen diesen durch seine lebhafte Opposition gefährlichen Geist dadurch sich schützen

Unter dem Ministerium Depretis im Mai 1881 an die Spitze des Justizministeriums gestellt unterwarf Zanardelli, nachdem er zunächst die Codifikation des Handelsgesetzbuches (vom 31. Oktober 1882) zum Abschluss gebracht hatte, die bis dahin vorliegenden Strafgesetzentwürfe einer eingehenden Prüfung. Auf kurze Zeit zurückgetreten übernahm er am 3. April 1887 wiederum das Portefeuille der Justiz und schon am 22. November desselben Jahres legte er den von ihm ausgearbeiteten Entwurf nebst einer umfangreichen Motivirung[6]) der

---

zu sollen, dass sie ihm jedwede öffentliche Thätigkeit verbot und ihm sowohl die Annahme der Stelle eines Sekretärs an der Handelskammer untersagte als ihn auch von der Meldung zum Advokatenexamen ausschloss. Auf Garibaldis Veranlassung bildete und leitete er von Lugano aus das Nationalcomité von Brescia. Nachdem die italienische Regierung in der Lombardei ihren Einzug gehalten, wählten zwei lombardische Städte, Chiari und Iseo Zanardelli zum Deputirten. Er nahm die Wahl seitens der Letzteren an. In der Kammer drang er 1861 mit Erfolg auf Aufhebung der lombardischen Lehne, nahm sich in einer ebenfalls erfolgreichen Rede des niederen Klerus an und brach 1867 eine Lanze für Mazzini, den er nicht sowohl als einen Republikaner als vielmehr als einen Unitarier hinstellte. Mit gleichem Glück focht er für die Freiheit der Presse und die Unabhängigkeit des Richterstandes. Nicht unerwähnt kann auch bleiben, dass er schon früh für einen Durchbruch der (helvetischen) Alpen plaidirte, wobei er dem Splügen den Vorzug vor dem St. Gotthard gab. Bei seinem schon früh entwickelten Interesse für Handel und öffentliches Verkehrsleben darf seine Ernennung zum Minister der öffentlichen Arbeiten nicht Wunder nehmen; indessen gab Zanardelli dieses Portefeuille bald wieder ab, das Cabinet Cairoli berief ihn aber bereits 1878 wieder, und zwar zum Minister des Innern. Mit Geschick und Erfolg trat er den gerade damals stark hervortretenden Bewegungen der Italia irridenta entgegen, und ebenso schlug er die Angriffe ab, welche gegen ihn aus dem Anschlag Passanante's (17. November) 1878 hergeleitet wurden. Im Jahre 1881 erfolgte eine Neubildung des Cabinets unter Depretis und in diesem erhielt Zarnadelli das in Italien und den meisten romanischen Staaten vereinigte Portefeuille der Justiz und des Cultus, welches er zum Segen seines Vaterlandes und der Wissenschaft noch lange führen möge! (Carpi a. a. O. Bd. 3 S. 472 ff.) Ueber Zanardelli's litterarische Werke S. unter „Literatur".

[6]) „Relatione Ministeriale". Progetto del Codice Penale per il Regno d'Italia e disegno di legge presentato dal Ministro di Grazia e Giustizia e dei Culti (Zanardelli). Dieses Werk (in der Uebersetzung kurzweg „Motive" genannt) ist von höchstem wissenschaftlichen und praktischen Werthe: die einzelnen Vorschriften sind auf das Eingehendste analysirt und begründet und mit den analogen Bestimmungen der gesammten internationalen Strafgesetzgebung der Gegenwart in Parallele gestellt. Dasselbe hat auch dem Herausgeber dieses Buches die beste Unterstützung zu seiner Arbeit gewährt.

Deputirtenkammer vor. Die Behandlung, welche der Gesetzentwurf seitens der Kammer auf Vorschlag des Ministers erfahren sollte, war ganz eigenartig; sie steht im parlamentarischen Leben ebenso neu als einzig da[7]). Der Minister schlägt nemlich vor, indem er auf das von ihm codificirte, in ähnlicher Weise zustande gekommene vorerwähnte Handelsgesetzbuch exemplificirt, den Entwurf, wie er vorgelegt sei, en bloc anzunehmen, die Regierung aber zu ermächtigen, in dem Wortlaute diejenigen Abänderungen vorznnehmen, welche sie unter Berücksichtigung der Beschlüsse des Parlamentes für nothwendig erachten würde, um die Bestimmungen des Gesetzes unter einander und mit denen der übrigen Gesetze in Einklang zu bringen. Indessen erklärt sich der Minister auch mit der Bildung einer Kommission behufs Prüfung seines Entwurfes einverstanden. Nur soll diese als sog. Commissione coordinatrice eine nur begutachtende Thätigkeit entfalten, eine nur berathende, nicht beschliessende Stimme haben. So auffallend und fremd dieser Vorschlag gegenüber gerade unserem parlamentarischen Brauche auf den ersten Blick erscheinen mag, so erklärlich wenigstens wird man ihn finden, wenn man diejenigen Gründe näher in Erwägung zieht, welche der Codifikator selbst zur Unterstützung seines Vorschlages anführt, ganz abgesehen von dem gerade in Italien stark ausgeprägten Parlamentarismus. In erster Linie weist Minister Zanardelli auf die geschichtliche Entstehung und Entwickelung des Gesetzentwurfes hin; mehr als jedes andere Gesetz könne gerade dieses den Anspruch auf Volksthümlich-

[7]) Während es nach Liszt in seiner kritischen Besprechung des Entwurfs (S. a. a. O. S. 7) dem deutschen Juristen nicht verübelt werden dürfe, auch für die Einführung des deutschen bürgerlichen Gesetzbuchs ein ähnliches Verfahren eingeschlagen zu sehen, nennt Seuffert in seinen „Mittheilungen aus dem Entwurfe“ (S. a. a. O. S. 88) die vom Minister Zanardelli vorgeschlagene Behandlung des Entwurfes zwar eine sehr verständige, meint aber, dass ein solcher Vorschlag ein starkes Vertrauen des Parlamentes zur Regierung voraussetzt, und dass nur eine aus der Mehrheit des Parlamentes hervorgegangene Regierung mit Aussicht auf Erfolg ein solches Vertrauensvotum zu verlangen wagen könne. Auch mit Rücksicht auf die vielfach verschiedenartigen, in den einzelnen Theilen Deutschlands noch geltenden partikulären Bestimmungen, welche der eingehendsten Prüfung auf ihren Werth und ev. gebotenen Fortbestand gerade seitens der Vertreter des Deutschen Volkes bedürfen, ist dem oben vorgeschlagenen, vom italienischen Parlament beliebten Verfahren in der Behandlung der Materie für Deutsche Rechts- und Staatsverhältnisse nicht das Wort zu reden.

keit erheben, dessen Genesis dem competenten Theil der Bevölkerung zuzuschreiben sei. In ebenso zutreffender als bescheidener Weise glaubt auch Zanardelli als Belag für diese seine Behauptung auf die Worte[8]) sich berufen zu dürfen, mit welchen Mancini bereits seinen Entwurf beim Parlamente einführte, dass nemlich nunmehr Niemand in Italien das Verdienst beanspruchen könne, sich als den Autor des Strafcodex zu bezeichnen; denn dieser sei das Sammelwerk der zuverlässigsten und massgebendsten Verwahrer der Ueberlieferungen der italienischen Schule, der praktischen Erfahrung des Richterthums und der Gerichte Italiens, der erwähltesten und gelehrtesten Geister des Landes! Ferner hält der Minister die immerhin umständliche Berathung eines nunmehr bald zur Erledigung zu bringenden Gegenstandes für wenig zweckentsprechend. Vor allem konnte sich aber ein Mann wie Zanardelli einen solchen von ebenso grossem Selbstbewusstsein als Selbstvertrauen zeugenden Vorschlag gestatten. Denn, abgesehen von dem ihm als parlamentarischem, zum zweiten Male an die Spitze der Justiz berufenen Minister unbedingt zur Seite stehenden Vertrauen der Krone und der Volksvertretung, galt und gilt er, der Schöpfer des italienischen Handelsgesetzbuches, als Autorität ersten Ranges auf dem Gebiete jedweden die Oeffentlichkeit in erster Linie berührenden Rechts, insbesondere auf dem des Strafrechts. Der Erfolg konnte ihn nicht täuschen. Die Kammer ging auf seinen Vorschlag ein. Unter Mancini's Vorsitz, unter Betheiligung des früheren Justizministers Tajani, der ebenfalls einen Entwurf geliefert hatte, trat die aus dreiundzwanzig Mitgliedern bestehende Commission zusammen. In wenigen Monaten, bereits im März 1888 hatte sie ihre Thätigkeit beendet. Ihre Vorschläge, nicht einschneidender, zumeist versönlicher Art haben theilweise Berücksichtigung gefunden. Die Verhandlung im Plenum ging ebenfalls schnell von Statten, sie währte nur vom 26. Mai bis zum 9. Juli 1888. An diesem Tage wurde das Gesetz mit 245 gegen 67 Stimmen angenommen, nachdem zuvor die Kammer auf Antrag Mancini's in eine Verhandlung über die einstimmig geforderte Abschaffung der Todesstrafe überhaupt nicht eingetreten, sondern zur Tagesordnung übergegangen war. Der Senat erhielt das Gesetz

[8]) Den ital. Wortlaut dieser denkwürdigen Worte hat der Herausgeber als Sinnspruch an die Spitze der Einleitung stellen zu müssen geglaubt: sie drücken dem ganzen Werke das richtige Gepräge auf.

am 14. Juni 1888 vorgelegt, nur neun Tage verhandelte er über dasselbe, am 17. November desselben Jahres nahm er es mit 101 gegen 33 Stimmen an. Die Beschlüsse der Commission wurden, sofern sie voti espressi waren, jedoch nur als voti personali dem Gesetze beigegeben; ihre Berücksichtigung war, wie erwähnt, in das freie Ermessen der Regierung gestellt. Von dieser Ermächtigung hat die Regierung den denkbar loyalsten Gebrauch gemacht:

So sind bei den Strafandrohungen die an sich hohen Strafmindest- und -höchstbeträge zum Theil, wenn auch nicht erheblich herabgesetzt worden. Von den Strafen ist eine ausgeschieden, die aus dem Sardin. Gesetzbuch (Art. 26[4]) übernommene „örtliche Verbannung“ (esilio locale, Entw. Art. 20). Dieselbe legte dem Verurtheilten die Verpflichtung auf, sich binnen einer bestimmten Zeit (von einem Monat bis zu drei Jahren) innerhalb einer gewissen Entfernung (von mindestens zwanzig Kilometern) vom Orte der That und seinem bisherigen sowie dem Wohnorte des Verletzten sich aufzuhalten, und war angedroht für Vergehen, welche eine Auflehnung gegen die öffentliche Rechtsordnung enthielten, wie z. B. der Angriff auf die Freiheit der Religionsausübung, die nach ital. Recht strafrechtlich verfolgbare eigenmächtige mit Gewalt ausgeübte Selbsthülfe, die ausweislich der Motive ausdrücklich dem deutschen Strafgesetzbuch[9]) entlehnte Verletzung der Hoheitszeichen eines auswärtigen Staates u. A. m. (Vgl. Art. 136, 224[2] u. 125 des Entwurfes, bezw. Art. 140, 235[2] u. 129 des Textes). Man vermochte ihre Existenzberechtigung nicht einzusehen und liess sie theils in der verwandten Strafe der positiven Ortsanweisung (confino, Art. 18) theils in der milderen Form der Freiheitsentziehung, in der Detention (Gefängniss Art. 15) aufgehn. Bezüglich der Strafen ist noch hervorzuheben, dass die Verurtheilung zur schwersten Strafe, zum Kerker, welche nach dem Entwurfe (Art. 91[1]) in dreissig Jahren verjähren sollte, nunmehr der Verjährung entzogen ist (Art. 25[1]). Die Vollstreckung der Kerkerstrafe selbst ist insofern gemildert worden, als die Länge der zuerst zu verbüssenden beständigen Einzelhaft von zehn Jahren auf sieben herabgesetzt worden ist. (Art. 11[2] Entw.. 12 Text.)

Im besonderen Theile sind nur die kirchenpolitischen Bestimmungen zum Theil nicht unerheblich in ihrer vom Entwurf vorgeschlagenen Schärfe gemildert worden, offenbar dank dem Bestreben

[9]) § 103a daselbst. Vgl. auch Anm. zu Art. 129.

der Regierung, einen erträglicheren modus vivendi mit der Kurie zu schaffen[9a]). — Neu ist u. A. ferner dem Entwurf gegenüber die Bestimmung, dass die Stellung des Strafantrages wegen Ehebruchs nicht zulässig sein soll, wenn dieserhalb die Ehe getrennt worden ist. Diese Bestimmung ist auf Vorschlag der Commission aufgenommen worden unter der Begründung, dass die Trennung der Ehe zu Ungunsten des schuldigen Theiles als ausreichende Sühne der Verletzung der ehelichen Treue anzusehen sei[9b]). Redaktionell sind dann noch einige geringe Aenderungen vorgenommen, manche Ausdrücke präciser gefasst worden; eine desfallsige Erörterung erübrigt sich.

Genau nach Jahresfrist nach Vorlegung des Entwurfes seitens des Ministers erhielt am 22. November 1888 das Gesetzbuch die königliche Bestätigung mit der gleichzeitigen Bestimmung, dass dasselbe spätestens bis zum 30. Juli 1889 veröffentlicht werde, nach Vornahme der Abänderungen seitens der Regierung im Sinne der oben erwähnten Ermächtigung. Am letztgenannten Tage ist der Codex in seinem endgültigen Wortlaut veröffentlicht worden, mit der gleichzeitigen, sich fast von selbst verstehenden Bestimmung, dass die bis dahin in Geltung gewesenen obenerwähnten Strafgesetzbücher, das sardinische, auch mit der neapolitanischen Variante, sowie das Toskanische, mit dem Tage der Gültigkeit des neuen Strafgesetzbuches, dem 1. Januar 1890 ausser Kraft treten. In der Einführungsverordnung vom 30. Juni 1889 ist die bei Erlass aller neueren italienischen Gesetze getroffene Maassnahme enthalten, dass ein Exemplar des Gesetzbuches jeder Gemeinde des Landes übersandt, dort im Gemeinderathssaale niedergelegt und einen Monat lang täglich sechs Stunden zur Einsichtnahme für Jedermann ausgelegt werde. Mit dieser Maassnahme beabsichtigt der Gesetzgeber eine strenge Durchführung der Veröffentlichung der Gesetze, um etwaigen Einwendungen der Unkenntniss derselben zu begegnen und gleichzeitig die Härte des Grundsatzes: ignorantia juris nocet, möglichst zu mildern. Dass dieser Grundsatz noch besonders in das Gesetzbuch aufgenommen worden ist[10]), liefert überdies einen Beweis für den auch an anderen Stellen hervortretenden doktrinären Charakter des Letzteren.

[9a]) Vgl. auch Anm. 1 S. 88.

[9b]) S. auch Anm. 2 S. 151.

[10]) S. Art. 44.

Wenden wir uns nunmehr von der Geschichte des Gesetzbuches zu einer kurzen charakterisirenden Besprechung desselben, so macht dasselbe schon bei der ersten Einsichtnahme den denkbar günstigsten Eindruck. Die Anordnung und Gruppirung des Stoffes verräth die Meisterhand des Codifikators. Im ersten, sogen. allgemeinen Theil finden wir alle die Grundsätze und Vorschriften aufgestellt, welche bei Anwendung des Gesetzes überhaupt und seiner einzelnen Bestimmungen beobachtet werden müssen. An erster Stelle werden die rechtlichen, zeitlichen und örtlichen Voraussetzungen behandelt, unter denen das Gesetz zur Anwendung zu bringen ist.

Der erste Titel enthält aber noch ein anderes für das ganze Strafgesetzbuch wichtiges Merkmal, nemlich die Eintheilung der strafbaren Handlungen. Fortan werden dieselben nur in Vergehen und Uebertretungen eingetheilt. Während nach dem Vorbilde des code pénal alle früheren italienischen und die Strafgesetzbücher fast aller Culturstaaten dem Princip der Dreitheilung der Reate, in Verbrechen, Vergehen und Uebertretungen huldigen, hat der ital. Gesetzgeber dasselbe über Bord geworfen und die Zweitheilung als die einzig richtige Eintheilung hingestellt. Die Begründung dieses Princips gipfelt in der Ansicht [11]), dass die Eintheilung der strafbaren Handlungen nach Maassgabe der Strafandrohung eine rein äusserliche, unlogische und unwissenschaftliche sei. Verbrechen und Vergehen seien au fonds gleiche Rechts- und Gesetzesverletzungen, nur schwererer oder geringerer Art; sie haben den gemeinsamen Kern, dass sie eine Verletzung eines bestehenden Gesetzes darstellen, während die Uebertretung an sich unschädlich sein könne, d. h. nicht nothwendigerweise die Verletzung des Rechtes eines Anderen zu enthalten habe, immerhin aber eine Gefahr für die öffentliche Ruhe oder das Recht eines Anderen darstelle. Zwei Beispiele führt der Gesetzgeber als Beläge für seine Ansicht an: Bei den Vergehen schreibe das Gesetz vor: Nicht tödten! Bei den Uebertretungen: Nichts thun, was das Leben eines Anderen einer Gefahr aussetzt; Ferner: Das Eigenthum eines Anderen nicht beschädigen, und nichts thun, woraus ein Schade für dasselbe entstehen kann [12]).

Dass auch praktische Beweggründe, nemlich die Vereinfachung

---

[11]) Mot. I S. 58. S. auch Anm. 1 zu Titel I Buch I.

[12]) Auf wie eingehenden Studien die Erforschung dieses Grundsatzes auch beruhen mag, so lässt sich doch nicht in Abrede stellen, dass die strenge Durchführung

des Strafensystems, welche die Annahme der Zweitheilung nothwendigerweise im Gefolge haben musste, mitbestimmend und maassgebend gewesen sind, lässt sich nicht verkennen. — Die Todesstrafe ist, wie bereits erwähnt, abgeschafft. An ihre Stelle ist als Strafe für die schwersten Vergehen der Kerker gesetzt. Einschliessung (reclusion) und Gefängniss (detention) stellen die hauptsächlichen Strafen dar, erstere für schwerere, letztere für leichtere Vergehen, Dem Strafvollzug ist eine dem deutschen Strafgesetzbuch unbekannte[13]) ein-

desselben zu den wunderbarsten Consequenzen führen kann und im Gesetzbuch selbst auch geführt hat. Allerdings ist der Ansicht des Gesetzgebers beizupflichten, dass die Eintheilung der Reate nach der Strafandrohung unlogisch und deshalb zu verwerfen sei, beizupflichten. Man würde aber dem französischen und somit auch dem Deutschen Gesetzgeber Unrecht thun, wollte man annehmen, dass sie aus diesen äusserlichen Gründen die Trichotomie aufgestellt hätten. Es hiesse das, Grund und Folge mit einander verwechseln. Nicht sowohl deshalb wird der Reat vom Verbrechen zum Vergehen oder zur Uebertretung, weil er mit geringerer Strafart oder Strafe bedroht ist, als vielmehr weil er eine Rechts- oder Gesetzesverletzung minder schweren Charakters darstellt und deswegen minder schwer zu bestrafen ist. Hieran ändern die Bestimmungen des § 1 Deutsch. Str.-G.-B. bezw. Art. 1 Cod. pén. nichts; denn hier ist bei der Definition nur das Mittelglied ausgelassen. Es macht doch einen gewaltigen Unterschied ob dem Anderen das Leben, die Börse oder die (Nacht)ruhe genommen wird. Alle drei Handlungen, namentlich auch die letzte stellen nicht sowohl eine mögliche, sondern eine thatsächliche Verletzung eines Rechtes, bezw. in seiner Verkörperung eines Gesetzes dar. Das Unterscheidungsmerkmal liegt in der Natur und in der Bedeutung der That in ihrem innersten Wesen. Zwei Beispiele mögen auch hier genügen. Urkundenfälschungen stellen immer Rechtsverletzungen dar. Es liegt aber ein grosser Unterschied zwischen der Fälschung eines Hypothekenbriefes oder eines Wechsels und der eines Dienst- oder Arbeitsbuches. Beide Reate muss das ital. Gesetzbuch als Vergehen ansehen und als solche, wenn auch das Letztere leichter bestrafen. Ferner trennt das Deutsche Strafrecht den gemeinen Diebstahl vom sogenannten Mundraub, und das mit Recht. Denn es ist abermals ein grosser Unterschied, ob die Uhr aus der Tasche oder eine Kirsche aus dem Korbe gestohlen wird. Auch diesen Unterschied kann und darf der ital. Gesetzgeber nicht ziehen. So kommt es, dass wir in seinem Gesetzbuch strafbare Handlungen als Vergehen aufgeführt finden, die uns nur als Uebertretungen bekannt und verständlich sind, so z. B. das Nachernten, das Jagen, das Weidenlassen auf fremdem Grund und Boden. (Art. 405, 428 und 426²). Andererseits müsste aber nach der obigen Doktrin des ital. Gesetzgebers der im Art. 294² vorgesehene „einfache Besitz“ falscher Maasse und Gewichte nicht als Vergehen, sondern als Uebertretung aufgeführt sein.

[13]) Die Regierung hat indessen längst die Nothwendigkeit fortschreitender Verbesserungen anerkannt und anf Herbeiführung der Letzteren bereits hingearbeitet. Vgl. Starke a. a. O. S. 329. — S. Art. 13 ff. u. Art. 26 u. 27.

gehende Berücksichtigung widerfahren; das Gradual- (sog. irische) System ist ihm zu Grunde gelegt. Dem gerade in jüngster Zeit stark hervortretenden Zuge nach Vermeidung der Vollstreckung kurzer Freiheitsstrafen gegen zuvor noch nicht bestrafte Personen, der sogen. bedingten Verurtheilung ist durch Einführung des richterlichen Verweises Rechnung getragen, in geschickter Verbindung mit dem englisch rechtlichen Institut der Friedensbürgschaft. Bei der Frage der subjektiven Strafbarkeit erklärt der doktrinäre Gesetzgeber mit wenig Worten den Begriff der Vorsätzlichkeit (volontarietà = dolus directus und dolus eventualis) und der Fahrlässigkeit, und glaubt hierdurch rücksichtlich des ersteren der besonderen jedesmaligen Hinzufügung der den subjektiven Thatbestand begründenden Voraussetzungen der Wissentlichkeit, Widerrechtlichkeit, Unrechtmässigkeit u. s. w., welche das deutsche Strafgesetzbuch fast allen seinen Begriffsbestimmungen beifügt, enthoben zu sein[14]). Dem wissenschaftlichen Charakter entsprechend ist die Lehre vom Versuch, von der Betheiligung dritter Person bei der Begehung der That[15]), und vor allem die vom Rückfall (generell und generisch) zergliedert und geordnet. Endlich hat auch eine Materie, welche im deutschen Strafgesetzbuch, allerdings zum Theil infolge der politischen Verhältnisse des Reiches völlig ignorirt geblieben ist, nemlich die Begnadigung im Titel von der Erlöschung der Strafe eine eingehende Behandlung erfahren[16]).

Nicht minder logisch und übersichtlich sind die beiden anderen sog. besonderen Theile, welche die Vergehen und Uebertretungen behandeln geordnet[17]). Jeder Reat ist nach seiner rechtlichen Objektivität analysirt. Das Charakteristicum derselben, welches sich hierbei ergab, ist als genus proximum herausgehoben und bildet das krystallisirende Moment für die anderen homogenen Reate. Die isolirte Stellung, welche viele strafbaren Handlungen im deutschen Strafgesetzbuch gefunden, findet man im italienischen nicht. So ist, um nur wenige

[14]) Art. 45 ff. — Bei Erörterung der Zurechnungsfähigkeit hat das Gesetzbuch auch die Trunkenheit als einen die Strafthat veranlassenden oder begleitenden Umstand eingehend berücksichtigt, abgesehen von der Behandlung der Trunkenheit als eines an sich in die Oeffentlichkeit tretenden strafbaren Zustandes. (S. Art. 46 und 488 sowie Anm. dazu).

[15]) Vgl. Art. 63 ff.

[16]) S. Art. 86 ff. und Anm. 3 das.

[17]) S. Anm. 1 S. 61.

Beläge anzuführen, der Zweikampf, der Meineid, die nach ital. Recht strafbare eigenmächtige Selbsthülfe als eine Auflehnung gegen die Justizoberhoheit des Staates, als Vergehen wider die Rechtspflege aufgefasst und diesem Titel subsummirt. Münz- und andererseits Urkundenfälschung figuriren als Vergehen wider das öffentliche Vertrauen; Widerstand gegen die Staatsgewalt, Verletzung öffentlicher Siegel, Pflichtvergessenheit seitens öffentlicher Lieferanten sind den Vergehen wider die öffentliche Verwaltung eingereiht.

Mit demselben Geschick und Glück, wie die einzelnen Species der Strafthaten in verwandte Genera zusammengestellt sind, und diese wieder alsdann in Titeln vorgeführt werden, sind Letztere gruppirt, und zwar unter Berücksichtigung ihrer Bedeutung für das Staatsganze. Salus rei publicae summa lex esto! Folgerichtig steht obenan der Titel von den Vergehen gegen die äussere und innere Sicherheit des Staates, wobei wiederum der von einem glühenden Patriotismus getragene Schutz des Vaterlandes die erste Stelle einnimmt; erst dann wird der Schutz der Mächte des Staates: der Krone und des Parlamentes erörtert. Dass unmittelbar diesen Vergehen die Vorschriften über den Schutz der Freiheit folgen, versteht sich bei einem Volk wie dem italienischen von selbst, ebenso dass unter den Freiheiten wiederum die politische obenan steht; ihr folgen die religiöse, die individuelle und zum Schluss die häusliche und die Freiheit der Geheimnisse. Alsdann werden die immerhin in erster Linie die öffentlichen Interessen verletzenden Vergehen: nemlich die Vergehen gegen die öffentliche Verwaltung, d. h. sowohl die seitens ihrer Organe und Vertreter als auch die gegen dieselben begangenen erörtert. Es folgen die Vergehen wider die Justizpflege, wider die öffentliche Ordnung, das öffentliche Vertrauen, die öffentliche Wohlfahrt und die Sittlichkeit. Hierbei ist hervorzuheben, dass der Gattungsbegriff der Vergehen wider die öffentliche Ordnung insonderheit nur diejenigen Vergehen in sich schliesst, welche unmittelbar die äussere Ordnung des Staates angreifen oder den regelmässigen Gang des öffentlichen Lebens stören, ohne gleichzeitig die Privatrechtssphäre des Einzelnen zu berühren[17a]). Den Schluss bilden die beiden Gruppen der unmittelbar gegen private Rechte gerichteten Vergehen, nemlich

17a) Mot. II S. 157. S. auch Anm. 1 S. 116.

gegen die Person und gegen das Eigenthum. Unter den Ersteren finden wir die Tödtung (die Abtreibung und Aussetzung), die Körperverletzung und die Beleidigung, unter den Letzteren, abgesehen von dem Diebstahl, Raube und Betrug, von der Unterschlagung, der Hehlerei und der italienischrechtlich strafbaren Besitzstörung, die Sachbeschädigung.

Wo es erforderlich erscheint, ist jedem Titel d. h. jedem Gattungsbegriff eine Erörterung der gemeinsamen Gesichtspunkte beigefügt, insofern dieselben strafschärfende oder strafmildernde, oder auch strafausschliessende Momente darstellen.

Ebensowenig wie die Vergehen sind die Uebertretungen stiefmütterlich behandelt worden. Auch diese sind nach Prüfung ihres inneren Wesens, nach dem Vorbilde der Eintheilung der Vergehen, unter Zugrundelegung ihrer rechtlichen Objectivität geordnet[18]).

Lässt man die einzelnen Reate Revue passiren, so treten manche hervor, welche dem deutschen, zumeist auch anderen Strafrechten unbekannt sind.

Nur die wichtigsten unter ihnen mögen kurz berührt sein.

---

[18]) So logisch durchdacht und praktisch verwerthbar die Klassificirung der Reate, der Vergehen wie der Uebertretungen sein mag, so wenig wird sich bestreiten lassen, dass sich mancher Reat vielleicht noch besser unter einen anderen Gesichtswinkel stellen liesse, oder dass sogar der gewählte Gesichtspunkt nicht der absolut zutreffende sein mag. In ersterer Hinsicht hat der Gesetzgeber selbst mit Bedenken zu kämpfen gehabt. So hat er z. B. die dem Deutschen Strafrecht als Strafthat zwar fremde, aber allen bisherigen italienischen und überhaupt romanischen Strafgesetzbüchern als solche wohl bekannte Verletzung fremder Geheimnisse (in einer auch nur eventuell schädigenden Weise) im Entwurf (Art. 380) den Vergehen wider die Person eingereiht, im endgültigen Gesetzestext aber (Art. 163) als ein Vergehen wider die Freiheit aufgefasst. Andererseits gilt dem italienischen Gesetzgeber das Vergehen der Entführung als ein Verstoss wider die Sittlichkeit (Art. 340). Die südeuropäische Specialität des Zwangsloskaufes (Art. 410) fasst er als ein Vergehen wider das Eigenthum auf, weil bei Beurtheilung dieser Reate nicht sowohl die That an sich, als vielmehr das Motiv zu derselben für ihn maassgebend ist. Der Deutsche Gesetzgeber fasst dagegen die letzgenannten Reate an sich, ohne weitere Berücksichtigung des Motives, als Vergehen wider die Freiheit auf. Die Auffassung der Fälschung des Personenstandes sowie der missbräuchlichen Inanspruchnahme des Findelhauses (Art. 361 und 362) als Vergehen wider die gute Sitte erscheint als eine gezwungene; richtiger dürften wohl gerade diese Vergehen als Verstösse wider die öffentliche Ordnung namentlich in dem oben erörterten italienischen Sinne anzusehen sein.

Unter dem Titel der Vergehen wider die Rechtspflege bestraft das italienische Gesetzbuch auch die unbeeidet gebliebene Abgabe eines Zeugnisses oder Gutachtens vor Gericht. Ferner wird hier nicht allein, wie auch nach anderen Gesetzen, die wissentlich falsche Beschuldigung eines Anderen, sondern auch die wissentlich falsche Anzeige einer überhaupt nicht stattgehabten Strafthat bei einer Behörde, ohne Bezichtigung einer bestimmten Person bestraft. Dasselbe gilt von der in gewinnsüchtiger Absicht betriebenen Renommage mit der Connexion bei maassgebenden Personen. (Millantato credito Art. 204.) In ähnlicher Weise wird ein schwindelhaftes Treiben als Reat angesehen, ohne dass derselbe den vollen Thatbestand des Betruges darstellt: nemlich das mit betrügerischen Mitteln herbeigeführte Steigen- und Fallenlassen der Preise und Löhne auf offenem Markt und an der Börse. Alle diese uns als solche fremden Reate sind aber durchaus keine vom neuen Gesetz eingeführten Neuerungen; dieselben finden sich vielmehr bereits in der gesammten bisherigen italienischen Gesetzgebung vor. Es sind italienisch, um nicht zu sagen romanisch rechtliche Specialitäten. Als solche erscheint namentlich der bereits erwähnte Zwangsverkauf (ricatto Art. 410), die behufs Erpressung vorgenommene Festsetzung einer Person. Nicht sowohl als Pietät gegen das Bestehende, als vielmehr behufs thunlichster Plasticirung hat der Gesetzgeber dieses südeuropäische, leider noch immer nicht ganz ausgerottete verbrecherische Unikum beizubehalten für nothwendig erachtet, obschon sich dasselbe ohne Zwang unter den Gesichtswinkel schwerer Freiheitsberaubung oder räuberischer Erpressung stellen liesse[18a]).

Auch unter den Uebertretungen treten uns verschiedene zum Theil nicht uninteressante Nova entgegen. So wird nicht allein, wie bei uns, die fälschliche Angabe eines Namens, sondern auch die des Standes, des Geburts- oder Wohnortes oder anderer persönlicher Eigenschaften, ja schon die Verweigerung dieser Angabe als Verstoss gegen die öffentliche Ordnung geahndet (Art. 439). Letzteres gilt auch von der Verletzung der im Art. 440 enthaltenen Bestimmung über die Ablieferung falscher Münzen an die Behörden, — eine wegen ihres präventiven Charakters heilsame Maassnahme gegenüber den Münzvergehen und dem Betruge, zu deren Begehung sonst grosse Versuchung vorliegt. Die andere Münzübertretung (Art. 441),

[18a]) Mot. II S. 389. S. auch Anm. 3 zu Art. 410.

die Verweigerung der Annahme der mit gesetzlichem Kurs ausgestatteten Münze darf nicht weiter auffallen. Eine ausgedehnte Behandlung hat die Waffenfrage erfahren; die Herstellung, die Einführung, der Vertrieb, die Führung und die Aufbewahrung der Waffen sind eingehend erörtert (Art. 460 ff.). Letzteres gilt auch von dem Glücksspiel, insbesondere von der Trunkenheit[19]) (Art. 488 ff.). Zum Schlusse soll noch einer sehr zweckdienlichen Vorschrift[19a]) gedacht werden, die auch den deutschen Richter mancher Verlegenheit entheben könnte: dass nemlich derjenige, der wegen Bettelei oder Eigenthumsvergehens vorbestraft ist, wegen des Besitzes von Gegenständen an sich, welche nicht mit seinen Verhältnissen in Einklang stehen, und deren redlichen Erwerb er nicht nachweist, bestraft werden soll. Nach Deutschem Recht und Brauch pflegt diese Thatsache an sich zur Verurtheilung wegen Diebstahls oder Unterschlagung oder Hehlerei, oder auch zur Freisprechung des verdächtigen Besitzers zu führen, je nachdem dass der beliebte unbenannte, weil unbekannte Besitzvorgänger als Coulisse angesehen oder als thatsächlich existent angenommen wird.

Mögen immerhin diese dem deutschen und auch anderen nichtromanischen Strafgesetzbüchern unbekannten Reate als Reminiscenzen an die früheren Gesetzgebungen erscheinen, so stellt doch das Gesetzbuch selbst eine durchaus originale Codificirung dar. Der vom Code pénal auch auf die bisherige italienische Gesetzgebung ausgeübte Einfluss ist beseitigt. Dasselbe gilt von Eigenthümlichkeiten, welche der gesammten früheren italienischen Gesetzgebung innewohnten, so namentlich von dem Gradensystem, nach welchem die einzelnen den Thatbestand erschwerenden oder qualificirenden Momente bei der Strafzumessung nach bestimmten Graden in Ansatz und dann nach Art eines Additionsexempels in ein Gesammtstrafverhältniss zu bringen waren. Dieser Schablonismus ist endgültig abgeschafft, dagegen hat sich die der früheren italienischen Strafgesetzgebung in hohem Grade eigene, oft in Pedanterie ausartende, dem deutschen Recht durchaus unbekannte Kasuisticirung zum Theil noch erhalten. Die schier fast unbeschränkte Freiheit bei der Anwendung des Strafmaasses, welche das deutsche Strafgesetzbuch dem Richter einräumt, gestattet das italienische schlechterdings nicht[20]).

---

[19]) Vgl. Anm. 14. [19a]) S. Art. 492.

[20]) Ganz abgesehen davon, dass im italienischen Strafgesetzbuch schon die

Auf denkbar grösste Vollständigkeit darf endlich das Gesetzbuch insofern mit Recht unbedingten Anspruch erheben, als es alle strafgesetzlichen Bestimmungen aus allen Gebieten des Strafrechts in sich aufgenommen und vereinigt hat, während diese im deutschen Strafgesetz noch mannigfach in zahllosen Spezialgesetzen und Verordnungen umhergestreut liegen.

Das Urtheil, welches nach den vorstehenden Betrachtungen über das Werk Zanardelli's abzugeben ist, kann nur ein günstiges sein. Was Mancini, der Nestor italienischen öffentlichen Rechts, über den von ihm hergestellten Entwurf in den obengenannten Worten äusserte, muss mit Fug und Recht auch gegenüber dem nunmehrigen zum Abschluss gebrachten Gesetzbuch Anwendung finden: Der Codice penale per il Regno d'Italia ist ein Werk, würdig des Jahrzehnte langen Fleisses der bedeutendsten Geister das Landes. Sein hoher wissenschaftlicher Werth zeigt sich in seinem systematischen Auf- und Ausbau, in der allgemeinen Prüfung und Behandlung der Materie und in der Kategorisirung und Subsummirung derselben nach allgemeinen Gesichtspunkten und Gattungsbegriffen. Der Uebergang aus dem Allgemeinen in das Einzelne ist logisch und consequent vermittelt. Eine ebenso klare als präcise Entwickelung des Thatbestandes der einzelnen Reate dient wesentlich zur Erleichterung des Verständnisses des ganzen Gesetzes. Mit Recht hat der Gesetzgeber geglaubt, mit der Jurisprudenz allein nicht auszukommen: den Lehren und Erfahrungen verwandter Wissenschaften und Disciplinen, der Psychologie [21]),

---

Strafmindest- und Höchstbeträge durchweg höher bemessen sind als im Deutschen, stellt Ersteres oft eine Reihe einzelner Voraussetzungen auf, welche als strafschärfende, strafmildernde oder auch strafausschliessende Umstände in Betracht gezogen werden sollen. Vgl. die oft die einzelnen Titel beschliessenden, gemeinschaftliche Bestimmungen für dieselben enthaltenden Kapitel.

[21]) So sind die Lehren Cesare Lombroso's auf die Einführung der sogen. bedingten Verurtheilung (Vgl. Art. 26 und Anm. 12 dazu) zweifellos von wesentlichem Einfluss gewesen. Nach der in seinem bekannten Werke „l'uomo delinquente“ (Turin 1881) u. A. niedergelegten Ansicht bewirkt die Strafe in dem Menschen, welcher die Anlage zum Verbrecher in sich trägt, in den seltensten, ungewissesten Fällen eine Aenderung seiner Individualität, während die Vollstreckung der Strafe auf den Menschen, der namentlich zum ersten Male, nur aus Leichtsinn oder Verirrung gefehlt hat, immerhin nur zu leicht und oft einen für ihn und auch für die menschliche Gesellschaft gefahrvollen, deprimirenden und schliesslich depravirenden Eindruck hervorzurufen geeignet ist.

Ethik und Sociologie hat er die gebotene Berücksichtigung nicht versagt. Die praktische Bedeutung des Gesetzbuches liegt vor Allem in der einfachen, allgemein verständlichen Ausdrucksweise, sowie auch in der vorerwähnten Einbeziehung aller einschlägigen Materien, die nunmehr in ein Ganzes zusammengeschweisst sind.

Dabei durchweht das ganze Gesetz nebst einem stark ausgeprägten nationalen Selbstbewusstsein und einem glühenden Patriotismus ein kosmopolitischer Geist, dessen Elasticität bei der eingehenden Würdigung der Beobachtungen und Erfahrungen auf allen Gebieten des modernen Lebens das Gesetzbuch allen anderen Culturstaaten berücksichtigungswerth erscheinen lässt.

Das italienische Volk hat seinen altbewährten Ruf als zur Gesetzgebung berufene Nation von Neuem glänzend bewährt.

Was die vorliegende Uebersetzung und Bearbeitung des italienischen Strafgesetzbuches anbelangt, so bot bei Ersterer der gerade der deutschen Gesetzessprache fremde, oft in mehrere Zwischen- und Nebensätze gefügte Satzbau des italienischen Urtextes, andererseits die gerade einem Gesetz gegenüber nothwendige Auffindung des adäquaten Ausdrucks zuweilen Schwierigkeiten. Der Herausgeber hat hierbei geglaubt, dem Wortlaute des Gesetzes möglichste Treue bewahren zu sollen, gegebenen Falles vielleicht auf Kosten des Wohllautes und des Ausdrucks der eigenen Sprache. Die Bearbeitung soll nur eine Erläuterung des Gesetzes, d. h. eine Prüfung und Erklärung seines Inhaltes und der Absichten des Gesetzgebers darstellen, welche Letzterer den einzelnen Vorschriften zu Grunde gelegt hat. Von der ursprünglich beabsichtigten Herstellung eines Kommentars hat vorläufig abgesehen werden müssen, da einen nothwendigen Bestandtheil eines solchen die Anführung der einschlägigen Judikatur zu bilden hat. Letzteres verbot sich indessen mit Rücksicht auf das erst kurze Bestehen des Gesetzes von selbst. Dagegen hat der Herausgeber zum besseren Verständniss des Gesetzbuches die bisherige italienische und überhaupt romanische Strafgesetzgebung sowie erforderlichen Falles auch die noch auf die neuen Bestimmungen verwerthbare italienische Rechtsprechung zu berücksichtigen und die Bestimmungen des neuen Gesetzbuches in erster Linie mit den zur Zeit bestehenden Strafvorschriften der beiden Nachbarländer Italiens, sowie der übrigen Culturstaaten vornehmlich des deutschen Reiches in Parallele zu stellen für geboten gehalten. Obschon die beiden erstgenannten Länder sich anschicken, sich neue Strafgesetzbücher zu geben[22]), so erschien es doch von Wichtigkeit, ihren bisherigen strafgesetzlichen Standpunkt, wie dieser namentlich im Code pénal zum Ausdruck gebracht ist, kennen zu lernen.

Die vorliegende Arbeit verdankt ihre Förderung nicht zum geringsten Theil dem Wohlwollen des Codifikators selbst: Mit grösster Bereitwilligkeit hat er die gesammte auf die Herstellung des Codex sich erstreckende Literatur, welche zumeist vou ihm selbst herrührt, dem Herausgeber zur Verfügung gestellt. Möge es daher dem Verfasser dieser Zeilen vergönnt sein, auch an dieser Stelle dem Schöpfer des Gesetzbuches, Herrn Justizminister Zanardelli für das ihm in hohem Grade erwiesene Wohlwollen seinen ehrerbietigsten Dank auszusprechen.

Mag immerhin die Gemeinde, welche sich für die vorliegende Arbeit interessirt, nicht zahlreich sein; wenn nur deutscher Wissenschaft und deutscher Praxis ein auch geringer Dienst erwiesen ist, und wenn die vom Codifikator dem Unterzeichneten gegenüber geäusserte Ansicht, dass er es auch für Italien für einen grossen Vortheil erachte, das Gesetz zur völligen Kenntniss „della dotta Germania che tiene si alto posto nelle scienze giuridiche“ gebracht zu sehen, sich bestätigt, dann hat der Unterzeichnete seinen Zweck erreicht.

Berlin, den 22. März 1890.

Dr. Stephan.

---

[22]) So ist für Oesterreich 1889 der Entwurf zu einem neuen Strafgesetzbuch erschienen, und in Frankreich ist auf Antrag Charles Lucas', Mitglied des Instituts de France und Ehrenmitglied des internationalen Instituts, durch Dekret der Regierung vom 26. März 1887 (Journal officiell vom 27. März 1887) eine Kommission von 24 Mitgliedern behufs Revision des Code pénal niedergesetzt worden.

Inhaltsverzeichniss.

(Indice.)

Erstes Buch.

Von den Strafthaten und von den Strafen im Allgemeinen.

Erster Titel. — Von der Anwendung des Strafgesetzes.

Zweiter Titel. — Von den Strafen.

Zweites Buch.

Von den Vergehen im Besonderen.

Zweiter Titel. — Von den Vergehen wider die Freiheit.

Neunter Titel. — Von den Vergehen wider die Person.

Drittes Buch.

Von den Uebertretungen im Besonderen.

Erster Titel. — Von den Uebertretungen betreffend die öffentliche Ordnung.

Zweiter Titel. — Von den Uebertretungen betreffend die öffentliche Wohlfahrt.

Dritter Titel. — Von den Uebertretungen betreffend die öffentliche Sittlichkeit.

Vierter Titel. — Von den Uebertretungen betreffend den öffentlichen Schutz des Eigenthums.

Literatur und Abkürzungen.

Baumgarten, Die Lehre vom Versuche der Verbrechen, Stuttgart 1888.

Beccaria, Cesare, dei delitti e delle pene, Mailand 1766.

Blackstone, Commentaries of the law of England. Oxford 1770.

Carnot, Commentaire sur le Code Pénal. Paris 1823.

Carpi, Leone, Il Risorgimento Italiano, Biografie storico-politiche etc. Mailand.

Carrara, Francesco, Pensieri sul progetto penale. Florenz 1874. · (2) Reminiscenze etc. Tentativo con mezzi idonei.

Code Nap.[1] (Napoléon) = Code pénal von 1810 (revid. 1832).

Cod. (Codice) Due Sicilie = Strafgesetzbuch für das Königreich Beider Sicilien vom 1. September 1819.

Cod. Este = Strafgesetzbuch für das Herzogthum Este vom 1. Mai 1856.

Cod. Parma = Strafgesetzbuch für das Herzogthum Parma vom 1. Januar 1821.

Cod. Sardo[2] = Strafgesetzbuch für das Königreich Sardinien vom 20. November 1859.

Cod. Toscano = Strafgesetzbuch für das Grossherzogthum Toscana vom 1. September 1853.

Cod. Civile = Civilgesetzbuch des Königreichs Italien vom 25. Juni 1865.

Cod. della procedura civile = Civilprocessordnung des Königreichs Italien vom 25. Juni 1865.

Cod. della procedura penale = Strafprocessordnung des Königreichs Italien vom 26. November 1865.

Cod. di Commercio = Handelsgesetzbuch für das Königreich Italien vom 31. Oktober 1882.

Dalloz et Vergé, Code Pénal annoté etc. Paris 1881.

Drenkmann, Ueber den Einfluss des Rechtsirrthums auf die rechtliche Beurtheilung strafbarer Handlungen. Goltdammers Archiv. VIII. S. 163 ff.

Holzendorf, Die Strafandrohungen im neuesten ital. Strafgesetzentwurf. Gerichtssaal. Bd. 40 S. 327.

---

[1]) Diese Abkürzung ist zur Unterscheidung von Cod. pen. = Codice Sardo. gewählt worden.

[2]) Vgl. das in der Einleitung hierüber Gesagte.

Kommiss. Bericht: Relazione della Commissione (composta dei depuitati) sul disegno di legge etc. Rom. 1882.
Liszt, Der ital. Strafgesetzentwurf v. 1887. I. Buch. Allgem. Theil, kritisch besprochen. Freiburg i. B. 1888.
Liszt und Lilienthal: Zeitschrift für die gesammte Strafrechtswissenschaft. Stuttgart. 1881. (Bd. 9 und 10.)
Lombroso, Cesare, L'uomo delinquente. Turin. 1883.
Lucas, Die subjektive Verschuldung. Berlin. 1883.
Mancini, Progetto del Codice Penali etc. Roma 1879. Immoralità e pericolo della impunità accordata al proparlatore etc. Giornale delli leggi. 1870. (3 und 4).
Mot. (Motive) = Relatione Ministeriale sul progetto di Cod. pen. Roma 1877. S. a. unter Zanardelli.
Marcy, Code de procédure pénale du Royaume D'Italie, traduit etc. Paris 1881.
Mayer, Entwurf eines Strafgesetzes für das Königreich Italien, kritisch erörtert. Goltdammers Archiv Bd. 35 S. 337 ff. und 416 ff.
Olshausen, Kommentar zum Deutschen Strafgesetzbuch. Berlin. 1887.
Regolamento Romano = Strafgesetzbuch für den Kirchenstaat vom 1. Nov. 1832.
Romagnosi, Genesi del diritto penale. Mailand. 1825.
Schwarze, Kommentar zum Strafgesetzbuch für das D. Reich. Leipzig. 1884.
Seuffert, Mittheilungen aus dem Entwurfe eines Strafgesetzbuches für Italien. Breslau. 1888.
Starke, Verbrechen und Verbrecher in Preussen 1854—1878. Berlin. 1887.
Stephan, New Commentaries of the Laws of England. London. 1886.
Zanardelli[1]), Progetto e Relazione sul codice penale presentato alla Camera il 22. Novembre 1887. Roma. 1887.
—, Discorso pronunciata alla Camera nella tornata del 5 giugno 1888. Rom. 1888.
—, Discorso pronunciata al Senato il 15. Novembre 1888. Rom. 1888.
—, Relazione a. S. M. per l'approvazione del testo definito. Rom. 1889.
—, Testo del Codice penale del Regno d'Italia. Rom. 1889.
—, Disposizioni per l'attuazione del Codice penale. Rom. 1889.

[1]) Zum Schluss mögen noch folgende Schriften des Codifikators genannt sein:
Statistica Giudiciaria Civile e Commerciale per l'anno 1880. Relazione a. S. M. Rom. 1883.
Discorso per V Centenario di Donatello. Rom. 1887.
Discorsi sull' abolizione delle decime. Rom. 1887.
Discorsi sulla incriminabilità delle petizioni clericali etc. Rom. 1887.
Discorsi sulla legge pel deferimento alla Cassazione di Roma etc. Rom. 1888.
Discorso pel collocamento della prima pietra del Palazzo di Giustizia in Roma. 1889.

Umberto I.

Von Gottes Gnaden und nach dem Willen der Nation

König von Italien.

In Gemässheit des Gesetzes vom 22. November 1888[1]), durch welches die Königliche Regierung ermächtigt wurde, das mit diesem Gesetz verbundene Strafgesetzbuch für das Königreich Italien zu veröffentlichen, unter Aufnahme derjenigen Abänderungen in den Text desselben, welche sie unter Berücksichtigung der Beschlüsse des Parlamentes für nothwendig erachten würde, um die Bestimmungen desselben zu berichtigen und sie unter einander und mit denjenigen der übrigen Gesetzbücher und Gesetze in Einklang zu bringen;

Im Einverständniss mit dem Minister-Rath[2]);

Auf Vorschlag unseres Grosssiegelbewahrers, Geheimen Staats-Ministers für die Gnadensachen, der Justiz und des Cultus;

Haben wir verordnet und verordnen:

---

[1]) Zum besseren Verständniss ist dieses Gesetz der vorstehenden Verordnung beigefügt. Vgl. Art. 1 das.

[2]) Durch Königl. Verordnung vom 25. August 1876 ist die Thätigkeit des Minister-Rathes näher festgesetzt und geregelt. Seiner Begutachtung sind u. A. vorzulegen: die dem Parlamente vorzulegenden Gesetzentwürfe, die Staatsvertrags-Entwürfe, Streitfragen über internationales Recht und über die Auslegung der Staatsverträge, die an ihn vom Parlament gerichteten Petitionen, die Vorschläge welche sich auf das Verhältniss des Staates zur Kirchengewalt beziehen, Streitigkeiten der Minister unter einander etc.

Art. 1.

Der endgültige Text des Strafgesetzbuches, welcher das Datum dieses Tages trägt, wird genehmigt und wird mit dem 1. Januar 1890 in Kraft treten.

Art. 2.

Ein Exemplar des vorgenannten endgültigen Textes des in der Königlichen Druckerei gedruckten, von Uns unterzeichneten und von unserem Gnaden-, Justiz- und Cultus-Minister gegengezeichneten Strafgesetzbuches wird als Original dienen und in den General-Archiven des Königreiches niedergelegt nnd verwahrt werden.

Art. 3.

Die Veröffentlichung des erwähnten Gesetzbuches wird durch Uebersendung eines gedruckten Exemplars an jede Gemeinde des Landes erfolgen, um in dem Gemeinderathssaale niedergelegt zu werden und dort einen Monat lang täglich sechs Stunden ausgelegt zu bleiben, damit Jeder von demselben Kenntniss nehme [3]).

Wir bestimmen, dass die gegenwärtige Verordnung mit dem Staatssiegel versehen, in die amtliche Sammlung der Gesetze und der Verordnungen des Königreichs Italien aufgenommen wird, und geben Jedem, den es angeht, auf, dieselbe zu befolgen und befolgen zu lassen.

Gegeben zu Rom, den 30. Juni 1889.

Umberto.

G. Zanardelli.

---

[3]) Diese Maassnahme erscheint als Correlat zu der dem doktrinären Charakter des Gesetzbuches entsprechenden Bestimmung des Art. 44 dess.

Umberto I.

Von Gottes Gnaden und nach dem Willen der Nation König von Italien.

Der Senat und die Deputirten-Kammer haben zugestimmt;
Wir haben bestätigt und erlassen, was folgt:

Art. 1.

Die Königliche Regierung wird ermächtigt[1]), das mit dem gegenwärtigen Gesetz verbundene Strafgesetzbuch für das Königreich Italien zu veröffentlichen, unter Aufnahme derjenigen Abänderungen in den Text desselben, welche sie unter Berücksichtigung der Beschlüsse des Parlamentes für nothwendig erachten wird, um die Bestimmungen desselben zu berichtigen und sie unter einander und mit denen der übrigen Gesetzbücher und Gesetze in Einklang zu bringen.

Art. 2.

Die Königliche Regierung wird ferner ermächtigt, durch Königliche Verordnung die Uebergangs- und die übrigen Bestimmungen zu treffen, welche zur Inkraftsetzung des vorgenannten Gesetzbuches nothwendig sein werden.

Art. 3.

Das neue Strafgesetzbuch wird spätestens am 30. Juni 1889 veröffentlicht werden und nicht früher als zwei Monate seit der Veröffentlichung im ganzen Königreich in Kraft treten. Vom Tage des

---

[1]) Ueber die Eigenart der in diesem Art. liegenden Ermächtigung und den mit derselben erzielten Erfolg vergl. das in der Einleitung hierüber Gesagte.

Inkrafttretens des neuen Gesetzbuches ab werden das durch Königliche Verordnung vom 20. November 1859 genehmigte Strafgesetzbuch, auch mit dem für die neapolitanischen Provinzen durch stellvertretende Verordnung vom 17. Februar 1861 abgeänderten Text, und das für die toskanischen Provinzen durch grossherzogliche Verordnung vom 20. Juni 1853 genehmigte Strafgesetzbuch, welche im Königreich noch gelten, aufgehoben bleiben[2]); ferner werden auch alle übrigen Strafgesetze, soweit dieselben diesem Gesetzbuch entgegenstehen, aufgehoben bleiben.

Diese Bestimmung findet auf das Gesetz über die Presse[3]) keine Anwendung, abgesehen von den Artikeln 17, 27, 28 und 29 des Königlichen Ediktes vom 26. März 1848, und den gleichlautenden Artikeln des Gesetzes vom 1. December 1860 für die neapolitanischen Provinzen und des Gesetzes vom 17. December 1860 für die sicilianischen Provinzen, als an deren Stelle getreten die entsprechenden Bestimmungen des neuen Strafgesetzbuches aufzufassen sind. — Dieselbe Bewandtniss wird es mit dem Artikel 13[4]) der angeführten Gesetze über die Presse haben, welcher immerhin auf die Strafthaten beschränkt in Kraft bleiben wird, die durch die genannten Gesetze noch geregelt bleiben.

---

[2]) Bis zum 1. Januar 1890 galten im Königreich Italien drei Strafgesetzbücher: 1. „Il codice penale“ (κατ'ἐξοχήν) vom 20. November 1859. Dieser Codex war aus dem für das Stammland Sardinien gegebenen vom 26. October 1839 (mit Gesetzeskraft vom 15. Januar 1840) hervorgegangen und führte deshalb auch den Namen Codice Sardo. Er beherrschte das ganze Königreich bis auf das Grossherzogthum Toskana und die Neapolitanischen Provinzen. 2. Für Letztere (Kampanien) ist der vorerwähnte Codex mit geringen Abänderungen durch Kgl. Verordnung vom 17. Februar 1861 eingeführt. 3. Das toskanische Gesetzbuch (il codice di Toscana), (mit einigen Abänderungen infolge des Gesetzes vom 8. April 1856) unter Leopold II. unter Mitwirkung Mittermaier's am 1. September 1853 in Kraft getreten, wird vom Codifikator selbst (Mot. I S. 24) „reputatissimo“ genannt, und ist auch auf das neue Strafgesetz nicht ohne unverkennbaren Einfluss gewesen.

[3]) Italien hat vier Pressgesetze: vom 26. März 1848, 26. Juni 1852, 20. Juni 1858 und vom 6. Mai 1877. Die drei letztgenannten stellen nur Ergänzungen des Ersteren als des Grundgesetzes dar. Die gen. Artikel 17 und 27—29 desselben behandeln die mittels der Presse begangenen Sittlichkeitsvergehen (Art. 17) und die Beleidigungen gegen Privatpersonen (Art. 27 und 28) und öffentliche Beamte (Art. 29). Vergl. Art. 338 ff. und 490 sowie Art. 393 ff. Cod. pen.

[4]) Der Art. 13 des Pressgesetzes vom 26. März 1848 behandelt die öffentliche Aufreizung zur Begehung strafbarer Handlungen. Vgl. Art. 246 ff. Cod. pen.

Wir verordnen, dass das gegenwärtige mit dem Staatssiegel versehene Gesetz in die amtliche Sammlung der Gesetze und Verordnungen des Königreiches Italien aufgenommen wird, indem wir Jedem, den es angeht, aufgeben, dasselbe zu befolgen und befolgen zu lassen.

Gegeben zu Rom, den 22. November 1888.

Umberto.

G. Zanardelli.

Strafgesetzbuch.

Erstes Buch.

Von den Strafthaten und den Strafen im Allgemeinen.

Erster Titel.

Von der Anwendung des Strafgesetzes [1]).

1. Niemand kann wegen einer That, welche als Strafthat vom Gesetz nicht ausdrücklich vorgesehen ist, noch mit Strafen, welche von demselben nicht festgesetzt sind, bestraft werden.

---

[1]) Mot. I S. 55 ff. Kommiss. Bericht S. 17 ff. und 21 ff. Entwurf Art. 1—9. Cod. Sardo Art. 1 u. 2. Cod. Toscano Art. 1 ff. Parma 1. Due Sicilie 2. Cod. Nap. 1. Oesterr. St.-G.-B. 1, 3, 4, 233, Deutsch. Str.-G.-B. §§ 2—8.

Dem logisch festgefügten System des Gesetzbuches entsprechend mussten an allererster Stelle 1. die rechtlichen, 2. die zeitlichen, 3. die örtlichen Voraussetzungen behandelt werden, unter welchen dasselbe zur Anwendung gebracht werden kann und darf. Der Erörterung dieser Fragen ist dann die Bestimmung der Zulässigkeit und Unzulässigkeit der Auslieferung angereiht und den Schluss des ersten Titels bildet die Vorschrift über die Beherrschung anderer Strafgesetze seitens des neuen Gesetzbuches, soweit dieselben nicht entgegenstehende Vorschriften enthalten.

Was die vorerwähnten rechtlichen Voraussetzungen betrifft, so ist im Artikel 1 dem Rechtsgrundsatz: Nullum crimen, nulla poena, sine lege, welcher weder Analogien noch Gewohnheitsrecht im Strafrecht zur Anwendung gebracht wissen will, wenngleich in negativer Fassung Ausdruck verliehen. Der abweichende Wortlaut des Entwurfes hob den Begriff des „Reats" gegenüber der „That"

Die Strafthaten werden in Vergehen und Uebertretungen eingetheilt [2]).

---

noch schärfer hervor, indem er besagte: Keine Handlung oder Unterlassung ist eine Strafthat (reato) wenn nicht infolge einer ausdrücklichen Bestimmung des Strafgesetzes. „Reato" ist jedes strafbare Verhalten des Reus, jede positive oder negative, aktive oder passive strafbare Handlung im weitesten Sinne, welche eine Verletzung des Strafgesetzes zur Folge hat. So definirte bereits das Toskanische Strafgesetzbuch (Art. 1), in Uebereinstimmung mit dem Reichsgericht. (Entsch. 14. Februar 1884 E. 10. 101), während das Sardin. Gesetzbuch: „qualcunque violazione della legge penale" einen Reat nannte.

[2]) Nicht minder wichtig ist die der Begriffsbestimmung der strafbaren Handlungen angefügte Eintheilung derselben in Vergehen und in Uebertretungen: delitti e contravvenzioni, insofern sie ein Hauptcharakteristikum des ganzen Gesetzbuches darstellt. Die vom Code pénal von 1810 aufgebrachte Dreitheilung der strafbaren Handlungen: in crimes, délits, contraventions hat ihren Einzug in alle Gesetzbücher Europas gehalten, ja sogar in Asien in dem neuen Strafgesetzbuch von Japan von 1880 (Art. 1). Auch sämmtliche in Italien in Geltung gewesene Strafgesetzbücher hatten sich die Dreitheilung angeeignet bis auf das Toskanische. Trotzdem mehrere Gesetze und Gesetzentwürfe der Neuzeit, wie das Belgische von 1867, das Ungarische von 1878 sowie der Oester. Entwurf von 1881 und der Russische Entwurf von 1882 die Dreitheilung beibehalten und nur das Niederländische Gesetz von 1881 und der Norweg. Entwurf die Zweitheilung angenommen haben, hat sich der ital. Gesetzgeber nach dem Toskanischen Vorbilde für die Zweitheilung entschieden. Selbst Mancini hatte für seinen Entwurf von 1876/77 die Dreitheilung gewählt, wenngleich er in seiner Relation zu demselben der Zweitheilung das Wort redet. Die Gründe, welche den Gesetzgeber zur Annahme der Zweitheilung veranlasst haben, sind einerseits die, dass er die Qualifikation einer strafbaren That durch die Strafe, mit welcher dieselbe bedroht werden könne, für ebensowenig logisch als wissenschaftlich erachtet und dass er befürchtet, dass durch sie ein bedenklicher Schablonismus herbeigeführt werde. Vor Allem ist aber andererseits die durch die Zweitheilung hervorgerufene grösste Vereinfachung des ganzen Strafensystems der leitende Gesichtspunkt für ihre Adoption gewesen. „Delitti" und „contravvenzioni" sollen die Marksteine bei der Eintheilung des Gesetzbuches bilden. Delikt soll jede That (im weiteren Sinne) sein, welche eine Rechtsverletzung herbeiführt, Contravention dagegen jede andere That, welche an sich unschädlich sein kann, immerhin aber eine Gefahr für die öffentliche Ruhe oder für das Recht eines Anderen darstellt. (Mot. I S. 58).

Dass diese Alternativ-Definition auch zu widersprechenden Consequenzen führen kann, zeigt das Gesetzbuch selbst, wenn es z. B. die Verletzung der öffentlichen Schamhaftigkeit durch Vornahme unzüchtiger Handlungen oder durch Verbreitung oder Ausstellung unzüchtiger Schriften etc. als Vergehen, durch Aeusserung unzüchtiger Worte, Lieder etc. aber als Uebertretung ansieht (Art. 338 ff. und 490). In beiden Fällen kann nicht sowohl als wird vielmehr „die öffentliche Ruhe" und auch „das Recht eines Andern" auf Schutz gegen unsittliche Angriffe verletzt. Folgerichtiger will auch nach § 183 d. Str.-G.-B. das Reichsgericht

2[3]). Niemand kann wegen einer That bestraft werden, welche nach dem Gesetz der Zeit, zu welcher dieselbe begangen wurde, eine Strafthat nicht darstellte.

Niemand kann wegen einer That bestraft werden, welche nach einem späteren Gesetz eine Strafthat nicht darstellt; hat dieserhalb eine Verurtheilung stattgefunden, so treten die Vollstreckung und die strafrechtlichen Folgen derselben in Wegfall.

Ist das Gesetz der Zeit, zu welcher die Strafthat begangen wurde, von den späteren [Gesetzen] verschieden, so kommt dasjenige zur Anwendung, dessen Bestimmungen für den Beschuldigten günstiger sind.

3[4]). Wer eine Strafthat im Gebiete des Königreiches begeht, wird nach dem italienischen Gesetz bestraft.

(Entscheid. 6. Mai 1881 Band 4 S. 130) beide Arten öffentlicher Unzüchtigkeiten als homogene Vergehen bestraft wissen. Der Unterschied beider Reate liegt nur in ihrer Veranlassung und ihrer Bedeutung. Ein unzüchtiges Wort oder Lied fällt leichter als z. B. ein unsittliches Bild entsteht; erstgenannter Reat erfordert wenn überhaupt so doch nur ein unbedeutenderes Quantum verbrecherischen Willens und wird deshalb leichter bestraft. Die Strafe, kann man füglich behaupten, macht auch nach ital. Recht den Reat zur Uebertretung. Auch aus anderen Stellen geht zur Genüge hervor, dass, wenn man von der Strafandrohung absieht, die Grenzen zwischen Vergehen und Uebertretung leicht in einander fiiessen. So wird man vergeblich nach dem Grunde fragen, warum die im Art. 438 verbotene Ausübung eines auswärtigen Gottesdienstes seitens eines Geistlichen im Text des Gesetzes als Uebertretung, dagegen im Entwurf (Art. 175) als Vergehen aufgestellt ist, trotzdem in diesem Reat eine thatsächliche Verletzung der staatlichen Kirchenhoheit (jus circa sacra) zu finden ist. Folgerichtig müsste dann auch die Erregung ruhestörenden Lärmes namentlich in dem von ital. Recht aufgestellten Umfange (Art. 457) als eine „nicht unschädliche Rechtsverletzung" als Vergehen aufgefasst werden. Es haben daher vornehmlich praktische Gesichtspunkte den Ausschlag für die Annahme der Zweitheilung zu geben. Vergl. auch das zu Tit. II Gesagte.

[3]) Nach Maassgabe des Grundsatzes „in dubio mitius" ist die zeitliche Herrschaft des Strafgesetzes geordnet. Nur verfährt hierbei das ital. Strafgesetzbuch weniger logisch, dafür aber mit grösserer Billigkeit als das Deutsche. Denn während Letzteres den Einfluss des späteren milderen Gesetzes auf die Zeit von der Begehung der That bis zu ihrer Aburtheilung beschränkt, sucht Ersteres auch die rechtskräftige Verurtheilung ausser Kraft zu setzen, indem es die Vollstreckung derselben und ihre strafrechtlichen Folgen in Wegfall bringt.

[4]) Was endlich die örtliche Herrschaft des Strafgesetzbuches betrifft, so ist demselben wie allen früheren italienischen und allen anderen Strafgesetzen des Continents zwar das Territorialitätsprincip, jedoch in einer Ausdehnung zu Grunde gelegt, dass dieses mehr zum Schutzprincip wird, nach welchem der Staat nur in seinem eigensten Interesse die dasselbe verletzenden Handlungen verfolgt: denn

Der Inländer wird im Inlande abgeurtheilt, auch wenn derselbe im Auslande bereits abgeurtheilt worden ist.

Der Ausländer, welcher im Auslande abgeurtheilt worden ist, wird im Inlande verfolgt, wenn der Justizminister dieserhalb den Antrag stellt.

---

auf das Entschiedenste verwirft der Gesetzgeber den Kosmopolitismus im Strafrecht (Mot. I S. 64), demzufolge der Staat berechtigt und verpflichtet sei, jede innerhalb oder ausserhalb seines Gebietes begangene strafbare Handlung seiner Straf-Autorität nach Möglichkeit zu unterwerfen. Der gesunde Egoismus, welcher nach des deutschen Reichskanzlers bekanntem Ausspruch den Einzelnen wie das Staatsganze zusammenhält, will dagegen mit Recht im Allgemeinen nur diejenigen im Aulande begangenen Handlungen bestraft wissen, welche die politische und wirthschaftliche Existenz des Staates angreifen (Art. 4). Der ital. Gesetzgeber glaubt sich aber auch gegen die Vergehen eines In- und Ausländers anderer Art schützen zu sollen, sofern dieselben mit Rücksicht auf hohe Strafandrohung allgemeingefährlich erscheinen, vorausgesetzt ferner, dass der Thäter im Inlande betroffen wird, dass ferner ein die Auslieferung verbietendes Vergehen (Art. 9) nicht vorliegt, und dass nicht die Strafverfolgung des Thäters durch Freisprechung oder im Falle stattgehabter Verurtheilung durch Strafverjährung oder -Erlöschung ihre Erledigung bereits gefunden hat. Zwischen In- und Ausländer sind hierbei nur die im Art. 5 und 6 aufgeführten Unterschiede gezogen. Das in diesen Bestimmungen entwickelte internationale Strafrecht hat im deutschen Strafgesetzbuch bei Weitem nicht eine solche ausführliche Behandlung erfahren. Letzteres will nur fakultativ die im Auslande gegen die politische Existenz und Integrität des Reiches unternommenen Angriffe und anderen Verbrechen oder Vergehen, sofern Letztere als solche nach deutschen und nach den Gesetzen des Ortes der That anzusehen sind, verfolgt wissen. Von einer weiteren Ausdehnung hat der deutsche Gesetzgeber, namentlich auch angesichts der gebotenen Ausweisung oder Auslieferung des Ausländers absehen zu können geglaubt. (Mot. S. 18 zum Str.-G.-B. für den Nordd. Bund.) Was den ital. Gesetzgeber zu freierer Entfaltung internationaler Strafrechtspflege veranlasst hat, ist das inzwischen immer stärkere Umsichgreifen des internationalen Verbrecherthums, dessen möglichste Unterdrückung das „Institut des internationalen Rechts“ jedem Staate empfohlen hat, indem es in seinen Versammlungen zu Brüssel 1878 und zu Monaco 1883 den Satz aufstellte: „Tout Etat a le droit de punir les faits commis même hors de son territoire et par des étrangers en violation des ses lois pénales, alors que ces faits constituent une atteinte à l'existence sociale de l'État en cause, et compromettent sa sécurité, et qu'ils ne sont point prévus par la loi pénale du pays sur le territoire duquel ils ont eu lieu“! Aehnliche Anordnungen wenn auch nicht solchen Umfanges fanden sich schon in den bisherigen ital. Strafgesetzbüchern (Cod. Sardo 5 und 7, Cod. Tosc. 4 und 5, Parma 3 und 4, Este 3, 5) sowie in den für Ungarn Art. 7, Oesterreich Art. 38 ff., Russland Art. 174, Holland 4. — Dagegen verwirft noch das Belgische Strafgesetzbuch (Art. 4) generell die Bestrafung der von In- oder Ausländern im Auslande begangenen strafbaren Handlungen.

4. Der Inländer oder der Ausländer, welcher im Auslande ein Vergehen gegen die Sicherheit des Staates oder ein Vergehen der Nachbildung des Staatssiegels oder der Fälschung des Geldes, welches im Inlande gesetzlichen Cours hat, oder der italienischen öffentlichen Creditscheine, begeht, für welches Vergehen das italienische Gesetz eine Freiheitsstrafe von nicht unter fünf Jahren zum Höchstbetrage festsetzt, wird nach diesem Gesetze bestraft. Derselbe wird im Inlande abgeurtheilt, auch wenn er im Auslande abgeurtheilt worden ist, sofern der Justizminister dieserhalb den Antrag stellt.

Die voraufgehenden Bestimmungen kommen zur Anwendung auch wenn es sich um ein Vergehen handelt, für welches eine Freiheitsstrafe von geringerer Dauer festgesetzt ist, sofern der Inländer oder Ausländer im Gebiete des Königreiches betroffen wird.

5. Der Inländer, welcher, abgesehen von den im voraufgehenden Artikel angegebenen Fällen, im Auslande ein Vergehen begeht, für welches das italienische Gesetz eine Freiheitsstrafe von nicht unter drei Jahren im Mindestbetrage festsetzt, wird nach diesem Gesetz bestraft, sofern derselbe im Inlande betroffen wird; es wird aber die Strafe um ein Sechstel ermässigt, und an Stelle des Kerkers Einschliessung von fünfundzwanzig bis dreissig Jahre gesetzt.

Handelt es sich um ein Vergehen, für welches eine Freiheitsstrafe von geringerer Dauer festgesetzt ist, so wird nur auf Antrag der Partei[5]) oder auf Antrag der auswärtigen Regierung eingeschritten.

6. Der Ausländer, welcher, abgesehen von den im Artikel 4 angegebenen Fällen, im Auslande zum Nachtheil des Staates oder eines Inländers ein Vergehen begeht, für welches das italienische Gesetz eine Freiheitsstrafe von nicht unter einem Jahre zum Mindestbetrage festsetzt, wird, sofern er immer im Gebiete des Königreichs betroffen wird, nach diesem Gesetz bestraft; es wird aber die Strafe um ein Drittel ermässigt und an Stelle des Kerkers Einschliessung nicht unter zwanzig Jahren gesetzt.

Es wird nur auf Antrag des Justizministers oder auf Antrag der Partei[5]) eingeschritten.

---

[5]) „a querela di parte“. Auf Antrag, Klage der Partei d. h. des Antragsberechtigten bei Antragsvergehen.

Ist das Vergehen zum Nachtheil eines anderen Ausländers begangen, so wird der Thäter auf Antrag des Justizministers nach den Bestimmungen des ersten Theiles des gegenwärtigen Artikels bestraft, sofern

1) es sich um ein Vergehen handelt, für welches eine Freiheitsstrafe von nicht unter drei Jahren zum Mindestbetrage festgesetzt ist,
2) nicht ein Auslieferungsvertrag besteht, oder die Auslieferung von der Regierung des Ortes, woselbst der Thäter das Vergehen begangen oder wo derselbe seine Heimath hat, nicht angenommen worden ist.

7. Es wird in den in den Artikeln 5 und 7 angegebenen Fällen bei Gericht nicht eingeschritten,

1) wenn es sich um ein Vergehen handelt, dessentwegen nach der Bestimmung des ersten Absatzes des Artikels 9 die Auslieferung nicht gestattet ist,
2) wenn der im Auslande abgeurtheilte Beschuldigte endgültig von der Beschuldigung freigesprochen worden ist, oder wenn derselbe verurtheilt, die Strafe verbüsst hat, oder wenn die Verurtheilung erloschen ist.

Nichtsdestoweniger kann, wenn gegen einen Inländer wegen eines im Auslande begangenen, von den in Nummer 1 des gegenwärtigen Artikels verschiedenen Vergehens im Auslande eine Verurtheilung ausgesprochen worden ist, welche nach dem italienischen Gesetz als Strafe oder als strafrechtliche Folge die Untersagung der Bekleidung öffentlicher Aemter oder eine andere Unfähigkeit nach sich ziehen würde, die Gerichtsbehörde auf Antrag des öffentlichen Ministeriums bestimmen, dass das im Auslande gesprochene Erkenntniss im Inlande die vorerwähnte Untersagung oder Unfähigkeit herbeiführt, unbeschadet des Rechtes seitens des Verurtheilten, zu beantragen, dass, bevor auf Antrag des öffentlichen Ministeriums Verfügungen getroffen werden, das im Auslande erfolgte Verfahren erneuert wird.

8. Ist in den in den vorhergehenden Artikeln vorgesehenen Fällen das im Auslande erfolgte Verfahren im Inlande erneuert worden, so wird die im Auslande verbüsste Strafe angerechnet, unter Berücksichtigung der Art derselben und unter eventueller Anwendung der Bestimmungen des Artikels 40.

9[6]). Nicht gestattet ist die Auslieferung eines Inländers.

Die Auslieferung des Ausländers ist weder wegen politischer Vergehen noch wegen Strafthaten, welche mit denselben im Zusammenhang stehen, gestattet.

Die Auslieferung eines Ausländers kann nur von der Königl. Regierung sowie und auf voraufgegangenen übereinstimmenden Beschluss der gerichtlichen Behörde desjenigen Ortes, woselbst der Ausländer betroffen wird, angeboten oder bewilligt werden.

Nichtsdestoweniger kann auf einen Auslieferungsantrag oder eine Auslieferungsanerbietung die vorläufige Inhaftnahme des Ausländers angeordnet werden.

10. Die Bestimmungen des vorliegenden Gesetzbuches kommen auch bei den von anderen Strafgesetzen geregelten Materien zur Anwendung, soweit von diesen nicht Etwas Anderes festgesetzt ist.

Zweiter Titel.

Von den Strafen[1]).

11. Die für die Vergehen festgesetzten Strafen sind:

1. Der Kerker (ergastolo),
2. Die Einschliessung (reclusione),

---

[6]) Dem Artikel über die Auslieferung ist als der sedes materiae in zweckmässiger Weise das Verbot der Auslieferung auch des Ausländers wegen politischer Vergehen und der mit derselben in Zusammenhang stehenden strafbaren Handlungen (reati a questi connessi) eingefügt. Die sogen. belgische Attentatsklausel, dass nämlich der Angriff gegen das Oberhaupt einer fremden Regierung oder gegen Mitglieder der Familie desselben weder als politisches noch als politisch connexes Verbrechen oder Vergehen angesehen werden soll, insofern der Angriff den Thatbestand des Todtschlages oder Mordes bildet, — welche zuerst in den deutsch-belgischen Auslieferungsvertrag vom 24. December 1874 aufgenommen und dann den von der deutschen Regierung mit Spanien, Brasilien, Schweden und Norwegen abgeschlossenen Verträgen einverleibt worden ist, hat auch in dem deutsch-italienischen Auslieferungsvertrag vom 31. Oktober 1871 keine Aufnahme gefunden. Zur Begründung dieser Maassnahmen führt der Gesetzgeber in den Motiven (I. S. 71) an, dass das Verbot der Auslieferung mit um so grösserer Eifersucht (più gelosamente) gewahrt werden müsste, als mit dem Asyl politischer Flüchtlinge Italien weniger als jeder andere Staat einen wohlfeilen Handel treiben könnte, da es dasselbe für so viele seiner besten Söhne so lange hätte geniessen müssen.

[1]) Mot. I S. 73 ff. Kommiss. Ber. S. 51 ff. Entw. Art. 10—31. Cod. Sardo 13 ff. Parma 8 ff. Due Sicilie 3 ff. Este 10 ff.

3. Das Gefängniss (detenzione),
4. Die Verweisung (confino),
5. Die Geldstrafe (multa),
6. Die Untersagung der Bekleidung öffentlicher Aemter (l'interdizione dai publici ufficii).

Die für die Uebertretungen festgesetzten Strafen sind:

1. Die Haft (arresto),
2. Die Geldstrafe (ammenda),
3. Die zeitige Untersagung der Ausübung eines Gewerbes oder einer Kunst (la sospensione dall'esercizio di una professione o di un' arte).

Unter der Bezeichnung: die persönliche Freiheit beschränkende Strafen versteht das Gesetz den Kerker, die Einschliessung, das Gefängniss, die Verweisung und die Haft.

Die im Artikel 1 Abs. 2 dem Strafgesetzbuch zu Grunde gelegte Eintheilung musste nothwendigerweise eine totale Umwälzung, d. h. Vereinfachung des Strafensystems zur Folge haben. Die bisherigen italienischen Strafgesetzbücher mit der zu Art. 1 erwähnten Ausnahme des Toskanischen hatten vom Code pénal von 1810 Art. 6 ff. und 464 ff. nicht nur die Dreitheilung der Reat in crimini, delitti, contravvenzioni sondern auch die mit derselben correspondirende Dreitheilung der Strafen in pene criminali, pene correzionali, pene di polizia adoptirt. Die Criminalstrafen waren:

1. Die Todesstrafe.
2. Die lebenslängliche Zwangsarbeit.
3. Die zeitige Zwangsarbeit.
4. Die Einschliessung (reclusione).
5. Die Verbannung.
6. Die Untersagung der Bekleidung öffentlicher Aemter.

Die Correktorial- („Zuchtpolizei-") strafen waren:

1. Die Gefängnisstrafe.
2. Die Ueberweisung (custodia).
3. Die Verweisung (confino).
4. Die örtliche Verbannung (esilio locale).
5. Die zeitweise Untersagung der Bekleidung öffentlicher Aemter (sospensione).
6. Die Geldstrafe (multa).

Die Polizeistrafen waren:

1. Die Haftstrafe.
2. Die Geldstrafe (ammenda).

Als Nebenstrafen gelten noch

1. Die zeitweise Untersagung der Ausübung eines Berufes,
2. Die Polizei-Aufsicht,
3. Der Verweis.

12. Die Strafe des Kerkers ist eine lebenslängliche. Dieselbe wird in einer besonderen Anstalt verbüsst, in welcher der Verurtheilte

---

Von diesen Strafen ist die Todesstrafe und die allgemeine Verbannung, die Gefängnissstrafe, die Ueberwachung und die örtliche Verbannung beseitigt worden. An Stelle der Todesstrafe und der lebenslänglichen Zwangsarbeit ist der lebenslängliche Kerker (ergastolo) für die schwersten Verbrechen (Hochverrath Art. 117, schweren Landesverrath, Art. 104, qualificirten Todtschlag Art. 366) getreten; die zeitige Zwangsarbeit ist mit der schon bestehenden Einschliessung verschmolzen und für leichtere Verbrechen und schwere (ehrenrührige) Vergehen angedroht; die Gefängnisstrafe und Ueberwachung ist in der Gefängnissstrafe (detenzione) vereinigt und für die Vergehen schlechthin bestimmt. Die örtliche Verbannung wollte noch der Entwurf (Art. 20) gegen Störungen der öffentlichen Ordnung (z. B. gegen Angriffe auf die Religionsausübung, gegen die unerlaubte Selbsthülfe Art. 136, 224 und 125 Entw.) angewendet wissen, in den endgültigen Gesetzestext ist aber für dieselbe die Detention bezw. der confino — die Verweisung eingestellt worden. Auch wenn Letztere (Art. 18) dasselbe Schicksal der Weglassung erfahren hätte, so wäre dies kein fühlbarer Mangel des Gesetzbuches gewesen. Denn in den wenigen Fällen in denen diese Strafe überhaupt zur Anwendung kommen soll, wie beim Widerstand etc. zu Gunsten eines Angehörigen (Art. 190), bei der unerlaubten, mit Drohung oder Gewalt verübten Selbsthilfe (Art. 235) hätte die Festsetzung dieselben Dienste leisten können.

Was die nunmehr endgültige Abschaffung der Todesstrafe betrifft, so ist diese Strafe im Lande eines Beccaria (dei delitti e delle pene, 1764) von jeher unpopulär gewesen. Im Grossherzogthum Toskana war sie bereits seit 1859 abgeschafft. 1865 erklärte sich die Deputirtenkammer im Gegensatz zum Senat für Aufhebung der Todesstrafe und als sie 1877 dieses ihr Votum wiederholte, glaubte auch die Krone dieser gewichtigen Aeusserung der Anschauung der Nation thatsächlich dadurch Rechnung tragen zu müssen, dass sie seitdem keine Hinrichtung mehr vollziehen liess. — Wie die Motive zum Norddeutschen Strafgesetzbuch (Art. 2) so stellten auch die zum Italienischen eine ausführliche Abhandlung der Geschichte der Todesstrafe dar, nur dass Letztere zu dem entgegengesetzten Schlusse kommen, dass dieselbe überhaupt abzuschaffen, und nicht auf einen auch nur kleinen Kreis von Verbrechen zu beschränken sei, und zwar kurz gefasst aus zwei Gründen: einerseits sei die Todesstrafe keine „exemplarische", sondern im Gegentheil eine generell depradirende Strafe, und geeignet, „die Gemüther unruhig, hart und grausam zu machen", andererseits aber vor Allem wegen ihrer Irreparabilät. (Mot. I S. 39). Die Deputirtenkammer konnte ihre schon früher geäusserte Ansicht nur bestätigen und votirte am 9. Juni 1888 die Aufhebung der Todesstrafe. Die in ihrem Kommissionsbericht niedergelegten Gründe schliessen sich denen des Codifikators mit der Erklärung an, dass eine Strafe, über deren rechtlichen und moralischen Charakter das allgemeine Bewusstsein nicht übereinstimme, ihre nothwendigste und festeste Grundlage verloren habe, und dass dieselbe auch da wo sie noch in Geltung sei, einer zunehmenden „Desuetudine" verfallen sei. (Kommiss. Ber. S. 51 ff.).

Als Surrogat der Todesstrafe ist der „Ergastolo" (Kerker) eingeführt. Mit denk-

während der ersten sieben Jahre in beständiger Einzelhaft, mit der Verpflichtung zur Arbeit verbleibt.

In den folgenden Jahren wird derselbe zur Arbeit in Gemeinschaft mit anderen Verurtheilten mit der Verpflichtung zum Schweigen zugelassen.

13. Die Strafe der Einschliessung erstreckt sich von drei Tagen bis zu vierundzwanzig Jahren. Dieselbe wird in den hierzu bestimmten Anstalten, mit der Verpflichtung zur Arbeit und nach den folgenden Bestimmungen verbüsst.

Ueberschreitet dieselbe nicht sechs Monat, so wird sie während ihrer ganzen Dauer in beständiger Einzelhaft verbüsst; sie kann auch in einem Gerichtsgefängniss vollstreckt werden.

Ueberschreitet sie sechs Monat, so wird sie in beständiger Einzelhaft verbüsst, welche für den ersten Zeitlauf dem sechsten Theil der ganzen Dauer der Strafe gleichkommt, aber unter sechs Monat und über drei Jahr nicht betragen darf; für den späteren Zeitlauf tritt Absonderung des Nachts und Stillschweigen des Tages über ein.

14. Der zur Einschliessung für eine Zeit von nicht unter drei Jahren Verurtheilte kann, wenn er die Hälfte der Strafe und mindestens dreissig Monat verbüsst und sich gut geführt hat, zur Verbüssung des noch verbleibenden Theiles in einer landwirthschaftlichen oder gewerblichen Strafanstalt oder auch zur Beschäftigung bei öffentlichen oder privaten der Aufsicht der öffentlichen Verwaltung unterstellten Arbeiten zugelassen werden.

Verharrt der Verurtheilte nicht bei guter Führung, so wird die vorerwähnte Zulassung zurückgenommen.

15. Die Gefängnissstrafe erstreckt sich von drei Tagen bis zu vierundzwanzig Jahren. Dieselbe wird in hierzu bestimmten An-

---

bar grössten Härten ausgestattet nimmt derselbe eine exceptionelle Stelle unter den Freiheitsstrafen ein. Er ist von lebenslänglicher Dauer und wird unter anfänglicher, mindestens sechsjähriger, — nach dem Entwurf sogar zehnjähriger Einzelhaft sowie unter der Verpflichtung zu dauerndem Schweigen in einer besonderen Anstalt verbüsst, — wegen der obengenannten Verbrechen.

Die Verpflichtung zur Arbeit und die Absonderung (des Nachts) ist auch allen anderen Freiheitsstrafen der Einschliessung, dem Gefängniss und der Haft eigen: die Strafe soll erziehlich und moralisch wirken. Im Sonstigen ist dem Strafvollzug, namentlich der wichtigsten, am meisten zur Anwendung kommenden Strafe der Einschliessung (reclusion) das sogen. Irische (Gradual-) System zu Grunde gelegt: 1. Einzelhaft. 2. Gemeinsame Arbeit. 3. Zwischenstrafanstalten. 4. Bedingte Freilassung. (Art. 13, 14, 15, 16).

stalten mit der Verpflichtung zur Arbeit und unter nächtlicher Absonderung verbüsst.

Der Verurtheilte kann unter den in der Anstalt, welcher er überwiesen ist, zugelassenen Arbeitsarten diejenige auswählen, welche seinen Fähigkeiten und seinen früheren Beschäftigungen mehr entspricht; derselbe kann sich auch eine andere zulässige Arbeitsart wählen.

Ueberschreitet die Strafe nicht sechs Monate, so kann dieselbe in einer besonderen Abtheilung des Gerichtsgefängnisses vollstreckt werden.

16[2]). Der zur Einschliessung oder zu Gefängniss auf die Zeit von über drei Jahren Verurtheilte kann, wenn er drei Viertel der Strafe und, falls es sich um Einschliessung handelt, mindestens drei Jahre und, falls es sich um Gefängniss handelt, die Hälfte der Strafe verbüsst und sich so geführt hat, dass sich seine Besserung vermuthen lässt, auf seinen Antrag die bedingte Freilassung erlangen, sofern nur der Rest der Strafe drei Jahr nicht übersteigt.

Die bedingungsweise Freilassung wird nicht bewilligt:

1) dem wegen eines der in den Artikeln 248 und 406 bis 410 angegebenen Vergehen Verururtheilten,

2) dem zur Einschliessung auf dreissig Jahr in dem im Artikel 59 vorgesehenen Falle Verurtheilten,

3) dem wegen eines der in den Artikeln 364—368 und 404 angegebenen Vergehen Rückfälligen,

4) dem zum zweiten Mal wegen irgend eines Vergehens Rück-

---

[2]) Die Voraussetzungen, unter welchen das ital. Strafgesetzbuch die bedingsweise Freilassung bewilligt, sind schwerer als die, unter denen nach deutschem Strafrecht die vorläufige Entlassung zulässig ist. Ersteres gewährt diese Vergünstigung nur bei Bes'rafungen (zu Einschliessung oder Gefängniss) über drei Jahr, von denen drei Viertel, mindestens drei Jahr bei Einschliessung und mindestens die Hälfte bei Gefängniss verbüsst sein müssen und schliesst sie in vielen Fällen aus: so wenn statt des Kerkers unter Annahme mildernder Umstände auf dreissigjährige Reklusion erkannt worden ist, ferner bei Verurtheilungen wegen besonders gemeingefährlicher Verbrechen, Raub, Erpressung, Zwangsloskauf, Complottirung, bei vorsätzlicher Tödtung, überhaupt beim schweren Diebstahl, sofern ein erster Rückfall, bei jedem anderen Vergehen, sofern ein zweiter Rückfall vorliegt. Das deutsche Strafgesetzbuch (§ 23) lässt dagegen die einstweilige Entlassung bei jedweder Verurtheilung zu, vorausgesetzt dass der Verurtheilte drei Viertel der gegen ihn erkannte Strafe und mindestens Ein Jahr verbüsst hat. Die Voraussetzungen des Widerrufes der einstweiligen Entlassung sind nach beiden Rechten ungefähr dieselben.

fälligen, falls derselbe zu einer Strafe verurtheilt ist, welche fünf Jahr übersteigt.

17. Die bedingte Freilassung wird widerrufen, wenn der Verurtheilte eine Strafthat begeht, welche eine Freiheitsstrafe nach sich zieht, oder wenn derselbe die ihm auferlegten Bedingungen nicht erfüllt. In diesem Falle wird die während der bedingten Freilassung verflossene Zeit auf die Dauer der Strafe nicht angerechnet; auch wird der Verurtheilte zur bedingten Freilassung nicht wieder zugelassen.

Ist die ganze Zeit der auferlegten Strafe verflossen, ohne dass die bedingte Freilassung widerrufen ist, so bleibt die Strafe verbüsst, und die während der bedingten Freilassung verflossene Zeit wird auf die Dauer der Polizeiaufsicht, welche mit der verbüssten Strafe verbunden war, gerechnet.

18[3]). Die Strafe der Verweisung besteht in der dem Verurtheilten auferlegten Verpflichtung, während einer Zeit von mindestens einem Monat und nicht über drei Jahr in einer im Urtheil angegebenen Gemeinde sich aufzuhalten, in einer Entfernung von nicht unter sechzig Kilometer sowohl von derjenigen Gemeinde, in welcher das Vergehen begangen war, als auch von derjenigen, in welcher die Verletzten und der Verurtheilte selbst ihren Wohnsitz haben.

Verletzt der Verurtheilte die genannte Verpflichtung, so wird die Strafe der Verweisung in Gefängnissstrafe für die für die Verbüssung der ersteren noch verbleibende Zeit umgewandelt.

19[4]). Die Strafe der Geldstrafe besteht in der Bezahlung einer Summe von mindestens zehn Lire[5]) und höchstens zehntausend Lire an die Staatskasse.

---

[3]) Vgl. das Anm. 2 Gesagte.

[4]) „La pena della multa" für Vergehen und „la pena dell' amenda" für Uebertretungen (Art. 24) unterscheiden sich nur dem Namen nach und finden sich schon in allen früheren ital. Strafgesetzbüchern. Cod. Sardo 61, 67. Tosc. 22, 71. Parma 38, 39 u. s. w. Beide Arten von Geldstrafen sind häufig, namentlich cumulativ mit Gefängniss angedroht. Aus den auf diese Weise zu erzielenden Einkünften sollen, wie der Gesetzgeber nach Maassgabe eines nach günstigerer Gestaltung der Finanzen und reiferen Studien der Materie vorzulegenden Gesetzentwurfes hofft, „die Opfer richterlicher Irrthümer", also die unschuldig Verurtheilten und verhaftet gewesenen Beschuldigten, sowie die geschädigten Unbemittelten entschädigt werden (Mot. I S. 114).

[5]) eine lira = 1 Franc = 0,81 M.

Für den Fall, dass die Zahlung binnen zwei Monaten vom Tage der Bekanntmachung der Verfügung nicht erfolgt, oder für den Fall der Zahlungsunfähigkeit des Verurtheilten wird die Geldstrafe in Gefängniss umgewandelt, unter Berechnung eines Tages für je zehn Lire und für einen Bruchtheil von zehn Lire von der nicht gezahlten Summe.

Der Verurtheilte kann die unterstellte Strafe durch Erstattung der Geldstrafe unter Abzug des der erlittenen Gefängnissstrafe entsprechenden Theiles, nach der im vorausgehenden Abschnitt bestimmten Berechnung immer in Wegfall bringen.

Die der Geldstrafe unterstellte Gefängnissstrafe darf die Dauer eines Jahres nicht überschreiten.

An Stelle der Gefängnissstrafe kann auf Antrag des Verurtheilten bei der Vollstreckung die Leistung einer für den Dienst des Staates, der Provinz oder der Gemeinde bestimmten Arbeit gesetzt werden[6]), wobei zwei Arbeitstage für Einen Tag Gefängniss gerechnet werden.

20[7]). Die Untersagung der Bekleidung öffentlicher Aemter ist eine dauernde oder eine zeitige.

[6]) Auch der zu einer Geldstrafe wegen einer Uebertretung Verurtheilte, soll statt Verbüssung der im Zahlungsunvermögensfalle unterstellten Freiheitsstrafe befugt sein, eine dem Dienste des Staates, der Provinz oder der Gemeinde bestimmte Arbeit zu verrichten, wobei zwei Tage Arbeit für einen Tag Freiheitsstrafe gerechnet werden sollen. Art. 24 Abs. 2. Allerdings verhehlt sich der Gesetzgeber nicht die Schwierigkeiten, welche der Durchführung einer Maass regel sich entgegenstellen werden, die jedoch alle Entwürfe seit 1874 gebracht hätten. Mot. I S. 118.

— Wenn auch nicht als direktes Strafsurrogat, so doch als ein demselben nahe verwandtes Rechtsinstitut darf an dieser die im Art. 101 unter dem Titel IX dieses Buches „von dem Erlöschen der Strafverfolgung und -Vollstreckung" behandelte Vergünstigung nicht unerwähnt bleiben, deren zufolge der einer nicht über dreihundert Lire Geldstrafe nach sich ziehenden Uebertretung Beschuldigte durch Zahlung des gesetzlich angedrohten Hochbetrages das ganze Verfahren in Wegfall bringen kann. Vgl. hierüber auch Anm. zu Art. 101. —

[7]) „L'interdizione dai pubblici ufficii", die Untersagung (der Bekleidung) öffentlicher Aemter schliesst den Verlust aller allgemein zustehenden und aller besonders verliehenen öffentlichen Rechte und Ehren in sich und umfasst somit die im Deutsch. Str.-G.-B. getrennt gehaltenen Strafen der „Aberkennung der bürgerlichen Ehrenrechte" und der „Unfähigkeit zur Bekleidung öffentlicher Aemter" (§§ 34 und 35).

Der Verlust der öffentlichen Aemter ist

a. ein dauernder, wenn auf (lebenslänglichen) Kerker oder auf Einschliessung über fünf Jahr,

Die dauernde Untersagung führt den Verlust herbei:

1) des Rechtes in irgend einer Wahlversammlung zu wählen oder gewählt zu werden, und jedes anderen politischen Rechtes,

2) der Eigenschaft eines Parlamentsmitgliedes und eines Geschworenen, jedes Wahlamtes, jedes öffentlichen, vom Staate, von einer Provinz, von einer Gemeinde oder von einer dem Schutze des Staates, der Provinz oder Gemeinde gesetzlich unterstellten Anstalt übertragenen Dienstes oder Amtes,

3) der akademischen Grade und Würden, der Titel, der Orden und anderer öffentlicher Ehrenzeichen,

4) jedes gewinnbringenden oder Ehrenrechtes, welches mit einem der in den vorhergehenden Nummern angegebenen Dienste, Aemter,

---

b. ein zeitiger, wenn auf Einschliessung über drei Jahr erkannt worden ist, — und zwar auf eine der Strafe gleiche Dauer. Art. 20 Abs.[3] und 31.

Auch sonst muss auf Verlust der öffentlichen Aemter erkannt werden, wenn die der Verurtheilung zu Grunde liegende That einen Missbrauch eines öffentlichen Amtes im obigen Sinne darstellt. Auch in diesem Falle stimmt die Dauer des Verlustes mit der Dauer der Hauptstrafe überein. Art. 35. Vgl. auch § 358 des Str.-G.-B.

Im übrigen ist über diese Nebenstrafe Folgendes zu bemerken:

a. Ist infolge des Geisteszustandes des Beschuldigten die Zurechnungsfähigkeit desselben erheblich geschmälert, aber nicht ausgeschlossen, so kommt, abgesehen von der sonstigen Minderung der Hauptstrafe, statt des dauernden zeitiger Verlust der öffentlichen Rechte zur Anwendung. Art. 47[2].

b. Bei Strafunmündigkeit bis zum vollendeten achtzehnten Lebensjahr kam der erwähnte Verlust überhaupt nicht zur Anwendung. Art. 55 Abs. 2.

c. Bei einer Verurtheilung wegen mehrerer strafbarer Handlungen, welche den Verlust der öffentlichen Rechte nach sich ziehen, kommt diese Nebenstrafe für jedes Vergehen zur Anwendung; nur soll sie in diesem Falle die Dauer von zehn Jahren nicht übersteigen. Art. 74.

d. Der Verlust der öffentlichen Aemter tritt bei der Amnestie kraft des radikalen Effektes derselben ipso jure in Wegfall, beim Indult (generellen Gnadenerlass) und bei der einzelnen Begnadigung nur dann, wenn dies im Erlass ausdrücklich angeordnet ist. Art. 87.

e. Der (zeitige) Verlust der öffentlichen Aemter verjährt innerhalb der doppelten für die Hauptstrafe festgesetzten Frist. Art. 97.

f. Der Verlust der öffentlichen Aemter wird durch die Rehabilitation aufgehoben. Näheres hierüber im Art. 100.

g. Zuwiderhandlungen gegen die Bestrafung mit dem Verlust öffentlicher Aemter werden, unbeschadet der ferneren Dauer desselben, mit Gefängniss bis zu einem Jahr oder mit Geldstrafe von hundert bis zu dreitausend Lire bestraft. Art. 234.

Grade oder Titel, und Eigenschaften, Würden oder Ehrenzeichen verbunden ist, sowie des kirchlichen Amtes, mit welchem der Verurtheilte bekleidet ist,

5) des Amtes eines Vormundes oder Pflegers und jedes anderen auf die Vormundschaft oder auf die Pflegschaft sich beziehenden Rechtes, ausser der Vormundschaft oder Pflegschaft über die Descendenten in den vom Civilgesetz bestimmten Fällen[8]),

6) der Fähigkeit, irgend ein Recht, einen Dienst, ein Amt, eine Stellung, einen Grad, einen Titel und Auszeichnungen, wie in den voraufgehenden Nummern angegeben, zu erlangen.

Die zeitige Untersagung bewirkt für den Verurtheilten die Unfähigkeit, für die Zeit von mindestens drei Monaten und höchstens fünf Jahren die vorgenannten Rechte, Dienste, Aemter, Stellungen, Grade und Ehrenbezeugungen zu erlangen oder zu führen.

Das Gesetz bestimmt die Fälle, in denen die Untersagung der Bekleidung öffentlicher Aemter auf eins derselben beschränkt wird, und in welchen dieselbe auf die Ausübung des Gewerbes oder der Kunst des Verurtheilten sich erstreckt.

21. Die Strafe der Haft erstreckt sich von einem Tage auf zwei Jahre; dieselbe wird in den hierzu bestimmten Anstalten unter Trennung bei Nacht und mit der Verpflichtung zur Arbeit, unter Berücksichtigung der nach Artikel 15 Absatz 1 anwendbaren Bestimmungen verbüsst. Die Haftstrafe kann auch in einer besonderen Abtheilung des Gerichtsgefängnisses verbüsst werden.

Für nicht rückfällige Frauenspersonen und Minderjährige kann, wenn die Haftstrafe einen Monat nicht überschreitet, der Richter bestimmen, dass die Strafe in der eigenen Wohnung verbüsst wird[9]). Im Falle der Zuwiderhandlung wird die ganze Strafe in der gewöhnlichen Weise vollstreckt.

22. Das Gesetz bestimmt die Fälle, in welchen die Haftstrafe

---

[8]) Nach ital. Civilrecht (Art. 269 Cod. Civ.) wird die Vormundschaft über Descendenten infolge der Verurtheilung wegen ehrloser Handlungen seitens des Vormundes bezw, Pflegers aufgehoben.

[9]) Als Strafsurrogat ist nach dem eigenen Wortlaut der Motive (I S. 106) die häusliche Haft anzusehen. Nach dem Entwurf (Art. 23 Abs. 2) sollten nicht nur Frauenspersonen und Minderjährige, sondern überhaupt alle zu Haft nicht unter einem Monat Verurtheilten „nach den Umständen der That“, sofern ein Rückfall nicht vorliegt, dieser Vergünstigung zu Theil werden, um nicht „die Schmach der

in einem Arbeitshause oder auch durch Dienstleistung bei Arbeiten von öffentlichem Nutzen vollstreckt werden kann.

Stellt sich der Verurtheilte nicht zur Strafverbüssung oder verweigert derselbe seine Dienstleistung, so wird die Haftstrafe in der gewöhnlichen Weise vollstreckt.

23. Die Frauenspersonen verbüssen die Kerker-, Einschliessungs-, Gefängniss- und Haftstrafen in besonderen Anstalten.

Das Gesetz bestimmt die Fälle, in denen die Freiheitsstrafe in einer Besserungs- oder in einer Bewahranstalt verbüsst werden.

24[10]). Die Geldstrafe [für Uebertretungen] besteht in der Zahlung einer Summe von mindestens einer Lire und höchstens zweitausend Lire an die Staatskasse.

Es kommen die in den Abschnitten des Artikels 19 enthaltenen Bestimmungen zur Anwendung; an Stelle der Haft tritt Gefängniss.

25[11]). Die zeitige Untersagung der Ausübung eines Gewerbes oder einer Kunst dauert von drei Tagen bis zu zwei Jahren.

26[12]). Wenn die gesetzlich bestimmte Strafe einen Monat Gefängniss oder Haft, drei Monat Verweisung, oder dreihundert Lire

---

Einsperrung" wegen der leichtesten Verstösse zu erdulden. Der Senat war indessen mit einer solchen generellen Vergünstigung nicht einverstanden. Ber. des Min. S. 26. — Das deutsche Strafrecht kennt den Stubenarrest nur Officieren gegenüber als Disciplinarstrafe. Milit.-Str.-G.-B. §§ 20, 23 und 80.

10) Ueber die Geldstrafe bei Uebertretungen (l'ammenda) vgl. Anm. 4 zu Art. 19.

11) Ueber „la sospensione dall'esercizio di una professione o di un' arte" gilt im Allgemeinen das zu Anm. 7 zu Abs. 3, Abs. 4c—e Gesagte. Die zeitige Untersagung der Ausübung eines Gewerbes oder einer Kunst ist für ital. Strafrecht kein modernes Strafmittel, vielmehr findet sich dieselbe bereits in früheren ital. Strafgesetzen (Cod. Sardo 38—40. Toscano 24—26, 28. Parma 9, 32, 33). Auch dort war diese Strafe als Accessorium bei Uebertretungen angedroht, welche infolge der mangelhaften Führung eines offenen Geschäftes oder einer die Oeffentlichkeit berührenden Handlung eine allgemeine Gefahr hervorrufen konnten. Vgl. Art. 450, 461, 471 und 479. Im deutschen Strafrecht kann die Untersagung sei es infolge einer Verurtheilung sei es beim Mangel der zur Führung eines Gewerbes gesetzlich erforderlichen Voraussetzungen durch die Landespolizeibehörde ausgesprochen werden. — Vgl. § 319 d. Str.-G.-B. sowie §§ 35. 59a, 148[4] u. [7] Gewerbeordn. — Der Ansicht Holtzendorff's (Gerichtssaal Bd. 40 S. 327. Die Strafandrohungen im neuesten ital. Str.-G.-Entw.), dass der Repressiveffekt dieses Strafmittels zweifelhaft sei, lässt sich nicht beitreten: Auch der Mindestbetrag der Dauer dieser Strafe (drei Tage) führt für den Betroffenen zumeist den Verlust des dreifachen Betrages des täglichen Arbeitsverdienstes herbei. Zuwiderhandlungen werden nach Art. 234 bestraft.

12) Wie dem Vollzug der Strafe, sofern derselbe wegen der Länge und

Geldstrafe für Vergehen oder Uebertretungen, nicht überschreitet, kann der Richter, falls mildernde Umstände vorliegen, und der Thäter noch

---

Schwere der Letzteren auch gegenüber einem zuvor schon nicht mehr unbestraften Verurtheilten vorgenommen werden muss, durch das oben erwähnte sorgfältig zergliederte Abstufungssystem möglichste Berücksichtigung widerfahren ist, so ist andererseits auch der in jüngster Zeit in der Strafrechtspflege stark hervortretenden Strömung, welche auf möglichste Vermeidung der Vollstreckung kürzerer Freiheitsstrafen in einer den Verurtheilten leicht deprimirenden, oft depradirenden Weise hinlenkt, nach Kräften Rechnung getragen worden, und zwar durch Einführung surrogativer Strafmittel. Unter diesen sind zu nennen: a) der richterliche Verweis (la riprensione giudiciale), b) der Hausarrest (l'arresto nella abitatione), c) die Leistung einer für den öffentlichen Dienst bestimmten Arbeit (la prestazione di un' opera determinata a servizio dello Stato), d) das freiwillige Strafzahlungsangebot (l'oblazione volontaria).

Obenan steht der richterliche Verweis. „La riprensione giudiciale“ ist als Strafe dem ital. Strafrecht nicht unbekannt; dieselbe findet sich im Sardin. wie im Toskan. Strafgesetzbuch (Art. 38 bezw. 12), indessen war sie dort als accessorische aufgeführt und sollte in der (auch sonst) üblichen Verwarnung an den Verurtheilten bestehen, dass nämlich gegen ihn im Wiederholungsfalle eine härtere Strafe festgesetzt werden würde. Mit dem in das gegenwärtige Strafgesetzbuch aufgenommenen richterlichen Verweis hat also das vorgenannte übrigens nunmehr auch ganz unberücksichtigt gebliebene Strafmittel nichts gemein. „Um bei leichten, aus keinem schlechten Antrieb hervorgehenden Fehltritten den Schuldigen zwar nicht ungestraft zu lassen, ihn aber mit einer Erniedrigung durch Einsperrung und einer hiermit oft verbundenen wirthschaftlichen Schädigung zu verschonen“, hat der Gesetzgeber (Mot. I S. 125) das neue Strafmittel, „welches auch mit der heutigen Richtung der Strafrechtswissenschaft übereinstimme“, eingeführt. Damit aber das neue Strafmittel an Ansehen und Wirksamkeit möglichst gewinne, ist die Verhängung desselben von der Stellung einer Kaution abhängig gemacht, deren drohender Verlust den Verurtheilten auch äusserlich zu guter Führung noch antreiben soll. Diese Bedingung kann noch verschärft werden, und zwar durch die aus dem englischen Recht (Gesetz Eduard III C. 1 recognizance for good behaviour: condition for the peace) übernommene, nach richterlichem Ermessen zu erfordernde Friedensbürgschaft (Art. 27). Einerseits sollen die Bürgen ihren Einfluss auf den Verurtheilten behufs Führung eines unbescholtenen Lebenswandels ausüben, andererseits soll aber auch eine solche Betheiligung der Mitbürger an der Rechtspflege die bedingte Verurtheilung populär machen. Durch beide mit einander verbundenen Institute hofft der ital. Gesetzgeber (Mot. I S. 126) sonst unvermeidliche strafrechtliche Härten zu vermeiden und eine grössere repressive und präventive Wirkung zu erzielen. — Die „bedingte Verurtheilung“ ist bereits in Belgien durch Gesetz vom 31. Mai 1888 eingeführt. Nach demselben kann die Strafvollstreckung bis auf fünf Jahr ausgesetzt werden, wenn die erkannte Freiheitsstrafe sechs Monat nicht übersteigt, und der Verurtheilte wegen eines Verbrechens oder Vergehens noch nicht vorbestraft ist, vorausgesetzt dass derselbe innerhalb der Strafaussetzungszeit ein neues Verbrechen oder Vergehen nicht begeht. Mit

niemals eine Verurtheilung wegen eines Vergehens noch eine Verurtheilung wegen einer Uebertretung zu einer höheren Strafe als ein Monat Haft erlitten hat, anordnen, dass an Stelle der von ihm ausgesprochenen Strafe ein richterlicher Verweis eintritt.

Der richterliche Verweis besteht in einer den besonderen persönlichen Bedingungen und den thatsächlichen Verhältnissen angemessenen Verwarnung, welche der Richter dem Thäter über die Vorschriften des verletzten Gesetzes und über die in Folge der begangenen Strafthat in öffentlicher Sitzung ertheilt.

Erscheint der Verurtheilte nicht zu der für die Verwarnung anberaumten Sitzung oder nimmt er dieselbe nicht mit Achtung entgegen, so kommt die im Erkenntniss für die begangene Strafthat festgesetzte Strafe zur Anwendung.

27. In dem im voraufgehenden Artikel vorgesehenen Falle muss der Verurtheilte sich persönlich verpflichten, und, wo der Richter es für zweckmässig erachtet, auch unter Mitwirkung eines oder mehrerer geeigneter und zuverlässiger Bürgen eine bestimmte Summe unter dem Titel einer Geldstrafe [für Uebertretung] zu zahlen, falls er inner-

Rücksicht auf das erst kurze Bestehen des Gesetzes und namentlich wegen der fünfjährigen Bedingungsfrist hat sich die Zweckmässigkeit des Instituts noch nicht feststellen lassen. Mit dem in einigen Staaten Nordamerikas seit 1878 geltenden und in England durch das Gesetz vom 8. August 1887 (The Probation of first offenders Act) eingeführten „Probations-System" hat „die bedingte Verurtheilung" nur geringe Aehnlichkeit, insofern Letztere eine Verurtheilung an sich voraussetzt, Ersteres dagegen auch diese aussetzt, wenn der Beschuldigte noch nicht verurtheilt ist, die That der Beschuldigung mit nicht über zweijähriger Gefängnissstrafe bedroht ist, und der Beschuldigte einen festen Wohnsitz und genügende Unterhaltsmittel nachweist. — Die internationale kriminalistische Vereinigung hat sich in ihrer Sitzung am 7. August 1889 einstimmig zu Gunsten der bedingten Verurtheilung ausgesprochen, und ebenso hat das moderne Institut in dem neuen franz. und österr. Strafgesetzentwurf Aufnahme gefunden. Vgl. Zeitschrift für die gesammte Strafrechtswissenschaft Bd. 9 S. 341, 742 ff., 758, 763. Bd. 10 S. 70 und 81. Mittheil. der Internat. kriminal. Verein. 1889 S. 34, 177 ff. — Auch für Deutschland dürfte sich die Einführung der „bedingten Verurtheilung" empfehlen und zwar 1. falls die That nicht aus Verworfenheit, sondern aus Leichtsinn begangen ist, 2. falls auf eine Freiheitsstrafe bis zu sechs Wochen zu erkennen ist, 3. falls der Beschuldigte zuvor noch keine Freiheitsstrafe verbüsst, 4. falls derselbe nicht obdachlos ist. Ebenso dürfte es zweckmässig erscheinen, dem richterlichen Ermessen anheimzugeben, gebotenen Falls vom Verurtheilten die Stellung einer Sicherheitsleistung in Geld zu erfordern; der Einführung der Stellung von Bürgen ist nicht das Wort zu reden, insofern

halb einer im Urtheil zu bestimmenden Frist von nicht über zwei Jahren bei Vergehen und nicht über einem Jahr bei Uebertretungen eine andere Strafthat begeht; — unbeschadet der Anwendung der vom Gesetz bestimmten Strafe für die neue Strafthat.

Es steht bei dem Richter, über die Tauglichkeit der Bürgen zu entscheiden.

Unterwirft sich der Verurtheilte der vorgenannten Verpflichtung nicht oder stellt derselbe keine geeigneten Bürgen, so kommt die im Erkentniss für die begangene Strafthat festgesetzte Strafe zur Anwendung.

28[13]). Das Gesetz bestimmt die Fälle, in welchen der Richter neben der verhängten Strafe auf Stellung des Verurtheilten unter polizeiliche Aufsicht erkennen muss.

---

dieselbe dem Verurtheilten selbst und den auch oft schwer zu erlangenden Bürgen lästige Fesseln anlegt und eine kaum durchführbare Bevormundung veranlasst.

[13]) „La sottoposizione del condamnato alla vigilanza speciale dell' Autorità". Das in seinem Werthe vielfach angegriffene Strafmittel der Stellung des Verurtheilten unter polizeiliche Aufsicht hat der Gesetzgeber mit Rücksicht auf die im Lande noch herrschenden Sicherheitszustände beibehalten, indessen nach dem Vorbilde des Mancini'schen Entwurfes (1877, Art. 44) in seiner Dauer möglichst beschränken zu sollen geglaubt: 1—3 Jahr ca. Deutsch. Str.-G.-B. § 38[2] bis zu 5 Jahren. In Frankreich ist die Strafe der Polizei-Aufsicht durch das Gesetz vom 27. Mai 1885 (Art. 19) aufgehoben worden, ebenso in Ungarn und in Holland. — In dem (neuen) ital. Gesetz über die öffentliche Sicherheit vom 30. Juni 1889 hat die Polizeiaufsicht eine sogar noch ausgedehntere Anwendung und Behandlung erfahren.

Insbesondere enthält das Gesetzbuch folgende nähere Bestimmungen über die Polizei-Aufsicht:

1. Bezüglich ihrer Voraussetzungen:
   a. Unzulässig ist die Verhängung der Polizeiaufsicht gegen Personen unter achtzehn Jahren, Art. 55 Abs. 2.
   b. Es muss auf Polizeiaufsicht, und zwar auf zehn Jahre erkannt werden, wenn bei Annahme mildernder Umstände an Stelle des Kerkers (Ergastolo) dreissigjährige Einschliessung (Reklusion) tritt, Art. 32.
   c. Es kann auf Polizeiaufsicht bei jeder Verurtheilung zu Einschliessung über ein Jahr erkannt werden, abgesehen von den sonst vom Gesetz bestimmten Fällen, Art. 28 Abs. 2, nämlich bei allgemein gefährlichen Bedrohungen der Existenz des Staatswesens:
      α. bei den Vergehen wider die Sicherheit des Staates Tit. I Buch II Art. 138,
      β. bei den im Kap. III Tit. V Buch II (Art. 255 Abs. 3) vorgesehenen Vergehen.
2. Bezüglich event. Modifikationen:
   Die Polizeiaufsicht kann, sofern es die Umstände und die Führung des

Die Polizeiaufsicht darf, wo das Gesetz nichts Anderes bestimmt, nicht unter einem Jahr und nicht über drei Jahr dauern; der unter solche Aufsicht Gestellte hat die Verpflichtung, binnen fünfzehn Tagen von dem in Artikel 42 festgesetzten Zeitpunkt der zuständigen Behörde anzuzeigen, an welchem Orte er seinen Wohnsitz zu nehmen beabsichtigt, — und die sonstige Verpflichtung, die Vorschriften, welche ihm in Gemässheit des Gesetzes auferlegt werden, zu erfüllen. Die Behörde selbst kann ihm den Wohnsitz an bestimmten Orten während der Dauer der Polizeiaufsicht verbieten.

In den zur Einschliessungsstrafe von über einem Jahr verurtheilenden Erkenntnissen kann der Richter auch auf Stellung des Verurtheilten unter Polizeiaufsicht erkennen.

Das Erkenntniss kann die dem Verurtheilten aufzuerlegenden Vorschriften beschränken.

29[14]). Die Strafen können nur in den ausdrücklich vom Gesetz bestimmten Fällen erhöht, ermässigt oder umgewandelt werden.

Verurtheilten gestatten, von der Gerichtsbehörde in ihrer Dauer und ihren Wirkungen beschränkt oder auch aufgeschoben werden. Art. 42.

3. Bezüglich ihrer Wirkungen:
   a. die Wirkungen beginnen von dem Tage an welchem die Hauptstrafe verbüsst ist, Art. 42.
   b. Der Verurtheilte muss binnen fünfzehn Tagen der zuständigen Behörde (d. h. seines Wohnsitzes oder seines Aufenthaltes) anzeigen, wo er seinen Wohnsitz bestimmt zu nehmen beabsichtigt, Art. 28 Abs. 2.
   c. Der Verurtheilte muss sich verpflichten, die ihm gesetzlich auferlegten Vorschriften zu befolgen. ibid.

Letztere sind im Gesetz vom 30. Juni 1889 „über die öffentliche Sicherheit“ ausführlich angegeben und können einzeln von der Behörde nach Befinden festgesetzt werden. Der Verurtheilte erhält eine Karte über die von ihm zu befolgenden Verhaltungsmaassregeln ausgestellt und muss dieselbe jeder Zeit vorzeigen können, u. s. w. Art. 117 ff. leg. cit.

Alle Zuwiderhandlungen werden nach Art. 234 bestraft.

4. Bezüglich ihrer Aufhebung:

   Die Amnestie und die Rehabilitation heben die Polizeiaufsicht auf, Art. 86 und 95. Der (allgemeine) Gnadenerlass (indulto) und die einzelne Begnadigung dagegen nur dann, wenn dies im Erlass besonders angeordnet ist; immerhin soll der zum Kerker oder zur Einschliessung über zehn Jahre Verurtheilte, wenn die Strafe erlassen oder umgewandelt wird, sofern nicht eine andere Bestimmung getroffen ist, noch auf drei Jahr unter Polizeiaufsicht gestellt werden. Art. 87 und 90.

[14]) Der Art. 29 enthält gegenüber den früheren ital. Strafgesetzen (Cod. Sardo 4, 66, Tosc. 62, 63, Parma 71, Due Sicil. 63) insofern ausserordentliche

Wenn das Gesetz bestimmt, dass die Strafe um einen bestimmten Bruchtheil erhöht oder ermässigt werde, so wird die Erhöhung oder die Ermässigung an dem Betrage der Strafe vorgenommen, welchen der Richter gegen den Thäter anwenden würde, gegen den der Umstand, welcher die Erhöhung oder Ermässigung bewirkt, nicht hinzugetreten wäre.

Treten mehr Umstände hinzu, so wird die Erhöhung oder die Ermässigung an dem Betrage der aus der voraufgehenden Erhöhung oder Ermässigung sich ergebenden Strafe vorgenommen; und treten gleichzeitig theils straferhöhende, theils strafermässigende Umstände hinzu, so wird mit ersteren begonnen. In allen Fällen werden für letztere, in der nachfolgenden Ordnung das Alter, der Geisteszustand, die im Artikel 59 vorgesehenen mildernden Umstände und der Rückfall berücksichtigt.

Bei der Straferhöhung oder Ermässigung dürfen die für jede Strafart festgesetzten Grenzen nicht überschritten werden, unbeschadet der vom Gesetz ausdrücklich bestimmten Fälle. Musste die Haft oder die Geldstrafe für Uebertretungen, deren vom Gesetz festgesetzter Höchstbetrag fünf Tage beziehungsweise fünfzig Lire nicht übersteigt, herabgesetzt werden, so wird an deren Stelle der richterliche Verweis gesetzt.

30. Die zeitigen Strafen kommen nach Tagen, Monaten und Jahren zur Anwendung.

Jeder Straftag beträgt vierundzwanzig Stunden, jeder Monat dreissig Tage. Das Jahr wird nach dem gemeinen Kalender gerechnet.

Bei zeitigen Strafen bleiben die Bruchtheile des Tages und bei Geldstrafen auch die der Lire unberücksichtigt[15]).

Neuerungen, als er einen vollständigen Bruch mit dem umständlichen pedantischen Gradensystem der italienischen Schule darstellt, nach welchem der Richter gezwungen war, mit den einzelnen Graden, unter Berücksichtigung der einzelnen erschwerenden und mildernden Umständen des abzuurtheilenden Falles ein mechanisches Rechenexempel vorzunehmen. Immerhin ist auch jetzt noch eine dem deutschen Richter unbekannte detaillirte Kasuisticirung der Strafausmessung verblieben.

[15]) Vgl. Art. 19 Abs. 2.

Dritter Titel.

Von den Wirkungen und von der Vollstreckung der Strafurtheile[1]).

31. Die Verurtheilung zum Kerker und die Verurtheilung zur Einschliessung auf eine Zeit von über fünf Jahren haben für den Verur-

[1]) Mot. I S. 139 ff. Kommiss. Ber. S. 87 ff. Entw. Art. 32—44. Cod. Sardo 20 ff. Cod. Tosc. 14 ff. Cod. Nap. 28 ff. D. Str.-G.-B. §§ 31—42. Oest. Str.-G.-B. §§ 26 ff. Die unmittelbaren und mittelbaren nothwendigen und zulässigen Wirkungen der Verurtheilungen sind im Art. 31—39 aufgeführt, die Vorschriften über die Vollstreckung der Strafurtheile in den Art. 40—43 enthalten. Im deutschen Strafgesetzbuch sind die Wirkungen sowie die Vollstreckung der Strafurtheile nicht besonders behandelt, sondern theils in den Abschnitten von den „Strafen" theils bei „den Gründen, welche die Strafe ausschliessen oder mildern" erörtert. Das ital. Gesetzbuch zergliedert auch hier wieder die Folgen, welche die Verurtheilung für die Rechte des Verurtheilten auf dem Gebiete des öffentlichen und des Privatrechts herbeiführt. Die den übrigen Theil des Titels bildenden Vorschriften über die Strafvollstreckung bringen theils fakultative Bestimmungen über die Einziehung sowie über die Festsetzung einer Entschädigung, theils bestimmen sie die Fristen über den Lauf und die Dauer der im vorigen Titel angeführten Nebenstrafen. Von Einfluss auf die Dauer der festgesetzten Strafe soll ferner die jedesmal anzurechnende Untersuchungshaft sein (Art. 40), und den Schluss bildet die Vorschrift über die Veröffentlichung des zur schwersten Strafe, zum Kerker verurtheilenden Erkenntnisses (Art. 43).

Die schwerste Strafe muss auch die schwersten Wirkungen nach sich ziehen. Die Verurtheilung zum Kerker hat für den Verurtheilten zur Folge:

1. Die dauernde Unfähigkeit zur Bekleidung öffentlicher Aemter, vgl. Art. 20 und Anm. das.
2. Die gesetzliche Interdiktion (während der Strafzeit) und somit
3. Die Verwaltung des Vermögens desselben nach Maassgabe der civilgesetzlichen Bestimmungen über die „Interdicirten", vgl. Anm. zu Art. 33.
4. Der Verlust der väterlichen Gewalt.
5. Der Verlust der ehemännlichen Machtbefugniss,
6. Der Verlust der Testirfähigkeit, und
7. Die Nichtigkeit des von ihm bereits vor der Verurtheilung errichteten Testamentes.

Die letztgenannte Vorschrift ist erst in den endgültigen Gesetzestext aufgenommen worden. In seinem Bericht über das neue Strafgesetzbuch an den König bezeichnet der Minister dieselbe als eine nothwendige und billige Consequenz der dem zu Kerker Verurtheilten abgesprochenen Testir- und sonstigen Handlungsfähigkeit, vermöge deren es demselben unmöglich ist, das Testament abzuändern oder umzustossen, S. 32 Bericht vom 30. Juni 1889.

theilten die dauernde Untersagung der Bekleidung öffentlicher Aemter zur Folge und die Verurtheilung zur Einschliessung auf eine Zeit von über drei Jahren hat die Untersagung der Bekleidung der öffentlichen Aemter für die gleiche Dauer der Einschliessungsstrafe zur Folge.

32. Die Verurtheilung zur Einschliessung auf dreissig Jahr welche in dem im Artikel 59 vorgesehenen Fall[2]) an Stelle des Kerkers tritt, hat die Stellung des Verurtheilten unter Polizeiaufsicht auf zehn Jahr zur Folge.

33. Der zum Kerker oder zur Einschliessung auf eine Zeit von über fünf Jahr Verurtheilte ist während der Dauer der Strafe im Zustande der gesetzlichen Interdiktion [3]), und kommen gegen denselben bezüglich der Verwaltung des Vermögens die Bestimmungen des Civilgesetzes über die mit der Interdiktion Belegten zur Anwendung.

Die Verurtheilung zum Kerker entzieht ausserdem dem Verurtheilten die väterliche Gewalt, die ehemännliche Autorität, sowie die letztwillige Verfügungsfähigkeit, und macht das vor der Verurtheilung errichtete Testament nichtig. Bei der Verurtheilung zur Einschliessung für die Zeit von über fünf Jahren kann auch auf Verlust der väterlichen Gewalt oder der ehelichen Autorität erkannt werden.

34. Bestimmt das Gesetz, dass die Verurtheilung wegen eines

Ist bei Annahme mildernder Umstände an Stelle des Kerkers Einschliessung zu dreissig Jahren getreten, dann hat diese Umwandlung die Stellung unter Polizeiaufsicht auf zehn Jahr zur Folge. Einschliessung über fünf Jahr hat unbedingt die oben zu 1 und 2, und fakultativ auch die zu 4 und 5 angegebenen Verluste zur Folge, während Einschliessung über drei Jahre nur den Verlust der öffentlichen Aemter etc. auf die gleiche Dauer der Hauptstrafe bewirkt. Uebrigens hat nach Oester. St.-G.-B. die Verurtheilung zur Todesstrafe oder zur schweren Kerkerstrafe auch den Verlust des Adels für den Verurtheilten selbst zur Folge. Auch nach früherem preuss. Strafrecht (§ 12) umfasste der Verlust der bürgerlichen Ehrenrechte auch den Verlust des Adels.

[2]) S. auch die Anm. zu Art. 59.

[3]) Im Zustande der gesetzlichen Interdiktion befindet sich derjenige Grossjährige (über 21 Jahr) oder derjenige emancipirte Minderjährige (Vgl. Anm. zu Art. 340) welcher wegen andauernder (abituale) Geisteskrankheit, — „die ihn unfähig macht, für seine Interessen zu sorgen“, — entmündigt worden ist. Das Verfahren kann von irgend einem Verwandten, vom Ehegatten oder vom öffentlichen Ministerium veranlasst werden. Der Entmündigte und somit auch der zu obengenannter Strafe Verurtheilte erhält einen Vormund bestellt. Art. 24 ff. Civilprocessordnung vom 25. Juni 1865.

Vergehens die Unfähigkeit, in politischer Versammlungen[4]) gewählt zu werden, zur Folge hat, so bewirkt diese Verurtheilung auch den Verlust der Eigenschaft eines Parlamentsmitgliedes, mit welcher der Verurtheilte bekleidet ist.

35. Ausser den vom Gesetz bestimmten Fällen hat jede Verurtheilung wegen Strafthaten, welche unter Missbrauch eines öffentlichen Amtes oder unter Missbrauch eines Gewerbes oder einer Kunst, zu deren Ausübung eine besondere Fähigkeit oder eine Erlaubniss der Obrigkeit erfordert wird, begangen werden, die vorübergehende Untersagung der Ausübung des Amtes oder des Gewerbes oder der Kunst auf einen Zeitraum zur Folge, welcher der Dauer der verhängten Freiheitstrafe gleichkommt oder der im Falle der Unfähigkeit zur Zahlung einer Geldstrafe verbüsst werden müsste.

Haudelt es sich um andere Gewerbe oder Künste, so bestimmt das Gesetz die Fälle, in welchen die Verurtheilung die vorübergehende Untersagung der Ausübung des Gewerbes oder der Künste zur Folge hat.

Die Dauer der Untersagung nach Artikel 20 und 25 darf den daselbst festgesetzten längsten Zeitraum nicht überschreiten.

36[5]). Im Falle der Verurtheilung kann der Richter die Einziehung der Gegenstände, welche zur Begehung der Strafthat dienten oder bestimmt waren, oder derjenigen, welche durch dasselbe hervorgebracht sind, anordnen, sofern dieselbe nicht an dem Vergehen unbetheiligten Personen gehören.

Handelt es sich um Gegenstände, deren Herstellung, Gebrauch, Führung, Besitz oder Verkauf eine Strafthat darstellt[6]), so wird die Einziehung derselben immer angeordnet, auch wenn eine Verurtheilung nicht stattfindet, und auch wenn sie dem Beschuldigten nicht gehören.

37. Die strafrechtliche Verurtheilung greift dem Rechte des Ver-

---

[4]) S. auch Art. 20[1]. Die passive Wahlfähigkeit (zum Abgeordneten) beginnt mit dem vollendeten dreissigsten Lebensjahr. Die Legislaturperiode dauert fünf Jahr. Das aktive Wahlrecht beginnt mit dem vollendeten einundzwanzigsten Lebensjahr. Der Wähler muss lesen und schreiben können u. s. w. Art. 39 ff. der Verfassungsurkunde vom 4. März 1848 und Art. 81 ff. und Art. 1 ff. des politischen Wahlgesetzes vom 24. September 1882.

[5]) Vgl. §§ 40—42 Str.-G.-B. und Art. 11 und 470 Cod. Nap.

[6]) Vgl. z. B. Art. 460 ff. und 339.

letzten oder Geschädigten auf die Zurückerstattungen und auf die Vergütung der Schäden nicht vor [7]).

38. Abgesehen von den Zurückerstattungen und der Vergütung der Schäden kann der Richter wegen jeden Vergehens, welches die Ehre der Person oder der Familie verletzt, auch wenn dasselbe einen Schaden nicht verursacht hat, der verletzten Partei, wenn diese es beantragt, eine bestimmte Summe unter dem Titel einer Entschädigung zusprechen [8]).

39. Der Verurtheilte ist zur Erstattung der Kosten des Verfahrens verpflichtet.

Die wegen derselben Strafthat Verurtheilten sind für die Zurückerstattungen, die Vergütung der Schäden, für die Entschädigung in Geld [9]) und für die Kosten des Verfahrens solidarisch verpflichtet.

Die in demselben Verfahren wegen verschiedener Strafthaten Verurtheilten sind nur für die den Strafthaten, wegen deren sie verurtheilt werden, gemeinsamen Kosten solidarisch verpflichtet [10]).

40. Die vor Eintritt der Rechtskraft [11]) des Urtheils erlittene Untersuchungshaft wird von der Dauer der zeitigen Freiheitsstrafe in Abzug gebracht.

---

[7]) Vgl. auch Art. 102 und 103.

[8]) Das Institut der „riparazione“ (sc. pecuniaria S. Ind.) ist dem Sardinischen Strafgesetzbuch entlehnt (Art. 73). Die „riparatione pecunaria dell' offeso“ soll nach den Motiven (I. 146) keinen „direkten Schadensersatz“, sondern „eine Genugthuung für die erlittene Schmähung für den Unwillen, für den Verdruss bilden, welcher durch die Beleidigung gegen das Gemüth desjenigen hervorgerufen, der das Opfer derselben gewesen ist“. Die Aehnlichkeit der „Reparation“ mit der in das Deutsche Strafgesetzbuch (§§ 188 und 231) aufgenommenen „Busse“ ist unverkennbar. Nur hat Letztere eine weit grössere Ausdehnung erfahren, insofern sie nicht allein bei Ehrenkränkungen und Körperverletzungen, sondern namentlich bei Vergehen wider das geistige Eigenthum zur Anwendung gebracht werden kann. Vgl. die Gesetze über das Urheberrecht an Schriftwerken, an Werken der bildenden Künste, an Mustern und Modellen von 1870, bzw. 1876, über den Markenschutz von 1874 sowie das Patentgesetz von 1877.

[9]) Es ist die im Art. 38 erwähnte Entschädigung gemeint.

[10]) Die in dem vorliegenden Artikel enthaltenen mehr processualen Vorschriften haben im Deutschen Strafrecht ihre sachgemässe Stellung in der Strafprocessordnung (§ 496), während sie schon im früheren ital. und ebenso im französischen Strafrecht als materielle Bestimmungen angesehen worden sind Cod. Sard. 72. Tosc. 33. Parma 43 u. s. w. Cod. Nap. 10 u. 51.

[11]) Nach dem bisherigen (sardin.) Strafgesetzbuch (Art. 56) war, wie auch nach deutschem Strafrecht (§ 60) die Anrechnung der Untersuchungshaft auf die

Besteht die Strafe in Verweisung, so wird ein Tag Untersuchungshaft für drei Tage Strafe gerechnet.

Ist nur auf eine Geldstrafe erkannt, so wird der Abzug nach der im Artikel 19 bestimmten Berechnung vorgenommen[12]).

41. Die Strafen der Untersagung der Bekleidung öffentlicher Aemter sowie der Ausübung eines Gewerbes oder einer Kunst beginnen mit dem Tage, an welchem das Erkenntniss rechtskräftig geworden ist, unbeschadet der gesetzlichen Bestimmungen bezüglich der Contumacialerkenntnisse[13]).

Ist die vorerwähnte Untersagung oder eine andere Unfähigkeit mit einer Freiheitstrafe verbunden oder die Folge einer strafrechtlichen Verurtheilung, so kommt dieselbe während der Verbüssung der Strafe zur Anwendung; die im Erkenntniss oder vom Gesetz bestimmte Dauer derselben beginnt aber erst von dem Tage an zu laufen, an welchem die Strafe verbüsst oder die Verurtheilung erloschen ist.

42. Die Polizeiaufsicht beginnt mit dem Tage, an welchem die Strafe verbüsst ist, mit welcher dieselbe verbunden war.

Die Stellung des Verurtheilten unter Polizeiaufsicht kann, sofern die Verhältnisse und die Führung desselben es gestatten, sowohl in ihrer Dauer als in ihren Folgen durch Verfügung der Gerichtsbehörde aufgehoben oder beschränkt werden.

Die Beschränkung der Wirkungen kann auch die für die Durch-

---

später erkannte Strafe in das freie Ermessen des Richters gestellt. Nach dem Beispiel des Toskan. Strafgesetzbuches (Art. 69 und 70) dagegen hat der Gesetzgeber die Anrechnung als obligatorisch vorgeschrieben, eine Vorschrift, von der er sagt, (Mot. I 148) dass „sie mit der Gerechtigkeit übereinstimme“. — Unter allen Umständen die Untersuchungshaft auf die Strafe in Anrechnung zu bringen, erscheint bedenklich, namentlich wenn der später Verurtheilte durch anfängliches Leugnen und späteres Eingestehen oder durch Vornahme von Collusionen den Gang des Verfahrens aufgehalten und hierdurch die unnöthige Verlängerung der Haft selbst verschuldet hat.

[12]) Die Frage ob eine erkannte Geldstrafe auf die Untersuchungshaft in Anrechnung gebracht werden kann, ist vom Obertribunal bejaht worden. Entscheid. vom 13. Juli 1872. Oppenhoff Rechtspr. XIII. S. 417.

[13]) Bei Contumacialerkenntnissen, welche übrigens nach ital. Recht von Schwur-, Collegial- und Einzelgerichten in allen Sachen — bei Ersteren ohne Hinzuziehung der Geschworenen, — gesprochen werden können, nimmt die Zeitdauer der obenerwähnten Nebenstrafen drei Monat nach dem Ausgang des Erkenntnisses ihren Anfang. (Art. 544 Proc. pen.)

führung der Aufsicht zuständige Behörde anordnen, wenn dieselben nicht in dem Strafurtheil bestimmt sind[14]).

43. Das zum Kerker verurtheilende Erkenntniss wird im Auszug gedruckt und in der Gemeinde angeschlagen, in welcher dasselbe verkündet, in welcher das Vergehen begangen wurde und in der der Verurtheilte seinen letzten Wohnsitz hatte[15]).

Vierter Titel.

Von der Zurechnungsfähigkeit und von den Gründen, welche dieselbe ausschliessen oder mindern[1]).

44. Niemand kann zu seiner Entschuldigung die Unkenntniss des Gesetzes anführen[2]).

45. Niemand kann wegen eines Vergehens bestraft werden, wenn er die That, welche dasselbe darstellt, nicht gewollt hat, ausser wenn sonst das Gesetz ihm dieselbe als Folge seiner Handlung oder Unterlassung zur Last legt[3]).

---

[14]) Die Durchführung der Bestrafung des Verurtheilten mit Stellung unter Polizeiaufsicht unterliegt nach deutschem Strafrecht, auch was die Festsetzung der Dauer derselben betrifft, der höheren Landespolizeibehörde ob. (§§ 38 und 39 Str.-G.-B.).

[15]) Nach der Preuss. Criminal-Ordnung vom 11. December 1805 soll nach stattgehabter Vollstreckung der Todesstrafe eine „Warnungsanzeige" öffentlich bekannt gemacht werden, welche den Namen und Stand des Hingerichteten, eine kurze aktenmässige Erzählung der Missethat und einen Auszug des Urtheils enthält. Diese Vorschrift ist noch in Kraft geblieben.

[1]) „Della imputabilita, e delle cause che la escludono o la diminiscono". Entw. Art. 45—57. Mot. I S. 153 4. Kommiss. Ber. S. 92 ff.

[2]) Bei dem mehr als an einer Stelle hervortretenden doktrinären Charakter des Gesetzbuches darf es nicht Wunder nehmen, wenn es Rechtsgrundsätze aufstellt und Definitionen vorführt, welche man in den meisten anderen Gesetzbüchern vermisst. — Nur das Oester. Gesetzbuch (§ 3) hat es noch für nöthig befunden, besonders hervorzuheben, dass sich Niemand mit der „Unwissenheit des gegenwärtigen Gesetzes" entschuldigen könne.

[3]) Ebenso erklären die Strafgesetze von Ungarn (§ 75) und von Zürich (§ 32), dass nur vorsätzlich (bezw. „mit bösem Vorsatz" begangene Handlungen — abgesehen von den wegen Fahrlässigkeit besonders zu bestrafenden Vergehen — als Verbrechen bezw. Vergehen angesehen bezw. bestraft werden sollen.

Nicht erforderlich erscheint die ausdrückliche Anführung der im Artikel 45 aufgestellten Grundsätze für ein Gesetzbuch, wie z. B. das Deutsche Strafgesetz-

Bei Uebertretungen steht Jeder für seine Handlung oder Unterlassung ein; auch wenn nicht erwiesen wird, dass er eine dem Gesetz zuwiderlaufende That hat begehen wollen [4]).

46 [5]). Nicht strafbar ist derjenige, welcher im Augenblick der Begehung der That in einem solchen Zustande von Geisteskrankheit sich befand, dass ihm das Bewusstsein oder die Freiheit seiner Handlungen benommen war.

---

buch, in welchem jedem einzelnen entwickelten Thatbestand eines Reates das Erforderniss besonders hinzugefügt ist, dass dasselbe wissentlich (scientemente), oder bewuusst rechtswidrig (dolosamente) oder vorsätzlich (volontoriamonte) begangen ist. Gerade um die Beifügung dieser Bedingungen zu vermeiden, ist für den ital. Gesetzgeber der hauptsächlichste Grund, den vorerwähnten Rechtsgrundsatz besonders aufzuführen. Es soll der Thäter wegen Vorsätzlichkeit bestraft werden, der nicht allein die That „il fatto“, sondern auch den Erfolg „il effetto“ gewollt, d. h. beabsichtigt gehabt hat. Hat der Thäter die That allein gewollt und weniger den Effekt, dann soll er nur dann zur Verantwortung gezogen werden, wenn dies vom Gesetz besonders vorgesehen ist, wie z. B. im Art. 107 Abs. 2, 113 Abs. 2, 120 Abs. 1, 172 Abs. 2, Art. 212, Art. 214 Abs. 2, Art 231 Abs. 2, Art. 289 Abs. 3, Art. 303 Abs. 2. Mit anderen Worten der Gesetzgeber will den dolus eventualis oder indirectus, wie er ihn mit Schwarze (Comment. z. D. Str.-G.-B. Not. 6 zu § 59) nennt, nur in den von ihm ausdrücklich hervorgehobenen Fällen bestraft wissen. Vgl. hierzu Entsch. d. R.-Ger. v. 18. April 1882. VI. 272. Lucas a. a. O. S. 46. Olshausen a. a. O. § 59 N. 6.

[4]) Dieser Grundsatz entspricht der Ansicht des Reichsgerichts. Vgl. Entsch. v. 17. Mai 1887. Bd. 16 S. 100, sowie Drenkmann a. a. O. S. 105.

[5]) Die Gründe, welche nach ital. Recht die Zurechnungsfähigkeit ausschliessen oder mildern, sind im Allgemeinen dieselben, wie nach deutschem Recht. In erster Beziehung steht obenan die Geisteskrankheit, sofern dieselbe das Bewusstsein und die freie Handlungsfähigkeit benimmt. Dasselbe gilt von der einen gleichen Zustand herbeiführenden zufälligen (accidentale) d. h. unverschuldeten Trunkenheit. Ist Letztere dagegen verschuldet, (volontaria ubbriachezza), dann soll auch, wenn durch dieselbe der im Art. 46 erörterte Zustande herbeigeführt ist, nicht Strafausschliessung sondern nur Strafmilderung eintreten; jedoch in einem geringerem Maasse als wenn nur der im Art. 47 erwähnte Zustand hervorgerufen worden ist, durch welchen die Zurechnuugsfähigkeit zwar erheblich geschmälert, aber nicht ausgeschlossen war. — Die im letzten Absatz des Art. 48 enthaltene Vorschrift erklärt sich von selbst und erscheint ebenso geboten als andererseits die im vorliegenden Absatz enthaltene, im Entwurf noch nicht aufgestellte Bestimmung, nach welcher die gegen den Gewohnheitstrinker erkannte Strafe in dessen eigenem Interesse in einer besonderen Anstalt vollstreckt werden kann. Art. 46—48.

Ueber die Bestrafung der Trunkenheit als strafbaren Zustand an sich siehe Art. 488 und 489 und Anm. 45 zu denselben.

Der Richter ordnet nichts destoweniger, falls er die Freilassung des freigesprochenen Beschuldigten für gefährlich erachtet, die Ueberweisung desselben an die für die gesetzlichen Vorkehrungen zuständige Behörde an.

47. Ist der im vorausgehenden Artikel angegebene Geisteszustand ein solcher, dass die Zurechnungsfähigkeit, ohne ausgeschlossen zu werden, erheblich geschmälert ist, so wird die für die begangene Strafthat festgesetzte Strafe nach folgenden Bestimmungen ermässigt:

1) an die Stelle des Kerkers tritt Einschliessung nicht unter sechs Jahren;

2) an die Stelle der dauernden Untersagung der Bekleidung öffentlicher Aemter tritt zeitige Untersagung;

3) handelt es sich um eine zeitige Strafe, welche zwölf Jahre überschreitet, so kommt dieselbe für die Dauer von drei bis zu zehn Jahren zur Anwendung; überschreitet dieselbe sechs aber nicht zwölf Jahre, so kommt sie für eine Dauer von einem bis zu fünf Jahren und in den übrigen Fällen für eine geringere Dauer als die Hälfte der sonst anzuwenden gewesenen Strafe zur Anwendung;

4) Die Geldstrafe wird auf die Hälfte herabgesetzt.

Ist die Strafe eine Freiheitstrafe, so kann der Richter anordnen, dass dieselbe solange in einer Aufsichtsanstalt verbüsst wird, als die zuständige Behörde die Massregel nicht widerruft; in diesem Falle wird der Rest der Strafe in der gewöhnlichen Weise vollstreckt.

48. Die im ersten Theil der Art. 46 u. 47 enthaltenen Bestimmungen kommen auch gegen denjenigen zur Anwendung, welcher sich zur Zeit der Begehung der That in Folge zufälliger Trunkenheit in dem in den erwähnten Artikeln vorgesehenen Zustand befand.

Handelt es sich um selbstverschuldete Trunkenheit, so tritt

1) im Fall des Artikels 46 an Stelle des Kerkers Einschliessung von einem bis zu acht, und von drei bis zu zwölf Jahren, wenn die Trunkenheit eine gewohnheitsmässige ist; an Stelle der dauernden Untersagung der Bekleidung öffentlicher Aemter tritt die zeitige; und die übrigen Strafen kommen zu einem geringeren Betrage als ein Sechstel, und ist die Trunkenheit eine gewohnheitsmässige, zu einem Betrage von nicht unter einem Sechstel und nicht über ein Drittel zur Anwendung;

2) im Falle des Artikels 47 an die Stelle des Kerkers Einschliessung

nicht unter zehn Jahren, und nicht unter achtzehn Jahren, wenn die Trunkenkeit eine gewohnheitsmässige ist; die anderen Strafen werden unter Ermässigung um die Hälfte, und, ist die Trunkenheit eine gewohnheitsmässige, unter Ermässigung um ein Drittel zur Anwendung gebracht.

Ist die Trunkenheit eine gewohnheitsmässige, so kann die Freiheitsstrafe in einer besonderen Anstalt vollstreckt werden.

Die im vorliegenden Artikel bestimmten Strafermässigungen kommen nicht zur Anwendung, wenn die Trunkenheit zur Erleichterung der Ausführung der Strafthat oder zur Vorbereitung einer Entschuldigung herbeigeführt ist.

49[6]). Nicht strafbar ist derjenige, welcher die That begangen hat:

1) infolge einer gesetzlichen Bestimmung oder einer von ihm pflichtmässig zu befolgenden Anordnung der zuständigen Behörde,

---

[6]) Straflos bleibt ferner der Thäter, wenn „cause di giustificazione" vorliegen, d. h. wenn derselbe

1. in Ausführung einer gesetzlichen Bestimmung oder einer von ihm zu befolgenden Anordnung der zuständigen Behörde,
2. in der Nothwehr (difesa leggitima),
3. im Nothstande (stato di necessità)

die That begangen hat. Art. 49.

Die zu 1 angegebene absolut nothwendig nicht erscheinende Vorschrift stellt eine Reminiscenz an I. 169 Dig. De reg. jur., wo es heisst: „is damnum dat qui jubet dare; ejus vero nulla culpa est cui parere necesse est" dar. Demgemäss ist auch die weitere Bestimmung im Abs. 2 getroffen worden. Auch die früheren ital. Strafgesetzbücher sowie auch der Code pénal enthielten fast die gleichen Vorschriften. Cod. Sardo 558. Cod. Parma 335. Due Sicil. 372; Code pénal 327. — Eine gewisse Aehnlichkeit mit den einschlägigen Bestimmungen des Preuss. Landrechts rücksichtlich der civilrechtlichen Verantwortlichkeit bei unerlaubten Handlungen liegt unverkennbar vor. §§ 45 ff. I. 6 Allgem. Land-R.

Die Nothwehr kannte das bisher geltende ital. Strafrecht wie auch noch der Code pénal (Art. 328) nur bei der Tödtung und bei der Körperverletzung (Cod. Sardo 559. Parma 355. Este 377); der Nothstand aber (stato di necessità) war als gesetzlicher Strafausschliessungs- oder, wie es in den Motiven heisst, Rechtfertigungsgrund den vorerwähnten Strafgesetzbüchern bisher unbekannt. Mit Recht ist dem Nothstand eine grössere Ausdehnung gegeben als nach Deutschem Strafrecht § 54 Str.-G.-B. Denn es ist nicht recht ersichtlich, auch in den Motiven zum Nordd. Str.-G.-B. mit Stillschweigen übergangen, warum nur die zur Rettung aus gegenwärtiger Gefahr des Thäters oder eines Angehörigen desselben, und nicht auch jedes anderen Mitmenschen begangene an sich strafbare Handlung als solche nicht vorhanden sein soll.

2) weil er zu derselben durch die Nothwendigkeit gezwungen war, von sich oder einem Anderen einen gegenwärtigen und rechtswidrigen Angriff abzuwehren,

3) weil er zu derselben durch die Nothwendigkeit gezwungen war, sich oder einen Anderen aus einer ernsten und der Person drohenden Gefahr zu retten, zu welcher er freiwillig keine Veranlassung gegeben hatte und die er sonst nicht vermeiden konnte.

Stellt in dem in Nummer 1 vorgesehenen Falle die in Ausführung der Anordnung eines öffentlichen Beamten begangene That eine Strafthat dar, so kommt die für dieselbe festgesetzte Strafe gegen den öffentlichen Beamten zur Anwendung, welcher die Anordnung ertheilt hat.

50. Wer bei Begehung einer That unter den im voraufgehenden Artikel vorgesehenen Umständen die vom Gesetz, von der Behörde oder durch die Noth auferlegten Grenzen überschritten hat, wird mit Gefängniss nicht unter sechs Jahren, wenn die für die Strafthat festgesetzte Strafe in Kerkerstrafe besteht, und in den anderen Fällen mit der für diese Strafthat festgesetzten, nicht unter ein Sechstel, und nicht über die Hälfte zu ermässigenden Strafe bestraft; auch tritt hierbei immer die Gefängniss- an die Stelle der Einschliessungsstrafe, und die zeitige Untersagung der öffentlichen Aemter an die Stelle der dauernden.

51. Wer die That in einer durch ungerechtfertigte Anreizung bestimmten Aufwallung von Zorn oder heftigen Schmerzes begangen hat, wird mit Einschliessung nicht unter zwanzig Jahren, wenn die für die begangene Strafthat festgesetzte Strafe der Kerker ist, und in den übrigen Fällen mit der für die begangene Strafthat festgesetzten, um ein Drittel zu ermässigenden Strafe bestraft.

Ist die Anreizung eine schwere, so tritt an die Stelle des Kerkers Gefängniss von zehn bis zwanzig Jahren, die anderen Strafen

---

Besondere Bestimmungen (Milderungsgründe) über die Ueberschreitung der Nothwehr oder wegen des Missbrauches des Nothstandes sind dem Deutsch. Strafrecht abgesehen von §§ 213, 227 und 367[10] Str.-G.-B. ebenso unbekannt wie die Berücksichtigung der die That veranlassenden Aufwallung des Zornes oder heftigen Schmerzes (impeto d'ira o d'intenso dolore). Vgl. dagegen Art. 321, 322 und 325 Code pénal. Indessen wird der deutsche Richter diese Thatumstände von selbst berücksichtigen und mildernde Umstände als vorliegend annehmen.

werden um die Hälfte bis um zwei Drittel ermässigt, an die Stelle der Einschliessung tritt die Detention und an die Stelle der dauernden Untersagung der Bekleidung öffentlicher Aemter tritt die vorübergehende.

52[7]). Begeht Jemand aus Irrthum oder infolge eines anderen Zufalles ein Vergehen zum Nachtheil einer anderen Person als derjenigen, gegen welche er seine Thätigkeit gerichtet hatte, so werden ihm die erschwerenden Umstände nicht zur Last gelegt, welche aus der Beschaffenheit des Verletzten oder Beschädigten hervorgehen; ebenso werden die Umstände berücksichtigt, welche die Strafe für das Vergehen ermässigt hätten, wenn er dasselbe zum Nachtheil derjenigen Person begangen hätte, gegen welche seine Thätigkeit gerichtet war.

53[8]). Es wird gegen denjenigen nicht eingeschritten, welcher zur Zeit der Begehung der That das neunte Lebensjahr nicht vollendet hatte.

---

7) Der im Art. 52 behandelte error in persona ist nach Deutschem Strafrecht ebensowenig ein Strafmilderungsgrund als der error in re. Dagegen stellt die aberratio ictus nicht sowohl eine vorsätzliche als vielmehr eine fahrlässige Handlung dar. Vgl. Entscheid. des Reichsgerichts vom 14. Febr. 1881 III. 384.

8) Wie nach ital. Civilrecht (Art. 240 Cod. civ.) das minderjährige, so endet nach ital. Strafrecht auch das relativ strafmündige Alter (von jeher) mit dem vollendeten einundzwanzigsten Lebensjahr. Ebenso begann nach den früher in Geltung gewesenen Strafgesetzbüchern (Cod. Sardo Art. 88 ff. Cod. Due Sicilie Art. 64 ff.) das relativ strafunmündige Alter mit dem vollendeten neunten Lebensjahre und zerfiel dasselbe ebenfalls in die beibehaltenen drei Zeitabschnitte vom 9—14., 14—18, 18—21. Lebensjahr. — Nur rücksichtlich des ersten Abschnittes soll geprüft werden, ob der Thäter mit Unterscheidungsvermögen (con discerminento) gehandelt hat oder nicht. Bejahenden Falles nimmt der Gesetzgeber zu Gunsten des Thäters an, dass die Zurechnungsfähigkeit desselben „erheblich geschmälert“ und dementsprechend die Strafe zu bemessen ist. Verneinenden Falles bleibt derselbe wie jeder unter neun Jahr alte Thäter zwar straffrei, er kann wie Letzterer aber bei schweren Vergehen einer Erziehungs- oder Besserungsanstalt für die Zeit bis zum einundzwanzigsten Lebensjahr überwiesen oder den Eltern bezw. den zur Erziehung Verpflichteten zu strengerer event. mit Geldstrafe zu ahndender Beaufsichtigung belassen werden. Diese Vorschriften erinnern, was den absolut Strafunmündigen betrifft, an das Preuss. Gesetz vom 13. März 1878, nach welchem derjenige der nach vollendetem sechsten und vor vollendetem 12. Lebensjahr eine strafbare Handlung begeht, in eine geeignete Familie oder in eine Erziehungs- oder Besserungsanstalt untergebracht werden kann, wenn dies zur Verhütung weiterer sittlicher Verwahrlosung erforderlich ist.

Nichtsdestoweniger kann, falls die That vom Gesetz als ein Vergehen vorgesehen ist, welches den Kerker oder die Einschliessung, oder die Gefängnissstrafe nicht unter einem Jahr nach sich zieht, der Präsident des Civilgerichtshofes auf Antrag des öffentlichen Ministeriums durch eine widerrufliche Verfügung anordnen, dass der Minderjährige in eine Erziehungs- oder Besserungsanstalt auf eine Zeit gebracht werde, welche das Grossjährigkeitsalter nicht überschreitet, oder den Eltern oder denjenigen, welche die Pflicht haben, für die Erziehung des Mindestjährigen zu sorgen, aufgeben, über die Führung desselben zu wachen, bei einer Geldstrafe bis zu zweitausend Lire für den Fall eines Ungehorsams oder dass der Minderjährige ein Vergehen irgend welcher Art begeht.

54. Derjenige, welcher zur Zeit der Begehung der That das neunte, aber noch nicht das vierzehnte Lebensjahr vollendet hatte, unterliegt, falls sich nicht ergiebt, dass er mit Unterscheidungsvermögen gehandelt hat, keiner Bestrafung. Nichtsdestoweniger kann der Richter, falls die That vom Gesetz als ein Vergehen vorgesehen ist, welches den Kerker oder die Einschliessung, oder die Gefängnissstrafe nicht unter einem Jahre nach sich zieht, die eine oder die andere der im Absatz des voraufgehenden Artikels angegebenen Anordnungen treffen.

Ergiebt sich, dass derselbe mit Unterscheidungsvermögen gehanhandelt hat, so wird die für die begangene Strafthat festgesetzte Strafe nach folgenden Bestimmungen ermässigt:

1) an Stelle des Kerkers tritt Einschliessung von sechs bis zu fünfzehn Jahren,

2) die anderen Strafen kommen mit den in Nr. 3 u. 4 d. Art. 47 angegebenen Ermässigungen zur Anwendung.

Ist die Strafe eine auch an die Stelle einer Geldstrafe gesetzte Freiheitsstrafe, so verbüsst der Thäter, welcher zur Zeit der Verurtheilung das achtzehnte Lebensjahr noch nicht vollendet hatte, die Strafe in einer Besserungsanstalt.

Die Untersagung der Bekleidung öffentlicher Aemter und die Stellung unter Polizeiaufsicht kommen nicht zur Anwendung.

Bei Personen unter vierzehn Jahren wird immer angenommen, dass sie zwar mit Unterscheidungsvermögen, aber nicht mit der Zurechnungsfähigkeit eines Erwachsenen gehandelt haben und werden dieselben deshalb mehr oder weniger mild bestraft.

55. Derjenige, welcher zur Zeit der Begehung der That das vierzehnte, aber noch nicht das achtzehnte Lebensjahr vollendet hatte, wird nach folgenden Bestimmungen bestraft:

1) an Stelle des Kerkers tritt Einschliessung von zwölf bis zu zwanzig Jahren,

2) handelt es sich um eine zeitige Strafe, welche zwölf Jahre überschreitet, so kommt dieselbe für eine Dauer von sechs bis zu zwölf Jahren zur Anwendung; überschreitet dieselbe aber nicht zwölf Jahre, so kommt sie für eine Dauer von drei bis sechs Jahren zur Anwendung; in den übrigen Fällen wird die Strafe auf die Hälfte herabgesetzt,

3) die Geldstrafe wird um ein Drittel ermässigt.

Hat der Thäter zur Zeit der Verurtheilung das achtzehnte Lebensjahr noch nicht vollendet, so kann der Richter anordnen, dass die Freiheitsstrafe in einer Besserungsanstalt verbüsst wird; die Untersagung der öffentlichen Aemter und die Stellung unter Polizei-Aufsicht kommt nicht zur Anwendung.

56. Derjenige, welcher zur Zeit der Begehung der That das achtzehnte aber noch nicht das einundzwanzigste Lebensjahr vollendet hat, unterliegt der Einschliessung auf fünfundzwanzig bis dreissig Jahr, wenn die für die begangene Strafthat festgesetzte Strafe der Kerker ist, und in den anderen Fällen der für die begangene Strafthat festgesetzten um ein Sechstel zu ermässigenden Strafe.

57 [9]). Es wird nicht eingeschritten gegen einen Taubstummen, welcher zur Zeit der Begehung der That das vierzehnte Lebensjahr nicht vollendet hat, es kann aber die im Absatz des Artikels 53 enthaltene Bestimmung zur Anwendung gebracht und gleichzeitig an-

[9]) Während das Deutsche Strafgesetzbuch (§ 58) sich rücksichtlich des Taubstummen kurz fasst und denselben ohne Berücksichtigung des Alters freigesprochen wissen will, wenn er die zur Erkenntniss der Strafbarkeit seiner Strafthat nicht besessen hat, nimmt der ital. Gesetzgeber nach dem Vorbilde der früheren Strafgesetze (Cod. Sardo 92 ff. Tosc. 40 ff. Parma 68 ff.) an, dass der Taubstumme bis zum vollendeten vierzehnten Lebensjahre strafrechtlich noch nicht zurechnungsfähig, sondern vielmehr wie ein zwar geistig gesunder aber noch unentwickelter Mensch unter neun Jahren zu behandeln, dass dagegen der Taubstumme über vierzehn Jahre unter denselben Voraussetzungen wie der Strafunmündige unter vierzehn Jahren nach Maassgabe des Art. 54 zur Verfolgung zu ziehen ist.

geordnet werden, dass derselbe bis zum vierundzwanzigsten Lebensjahre in einer Erziehungs- und Besserungsanstalt verbleibt.

58. Der Taubstumme, welcher zur Zeit der Begehung der That das vierzehnte Lebensjahr vollendet hat, unterliegt keiner Strafe, falls sich nicht ergiebt, dass er mit Unterscheidungsvermögen gehandelt hat. Nichtsdestoweniger kann, falls die That vom Gesetz als ein Vergehen vorgesehen ist, welches den Kerker oder die Einschliessung, oder die Gefängnissstrafe nicht unter einem Jahre nach sich zieht, der Richter, wenn der Taubstumme das vierundzwanzigste Lebensjahr noch nicht vollendet hat, gegen denselben die im Absatz des Artikels 53 zur Anwendung bringen und gleichzeitig anordnen, dass er bis zum vierundzwanzigsten Lebensjahr in einer Erziehungs- und Besserungsanstalt verbleibt. Hat derselbe das vierundzwanzigste Lebensjahr vollendet, so kann der Richter die Ueberweisung desselben an die für die gesetzlichen Vorkehrungen zuständige Behörde anordnen,

Falls sich ergiebt, dass der Taubstumme mit Unterscheidungsvermögen gehandelt hat, so kommen, wenn derselbe das achtzehnte Lebensjahr noch nicht vollendet hatte, die in den Absätzen des Artikels 54 enthaltenen Bestimmungen zur Anwendung; hatte derselbe das achtzehnte, aber noch nicht das einundzwanzigste Lebensjahr vollendet, so kommen die Bestimmungen des Art. 55, und hatte er das einundzwanzigste Lebensjahr vollendet, die des Artikels 56 zur Anwendung.

59[10]) Ausser den gesetzlich ausdrücklich festgesetzten Strafminderungen tritt, falls mildernde Umstände zu Gunsten des Thäters vorliegen, an Stelle des Kerkers die Einschliessung von dreissig Jahren, und die übrigen Strafen werden um ein Sechstel ermässigt.

[10]) Das im Code pénal von 1810 Art. 463 und 483 zuerst aufgestellte, durch das Gesetz vom 28. April 1832 verallgemeinerte Institut der „mildernden Umstände" „circonstances atténuantes" („circostanze attenuanti") hat die Tour du monde gemacht und auch in dem jetzigen ital. Strafgesetzbuch Aufnahme gefunden, allerdings immer wieder mit der auch dem Deutschen Strafgesetzbuch eigenen negativen Maassnahme, dass die Voraussetzungen für die Annahme mildernder Umstände vom Gesetz nicht angegeben sind, sondern aus der Natur der die Strafthat veranlassenden und begleitenden Thatsachen vom Richter entnommen werden sollen. Das ital. Strafrecht lässt jedoch die Annahme mildernder Umstände bei allen, und nicht wie das Deutsche bei ausdrücklich genannten strafbaren Handlungen (Verbrechen) zu. Vgl. auch Art. 29 und 32.

60[11]). Bei den Uebertretungen, welche von demjenigen begangen werden, welcher der Machtbefugniss, Leitung oder Aufsicht eines Anderen unterworfen ist, kommt die Strafe, ausser gegen die untergebene, auch gegen die mit der Machtbefugniss bekleidete, oder mit der Leitung oder Aufsicht betraute Person zur Anwendung, wenn es sich um eine Uebertretung von Bestimmungen handelt, welche dieselbe zu beobachten gehalten war, und wenn die Uebertretung durch ihre Sorgfalt hätte verhindert werden können.

Ist die Uebertretung auf Anordnung der mit der Machtbefugniss bekleideten oder mit der Leitung oder Aufsicht betrauten Person begangen und verletzt dieselbe Bestimmungen, welche die Person selbst beobachten zu lassen gesetzlich gehalten war, so kommt die Strafe auch gegen die untergebene Person für den Fall zur Anwendung, dass diese eine Uebertretung begangen hat, ungeachtet einer besonderen Verordnung oder Warnung der Behörde.

Fünfter Titel.

Vom Versuch[1]).

61. Derjenige, welcher in der Absicht, ein Vergehen zu begehen, die Ausführung desselben mit tauglichen Mitteln beginnt, aber infolge

---

[11]) Der Art. 60 hätte, insofern er bei Uebertretungen die intellektuelle Urheberschaft unter Umständen berücksichtigt wissen will, seine bessere Aufstellung im sechsten Titel des ersten Buches gefunden.

[1]) „Del tentativo". Entw. Art. 58—61. Mot. I S. 181 ff. Kommiss. Bericht S. 102 ff.

In den beiden Artikeln dieses Kapitels ist die ganze italienische Lehre vom Versuch niedergelegt. Zum Wesen des tentativo criminoso gehören nach Ansicht des Gesetzgebers drei Voraussetzungen: 1. dass beim Thäter die auf die Begehung eines Vergehens gerichtete Absicht vorhanden ist, 2. dass derselbe mit äusseren tauglichen (idonei) Handlungen die Ausführung unternommen hat, 3. dass zufällige und von seinem Willen unabhängige Umstände die Vollendung des Vergehens verhindert haben. Das delitto imperfetto wurde von jeher wie auch im Code pénal (Art. 2), in delitto tentato (Art. 61) und in delitto imperfetto (Art. 62) eingetheilt. Das erstere ist als das leichtere, weil es das weniger vorgeschrittene Stadium der unternommenen Handlung darstellt, zuerst behandelt und wird leichter bestraft als das fehlgeschlagene Vergehen.

Die bisherigen ital. Strafgesetzbücher enthielten (wie der Cod. Sardo Art. 96 ff. Cod. Este Art. 68, Regolam. Romano Art. 9 ff.) theils allgemeine Bestimmungen

von seinem Willen unabhängiger Umstände nicht Alles vollführt, was zur Vollendung desselben erforderlich ist, wird mit Einschliessung nicht unter zehn Jahren, wenn die für das Vergehen festgesetzte Strafe Kerker ist, und in den anderen Fällen mit der für das Vergehen festgesetzten, um die Hälfte bis um zwei Drittel zu ermässigenden Strafe bestraft.

Tritt derselbe von den Ausführungshandlungen des Vergehens freiwillig zurück, so unterliegt er nur der für die verübte That festgesetzten Strafe, falls diese an und für sich eine Strafthat darstellt[2]).

62. Derjenige, welcher in der Absicht, ein Vergehen zu begehen, Alles vollführt, was zur Vollendung desselben erforderlich ist, wird, wenn das Vergehen infolge von seinem Willen unabhängiger Umstände nicht stattfindet, mit Einschliessung nicht unter zwanzig Jahren bestraft, wenn die für das Vergehen festgesetzte Strafe in Kerker be-

über den Versuch bei allen Reaten theils besondere bei den einzelnen Verbrechen und Vergehen. Erstere bestraften dementsprechend den Versuch allgemein, Letztere nur bei bestimmten Verbrechen und Vergehen. Nunmehr wird der Versuch generell bei allen Vergehen (d. h. Verbrechen und Vergehen nach deutschrechtlicher Auffassung) bestraft, während das Deutsche Strafgesetzbuch den Versuch beim Verbrechen stets, beim Vergehen nur in den besonders vorgesehenen Fällen, bei der Uebertretung aber ebenfalls niemals berücksichtigt.

Die Ausführung des beabsichtigten Vergehens muss „mit tauglichen Mitteln" (con mezzi idonei) begonnen werden. Dieser Zusatz ist neu und verdankt seine Existenz hauptsächlich der Lehre Carraras („dell conato"), nach welcher der Grundsatz gilt, dass, wenn der strafbare Erfolg unmöglich ist, die böswillige Absicht zur Vollendung der Strafbarkeit des Reates nicht ausreicht, dass also nur der Versuch mit (absolut, wie es in den Motiven heisst) tauglichen Mitteln und am tauglichen Objekt strafbar sein kann. Dieser Grundsatz war schon von jeher in der ital. Schule maassgebend: ihm haben sich auch in neuester Zeit die obersten Gerichtshöfe Italiens angeschlossen. Kassationshof von Rom 10. Jan. 1881, Neapel 3. Jan. 1881, Florenz 3. Juli 1880. Gegen die entgegengetzte Entscheidung des Reichsgerichts vom 24. Mai 1880, nach welcher die Strafbarkeit des Versuches dadurch nicht ausgeschlossen werden soll, dass der Thäter zur Herbeiführung des beabsichtigten, aber nicht eingetretenen Erfolges sich absolut untauglicher Mittel bedient hat, wendet sich der Minister mit aller Entschiedenheit und ebenso Carrara in einer besonderen Abhandlung (Reminiscenze, n. X: Tentativo con mezzi inidonei). — Vgl. auch Baumgarten a. a. O. S. 181.

[2]) Die im Abs. 2 des Art. 61 enthaltenen Bestimmungen decken sich mit denen des D. Str.-G.-B. § 46[1]; Letzteres geht noch weiter und sichert dem Thäter Straflosigkeit zu, wenn er selbst den Eintritt des Erfolges abgewendet hat, als seine Handlung noch nicht entdeckt war (§ 46[2]).

steht, und in den anderen Fällen mit der für das Vergehen festgesetzten, um ein Sechstel bis um ein Drittel zu ermässigenden Strafe.

Sechster Titel.

Von der Theilnahme mehrerer Personen an ein und derselben Strafthat[1]).

63. Wenn mehrere Personen an der Ausführung einer Strafthat theilnehmen, so unterliegt jede der ausführenden und der unmittelbar mitwirkenden Personen der für das begangene Vergehen festgesetzten Strafe.

Derselben Strafe unterliegt derjenige, welcher einen Andern zur Begehung der Strafthat bestimmt hat; an die Stelle des Kerkers tritt aber Einschliessung von fünfundzwanzig bis zu dreissig Jahren, und die anderen Strafen werden um ein Sechstel ermässigt, wenn der Verüber der That dieselbe auch aus eigenen Beweggründen begangen hatte.

64. Es wird bestraft mit Einschliessung nicht unter zwölf Jahren, wenn die für die begangene Strafthat festgesetzte Strafe in Kerker besteht, und in den anderen Fällen mit der für die Strafthat selbst festgesetzten, um die Hälfte zu ermässigenden Strafe derjenige, welcher an der That theilgenommen hat:

1) durch Anreizung oder Bestärkung des Beschlusses, dieselbe zu begehen, oder durch Verheissung nach der Strafthat zu leistender Beihülfe oder Unterstützung,

---

[1]) „del concorso di più persone in uno stesso delitto.“ Mot. I S. 62 ff. Kommiss. Ber. 115 ff. Entw. 62—65. Cod. Sard. 102 ff. Cod. Tosc. 49 ff. Cod. Nap. 59 ff. D. Str.-G.-B. §§ 47—50. Oesterr. Str.-G.-B. §§ 5—9.

Die Betheiligung mehrerer Personen an einer Strafthat wird unterschieden in „correità“ Mitschuld (Art. 63) und „complicità“ Theilnahme (Art. 64). Der Correità macht sich jeder der Verüber der That („esecutori“) und der unmittelbaren Mitwirkenden („cooperatori immediati“) sowie der Anstifter zur That („que ha determinato a commettere il reato“) schuldig. Letzterer wird jedoch wie auch nach Deutschem Recht milder bestraft. § 48 a. a. O. Die „complicità“ besteht entweder in intellektueller oder moralischer oder in materieller Beihilfe: (Art. 64, 1—3). — Die nach Begehung der That geleistete, vor derselben nicht zugesagte Beihilfe behandelt das Ital. (wie das Deutsche Strafrecht) als ein besonderes Vergehen, und zwar gegen die Rechtspflege. Vgl. Art. 225.

2) durch Ertheilung von Unterweisungen oder durch Gewährung von Mitteln zur Verübung derselben,

3) durch Erleichterung der Ausführung derselben unter Gewährung von Beihülfe oder Unterstützung vor oder während der That.

Die Strafermässigung kommt gegen den Thäter einer der im vorliegenden Artikel vorgesehenen Handlungen nicht zur Anwendung, wenn dieselbe ohne seine Theilnahme nicht begangen sein würde.

65. Die mit der Person in Zusammenhang stehenden dauernden oder zufälligen Umstände und Eigenschaften, wegen deren die Strafe eines der Theilnehmer an der Strafthat erhöht wird, fallen, sofern dieselben zur Erleichterung der Ausführung gedient haben, auch denjenigen zur Last, welche sie zur Zeit ihrer Theilnahme an der That kannten; die Strafe wird aber auf ein Sechstel ermässigt und an Stelle des Kerkers kann Einschliessung von fünfundzwanzig bis zu dreissig Jahren gesetzt werden.

66. Die sachlichen Umstände, welche die Strafe erhöhen, fallen, selbst wenn dieselben die Bezeichnung der Strafthat ändern, auch denjenigen zur Last, welche sie zur Zeit ihrer Theilnahme an der Strafthat kannten [2]).

Siebenter Titel.

Von dem Zusammentreffen der Strafthaten und der Strafen [1]).

67 [2]). Gegen den Thäter mehrerer Vergehen, welche Freiheitsstrafe von über fünf Jahre nach sich ziehen, und von denen eine die

[2]) „oder sie als unmittelbare Folge der verabredeten Strafthat vorhersehen konnten" dieser im Entwurf enthaltene, von Liszt a. a. O. S. 40 als bedenklich bezeichnete Zusatz ist für den späteren Gesetzestext weggelassen worden. (Entw. Art. 65).

[1]) „del concorso di reati e di pene." Mot. I S. 207 ff. Kommiss. Ber. 130 ff. Entw. Art. 66—74. Cod. Sardo.

[2]) In den Artikeln 67—76 wird die sogenannte Realkonkurrenz behandelt. Zum Unterschiede vom Deutschen Strafrecht (§§ 77 und 78) darf auch beim Zusammentreffen von Geld- oder Haftstrafen mit anderen Freiheitsstrafen auf eine Gesammtstrafe nach bestimmten Berechnungsvorschriften erkannt werden.

Kerkerstrafe ist, wird der Zeitraum für die ununterbrochene Einzelhaft [3]) um ein bis drei Jahr erhöht, und bis zu fünf Jahren, wenn noch eine andere der angedrohten Strafen der Kerker ist.

68. Gegen den Thäter mehrerer Vergehen, welche dieselbe Art zeitiger Freiheitsstrafen nach sich ziehen, kommt die Strafe für das schwerere Vergehen zur Anwendung, unter einer Erhöhung, welche der Hälfte der die übrigen Strafen umfassenden Dauer gleichkommt; nur dürfen dreissig Jahr für die Einschliessung und die Gefängniss- und fünf Jahr für die Verweisung nicht überschritten werden.

69. Der Thäter zweier Vergehen, von denen das eine die Einschliessung und das andere die Gefängnissstrafe nach sich zieht, wird nach folgenden Regeln bestraft:

1) Uebersteigt die Einschliessung nicht ein Jahr und erreicht sie nicht den dritten Theil der Dauer der Gefängnissstrafe, so kommt die Gefängnissstrafe unter einer Erhöhung zur Anwendung, welche der Hälfte der Dauer der Einschliessung gleichkommt,

2) in jedem anderen Falle kommt die Einschliessung unter einer Erhöhung zur Anwendung, welche dem dritten Theil der Dauer der Gefängnissstrafe gleichkommt, sofern nur dreissig Jahr nicht überschritten werden.

Treffen mehr als zwei Vergehen zusammen, so kommt, vor Anwendung der einen oder der anderen der voraufgehenden Bestimmungen in Gemässheit der Fälle, die Bestimmung des voraufgehenden Artikels für die Vergehen zur Anwendung, welche dieselbe Strafart nach sich ziehen.

70. Gegen den Thäter zweier Vergehen, von welchen das eine die Einschliessung oder die Gefängnissstrafe, das andere die Verweisung nach sich zieht, kommt die Strafe der Einschliessung oder der Gefängnissstrafe zur Anwendung, und zwar unter einer Erhöhung, welche einem Drittel der Dauer der Verweisung gleichkommt, falls die zur Anwendung gelangte Strafe die Gefängnisstrafe, und die einem Sechstel der Dauer der Verweisung gleichkommt, falls die zur Anwendung gelangte Strafe die Einschliessung ist.

Liegen mehrere Vergehen vor, welche die Einschliessung oder die Gefängnissstrafe, oder mehrere, welche die Verweisung nach sich ziehen, so kommen andererseits die Bestimmungen des vorhergehenden Artikels 68 und 69 zur Anwendung.

[3]) Vgl. Art. 12.

71. Gegen den Thäter mehrerer Uebertretungen, welche die Haftstrafe nach sich ziehen, kommt die Strafe für die schwerste Uebertretung zur Anwendung und zwar unter einer Erhöhung, welche der Hälfte der die übrigen Strafen umfassenden Dauer gleichkommt, sofern nur drei Jahr nicht überschritten werden[*]).

72. Gegen den Thäter einer oder mehrerer Vergehen und einer oder mehrerer Uebertretungen, welche die Haftstrafe nach sich ziehen, kommt die Strafe zur Anwendung, welche für das Vergehen angedroht ist oder die sich aus dem Zusammentreffen mehrerer Vergehen in Gemässheit der in den voraufgehenden Artikeln festgesetzten Bestimmungen ergiebt, unter einer Erhöhung, welche dem sechsten Theil der die Haft umfassenden Dauer gleichkommt, wenn die wegen der Vergehen aufzuerlegende Strafe die Einschliessung ist, und die in den übrigen Fällen dem dritten Theil gleichkommt.

73. In den in den voraufgehenden Artikeln vorgesehenen Fällen wird, um die Wirkungen des Strafurtheils zu bestimmen, in Gemässheit der Bestimmungen der Artikel 31, 33, 34 und 35 nur die für jedes Vergehen zu verhängende Strafe berücksichtigt, unbeschadet der Bestimmungen des folgenden Artikels.

74. Die für ein jedes Vergehen festgesetzten Strafen der zeitigen Untersagung der Bekleidung öffentlicher Aemter sowie der Ausübung eines Gewerbes oder einer Kunst festgesetzten Strafen kommen immer ganz zur Anwendung, nur dürfen bei der Gesammtdauer zehn Jahre bei der erstgenannten, und vier Jahre bei der letzgenannten Untersagung nicht überschritten werden.

75. Die für ein jedes Vergehen festgesetzten Geldstrafen kommen immer ganz zur Anwendung, sofern nur die Summe von fünfzehntausend Lire bei Vergehen und von dreitausend Lire bei Uebertretungen nicht überschritten wird.

Im Falle der Umwandlung von Geldstrafen in eine Freiheitsstrafe darf die Dauer der Letzteren achtzehn Monat nicht überschreiten.

Im Falle des Zusammentreffens von Geldstrafen für Vergehen und für Uebertretungen wird die Umwandlung immer in die Gefängnissstrafe bewirkt.

76. Die in den voraufgehenden Artikeln enthaltenen Vorschriften

---

[*]) Nach Deutschem Str.-G.-B. nicht drei Monate! (§ 77).

kommen auch für den Fall zur Anwendung, dass dieselbe Person nach einem Strafurtheil wegen einer anderen vor der Verurtheilung begangenen Strafthat abgeurtheilt werden muss.

Die vorerwähnten Vorschriften kommen andererseits für den Fall, dass eine Strafthat nach der Verurtheilung zu einer zeitigen Freiheitsstrafe und vor oder während der Verbüssung derselben begangen wurde, zur Anwendung; die Straferhöhung besteht aber nach den voraufgehenden Artikeln in zwei Dritteln, beziehungsweise der Hälfte oder einem Drittel, anstatt in der Hälfte, einem Drittel oder einem Sechstel. Um diese Erhöhung zu bestimmen, wird nur der Theil der Strafe berücksichtigt, welcher zu der Zeit zu verbüssen bleibt, als die Verurtheilung ausgesprochen ist, nachdem bei der Strafe für die neue Strafthat gebotenen Falles der Erschwerungsgrund des Rückfalls in Anrechnung gebracht worden ist. Ist jedoch die Strafe verbüsst oder die Verurtheilung erloschen, bevor die neue Verurtheilung vollstreckbar ist, so kommt die neue Strafe ganz zur Anwendung[5]).

77[6]). Derjenige, welcher um eine Strafthat auszuführen oder zu verheimlichen, oder gelegentlich derselben andere Handlungen begeht, welche an sich schon eine Strafthat darstellen, unterliegt, falls dieselben als die Strafthat selbst bildende Grundbestandtheile[7]) oder erschwerende Umstände vom Gesetz nicht angesehen sind, den für alle begangenen Strafthaten zu verhängenden Strafen nach Maassgabe der in den voraufgehenden Artikeln enthaltenen Bestimmungen.

78. Derjenige, welcher durch dieselbe That verschiedene gesetzliche Bestimmungen verletzt, wird nach der Bestimmung bestraft, welche die schwerste Strafe festsetzt[8]).

---

5) Vgl. Art. 95 ff.

6) Die im Entwurf noch nicht enthaltene, sondern erst später in den Gesetzestext aufgenommene Bestimmung des Art. 77 sucht einer willkürlichen Ausdehnung der im Art. 78 vorgesehenen sogenannten Idealkonkurrenz vorzubeugen.

7) „elementi constitutivi“.

8) Der vorliegende Artikel erörtert fast mit denselben wenn nicht mit noch weniger Worten wie das Deutsche Strafgesetzbuch (§ 73) den Begriff der sogen. Idealkonkurrenz. Der Entwurf (Art. 73) enthielt nicht diese präcise Fassung, sondern lautete nach dem Vorbild des Toskan. Strafgesetzbuches (Art. 81), dass wenn eine That mehrere Arten von Strafthaten darstellt, der Thäter der für die schwere Strafthatsart festgesetzten Strafe unterliegen soll. In den übrigen früheren ital. Strafgesetzbüchern findet sich die Idealkonkurrenz überhaupt nicht berücksichtigt, ebensowenig im Code pénal; wohl aber bestimmt der Code de la pro-

79. Mehrere Verletzungen derselben gesetzlichen Bestimmung werden, auch wenn dieselben zu verschiedenen Zeiten durch Ausführungshandlungen desselben Entschlusses begangen sind, als nur eine Strafthat angesehen; nur wird in diesem Falle die Strafe um den sechsten Theil bis um die Hälfte erhöht[9]).

Achter Titel.

Vom Rückfall[1]).

80. Wer nach einem verurtheilenden Erkenntniss, und zwar nicht über zehn Jahr seit dem Tage, an welchem die Strafe ver-

---

cédure pénale (Art. 365), dass der mehrerer Verbrechen oder Vergehen überführte Angeklagte blos zu einer (schwersten) Strafe verurtheilt werden soll. Vgl. Niederl. Strafges.-B. (Art. 55), dessen Bestimmungen dem Deutschen gleichen.

[9]) Nach dem Vorbilde des Toskan. Gesetzbuchs (Art. 80) hatte schon Mancini in seinem Entwurf (Art. 86, § 2) den im Artikel 74 erörterten Begriff des fortgesetzten Verbrechens — reato continuato nicht ignoriren zu dürfen geglaubt. Das Deutsche Strafgesetzbuch erwähnt des fortgesetzten Verbrechens nicht, sondern überlässt die Definition und Annahme desselben der Doktrin und der Praxis. In der Praxis hat sich seine Anerkennung namentlich seit der Entscheidung des Reichsgerichtes vom 10. Juni 1880 R. 2. 53 immer mehr befestigt, nach welcher im konkreten Falle mehrfache Handlungen wegen Einheitlichkeit des Willens und der äusseren Erscheinung nicht immer als selbständige betrachtet werden müssen.

[1]) „della recidiva". Entw. Art. 75—79. Mot. I S. 75 ff. Kommiss. Ber. S. 135 ff.

Während nach dem Beispiele des Code pénal (Art. 56—58) alle früheren italienischen Strafgesetzbücher (Cod. Sardo 118—127, Cod. Parma 89—95 u. s. w.) abgesehen von dem Toskanischen den Rückfall als solchen generell als Strafschärfungsgrund ansahen, ohne nähere Prüfung und Vergleichung der inneren Natur und des Motives der Strafthat gegenüber den zuvor begangenen und abgeurtheilten, hat in dem vorliegenden Gesetz der Rückfall eine Behandlung erfahren, welche abgesehen von ihrem hohen wissenschaftlichen Werthe an sich einen bedeutenden Fortschritt auf dem Gebiete der Strafrechtspflege darstellt. Die Behandlung ist eine generelle und eine generische: Generell insofern, als der Rückfall nicht wie z. B. nach deutschem Strafrecht bei den einzelnen Vergehen, bei welchen derselbe überhaupt nur zur Anwendung gebracht werden soll, sondern im allgemeinen Theil des Strafgesetzbuches als in der sedes materiae mit Rücksicht auf seine Bedeutung als Strafschärfungsgrund erörtert wird: generisch um deswillen, weil der Rückfall nicht schlechthin als solcher, sondern nur dann berücksichtigt werden soll, wenn die neue That der früheren homogen oder wie der Gesetzgeber sagt, „della stessa indole" ist, d. h. subjectiv derselben natürlichen Veranlagung, demselben Hang entspringt und objektiv dieselbe Art

büsst oder die Verurtheilung erloschen war[2]), falls die Strafe nicht über fünf Jahr von Dauer war, oder nicht über fünf Jahr in den übrigen Fällen, eine andere Strafthat begeht, kann nicht mit dem Mindestbetrage der für die neue Strafthat angedrohten Strafe bestraft werden.

Ist die neue Strafthat derselben Art[3]) alsdiejenige, wegen deren die voraufgehende Verurtheilung ausgesprochen worden ist, so unterliegt der Thäter einer Erhöhung der angedrohten Strafe in Gemässheit folgender Bestimmungen:

1) Ist die für die neue Strafthat angedrohte Strafe die Einschliessung, so wird die gewöhnliche Dauer der ununterbrochenen Einzelhaft[4]) unter Hinzurechnung eines Sechstels der für die begangene Strafthat festgesetzten Strafthat verlängert; falls die Einschliessung in solcher Einzelhaft ganz verbüsst werden muss oder die vorerwähnte Verlängerung innerhalb der Grenzen der zu verhängenden Strafe nicht bewirkt werden kann, so wird behufs Vornahme dieser Verlängerung die Dauer der Strafe selbst verhältnissmässig erhöht;

2) Ist die für die neue Strafthat angedrohte Strafe eine andere als die Einschliessung, so wird dieselbe um ein Sechstel bis um ein Drittel erhöht.

Keinesfalls kann die in den voraufgehenden Bestimmungen festgesetzte Erhöhung durch eine die schwerste der zuvor verhängten Strafen überschreitende Zumessung zur Anwendung gebracht werden; falls es sich um Geldstrafen handelt, so wird, um dieses Mass zu bestimmen, die Berechnung in Gemässheit der im Art. 19 festgesetzten Bestimmungen bewirkt.

81. Derjenige, welcher, nachdem er wiederholt zu einer Freiheitsstrafe von jedes Mal über drei Monat verurtheilt worden ist,

---

darstellt. Diesem System des sogenannten specifischen Rückfalles näherte sich bereits das Eingangs erwähnte Toskanische Gesetzbuch (Art. 82 ff.). Dasselbe ist dann vom Holländischen Strafgesetzbuch (Art. 421), vom Deutschen Strafgesetzbuch jedoch nur für Eigenthumsvergehen, und auch hier wieder nur für einige wenige, (vgl. §§ 244, 261 und 264), vom Ungarischen Strafgesetzbuch (§ 338), sowie in den Russischen Entwurf (Art. 57 und 58) aufgenommen worden.

[2]) Ueber Straferlöschung s. Titel 9 Buch I.

[3]) „dessa stessa indole“: Eine authentische Erklärung des Begriffes „indole“ bringt das Gesetz selbst im Art. 82.

[4]) S. Art. 13 2 und 3.

innerhalb der im vorhergehenden Artikel angegebenen Fristen eine andere Strafthat derselben Art, und die auch eine Freiheitsstrafe gegen ihn nach sich zieht, begeht, unterliegt einer Erhöhung der angedrohten Strafe, welche der Hälfte der Dauer dieser Strafe selbst gleichkommt, falls letztere unter dreissig Monaten beträgt, und einer Straferhöhung um ein Drittel in den übrigen Fällen; sofern nur nicht dreissig Jahr Einschliessung und Gefängnissstrafe überschritten werden.

Ist die angedrohte neue Strafe die Einschliessung, so kommt auch die dauernde Einzelhaft nach der im voraufgehenden Artikel bestimmten Bemessung zur Anwendung.

82. Bezüglich der Wirkungen des Strafgesetzes werden als Strafthaten derselben Art nicht nur diejenigen angesehen, welche dieselbe gesetzliche Bestimmung verletzen, sondern auch diejenigen, welche in demselben Kapitel des Gesetzbuches vorgesehen und die beziehungsweise unter den folgenden Buchstaben angeführt sind:

a) Vergehen wider die Sicherheit des Staates [5]),

b) Vergehen seitens der öffentlichen Beamten, mittels Verletzung der mit dem Amt zusammenhängenden Pflichten oder unter Missbrauch ihres Berufes [6]),

c) Vergehen wider die politischen Freiheiten [7]) oder die Freiheiten der Gottesdienste [8]), die Missbräuche der Religionsdiener in Ausübung ihres Berufes [9]), gegen öffentliche Beamten in Bezug auf ihren Beruf begangene Vergehen und jedes andere von Privatpersonen gegen die öffentliche Verwaltung begangene Vergehen [10]), sowie Vergehen wider die öffentliche Ordnung [11]),

d) Erheuchelung einer Strafthat, wissentlich falsche Anschuldigung, Falschheit vor Gericht und Prävarikation [12]),

e) Vergehen wider die öffentliche Wohlfahrt [13]).

---

[5]) Vgl. Titel 1 Buch II.

[6]) Vgl. Kap. 1—4 und 9 Titel 3 Buch II.

[7]) Vgl. Kap. 1 dess. Titels.

[8]) Vgl. Kap. 2 dess. Titels.

[9]) Vgl. Kap. 5 dess. Titels.

[10]) Vgl. Kap. 7, 6, 8, 9 ff. dess. Titels sowie Art. 365^2, 394^1 und 396.

[11]) Vgl. Titel 5 Buch II.

[12]) Vgl. Kap. 2—5 Titel 4 Buch II.

[13]) Vgl. Titel 7 Buch II.

f) Vergehen wider die gute Sitte und die Familienordnung, vorgesehen in den Artikeln 331 bis 348 [14]),

g) Tödtung und Körperverletzung [15]),

h) Diebstahl, Raub, Erpressung, Zwangsloskauf, Betrug und andere Betrugsarten, rechtswidrige Zueignung, Hehlerei [16]), betrügerischer Bankrott [17]), die in den Artikeln 203—206, 224, 256—260, 293—299, 319—322, 326 vorgesehenen Vergehen, sowie in gewinnsüchtiger Absicht begangene Tödtung oder Körperverletzung.

83. Für die Folgen der Bestimmungen der voraufgehenden Artikel bleiben unberücksichtigt:

1) die Verurtheilungen wegen Uebertretungen bezüglich derjenigen wegen Vergehen und umgekehrt,

2) die Verurtheilungen wegen Vergehen, welche aus Unklugheit oder Fahrlässigkeit oder infolge Unerfahrenheit in der Kunst oder im Gewerbe oder infolge Nichtbefolgung der Vorschriften, Anordnungen oder Einrichtungen begangen worden sind, bezüglich der Verurtheilungen wegen anderer Vergehen und umgekehrt,

3) die wegen ausschliesslich militärischer Strafthaten ausgesprochenen Verurtheilungen [18]),

4) die von auswärtigen Gerichten ausgesprochenen Verurtheilungen [19]).

84. Der zu Kerker Verurtheilte unterliegt, wenn er ein anderes

---

[14]) Die Kapitel 4—7 des achten Titel des zweiten Buches aufgeführten Vergehen sollen somit beim Rückfall unberücksichtigt bleiben.

[15]) Vgl. Kapitel 1 und 2 Titel 9 Buch II.

[16]) Vgl. Kapitel 1, 2, 3, 4, 5 Titel 10 Buch II.

[17]) Die Strafbestimmungen über den Bankerott befinden sich nicht im Strafgesetzbuch, sondern im Handelsgesetzbuch. Danach wird unter ähnlichen Voraussetzungen wie nach deutschem Recht einfacher Bankerott mit Gefängniss von einem Monat bis zu zwei Jahren, betrügerischer Bankerott mit Einschliessung bestraft. Art. 856—861 Codice di commercio.

[18]) Diese Ausnahmebestimmung, die ebenso wie die zu 1 und 2 genannten, im Entwurf noch nicht enthalten war, dürfte darin ihren Grund haben, dass die Bestrafungen wegen specifisch militärischer Vergehen einen mehr oder weniger disciplinaren Charakter tragen.

[19]) Wie der deutsche vermag auch der ital. Gesetzgeber die von auswärtigen Gerichten ausgesprochenen Verurtheilungen als Voraussetzungen zu einer Bestrafung wegen Rückfalles um deswillen nicht anzuerkennen, weil ihm die rechtliche Begründung derselben in der erforderlichen Weise nicht zugänglich ist. Mot. II S. 226. §§ 244, 261 und 264 D. Str.-G.-B. — Vgl. auch Art. 3 Abs. 2.

Vergehen begeht, einem neuen Zeitraum ununterbrochener Einzelhaft [20]) von sechs Monat bis zu fünf Jahren, wenn das Vergehen Einschliessung oder Gefängnissstrafe über ein Jahr nach sich zieht, und einem neuen Zeitraum von nicht unter acht Jahren, welcher auf die ganze Lebenszeit ausgedehnt werden kann, wenn das Vergehen Kerker nach sich zieht.

Neunter Titel.

Von der Erlöschung der Strafverfolgung und der Strafurtheile [1]).

85. Der Tod des Beschuldigten löscht die Strafverfolgung aus.

Der Tod des Verurtheilten löscht die Verurtheilung auch zu einer

---

[20]) Vgl. Art. 12.

[1]) „dell'estinzione dell'azione penale e delle condonne penali". Mot. I S. 229 ff. Kommiss. Bericht S. 150 ff. Entw. Art. 80—100. Cod. Sardo 131 ff. Cod. Tosc. 86 ff. Oester. Str.-G.-B. §§ 223 ff. Deutsch. Str.-G.-B. §§ 66 ff.

Während im Deutschen Strafgesetzbuch die inneren und äusseren Gründe, welche die Strafe, d. i. die zu verhängende und die zu vollstreckende ausschliessen oder mildern, in einem Abschnitt behandelt werden, sind dieselben vom ital. Gesetzgeber mit Rücksicht auf ihre in ihren Wirkungen zwar verwandte, in ihrem innersten Wesen aber grundverschiedene Natur auch räumlich scharf von einander abgesondert erörtert worden. Die Gründe ersterer Art, welche allerdings nur die zu verhängende Strafe, die subjektive und somit auch die objektive Strafbarkeit ausschliessen bezw. mildern, sind im vierten Titel dieses Buches entwickelt; mit der Aufführung und Darstellung der äusseren Thatsachen, welche die Strafe als drohendes und als eingetretenes Uebel, m. a. W. die Strafverfolgung und die Strafvollstreckung in Wegfall treten lassen, schliesst der Erste, sogen. Allgemeine Theil des Gesetzbuches. — Unter diesen Thatsachen steht obenan der Tod (Art. 85): es folgt die Begnadigung in den verschiedenen Arten und den entsprechend verschiedenen Wirkungen wie dieselbe nach ital. Recht zum Ausdruck gelangt (Art. 86—90). Ferner wird der Verzicht (la remissione): die Strafantragszurücknahme in ihrem Einfluss auf die Strafverfolgung und Vollstreckung erörtert (Art. 88); alsdann wird die Wirkung der Zeit auf das ganze Strafverfahren, d. h. die Verjährung der Strafverfolgung und der Strafvollstreckung (Art. 91—99) gedacht, und unerwähnt durfte endlich auch die Rehabilitation (Wiederverleihung der abgesprochenen öffentlichen Rechte) nicht bleiben (Art. 100).

In dem Titel über die Erlöschung des Strafverfahrens musste füglich ein auch dem bisherigen ital. Strafrecht unbekanntes Rechtsinstitut Aufnahme finden, welches zur Beseitigung der Strafverfolgung allerdings nur bei Uebertretungen zu dienen bestimmt ist, die „oblazione volontaria" (Art. 101).

Zum Schluss hat der Gesetzgeber nach dem Beispiel des Strafgesetzbuches von Sardinien (Art. 149) und von Este (Art. 97 ff.) noch die Bestimmungen über

noch nicht gezahlten Geldstrafe sowie alle strafrechtlichen Wirkungen der Verurtheilung selbst aus, hindert aber nicht die Vornahme der Einziehungen [2]).

86 [3]). Die Amnestie löscht die Strafverfolgung aus und bringt die Vollstreckung der Verurtheilung und alle strafrechtlichen Wirkungen derselben in Wegfall.

---

die civilrechtlichen Wirkungen der Strafverjährung (der Verfolgung und der Vollstreckung) nicht übergehen zu dürfen geglaubt. (Art. 102 und 103.)

[2]) Dagegen kann nach Deutschem Strafrecht in den Nachlass des Verurtheilten eine Geldstrafe vollstreckt werden, jedoch nur unter der Voraussetzung, dass das Urtheil bei Lebzeiten desselben rechtskräftig geworden war; ebenso soll der Nachlass des Verurtheilten nur dann für die Kosten des Strafverfahrens haften, wenn derselbe nach eingetretener Rechtskraft des Urtheils verstorben ist. § 30 D. Str.-G.-B bezw. § 497[2] Str.-Proc.-Ordn. — Da nach Deutschem Recht ein besonderes (objektives) Verfahren bei Einziehung beschlagnahmter Gegenstände zulässig ist, ohne dass es der gleichzeitigen Verfolgung eines Beschuldigten bedarf, so ist auch der Tod oder die Begnadigung desselben auf dieses Verfahren einflusslos. (§ 477 ff. Str.-Proc.-Ordn.)

[3]) Das Deutsche Strafgesetzbuch hat die Begnadigung in ihren Wirkungen auf die Strafverfolgung und Vollstreckung überhaupt ignorirt, die Ausübung der Begnadigung vielmehr mit Rücksicht auf das hierbei zu berücksichtigende Staats- und Verfassungsrecht der einzelnen Bundesstaaten als Prärogative des Staatsoberhauptes den Bundesfürsten bezw. den Senaten der freien Städte stillschweigend vorbehalten. Die Strafprocessordnung gedenkt nur an einer Stelle (§ 485), bei der Vollstreckung der Todesstrafe dieses Allerhöchsten Rechtes. In Italien hatte schon in den früheren Strafgesetzbüchern das Kapitel von der Begnadigung in ihrer Wirkung auf das Strafverfahren und die Strafurtheile eine eingehende Berücksichtigung gefunden. (Cod. Sardo 136. Tosc. 87. Este 101. Regol. pontif. 49.) Nunmehr haben auf Grund des Art. 8 der Ital. Verfassungsurkunde, welcher besagt: „Il re puo fare grazia e commutare le pene“ die hierüber schon in der Strafprocessordnung (Art. 826—833) enthaltenen Bestimmungen auch im Strafgesetzbuch Aufnahme und grössere Ausbildung gefunden. Im Einzelnen gilt von der Begnadigung Folgendes. Die Begnadigung kann sich in drei Strahlen zeigen: als Amnestie, als Indult und als Grazia (sc. speciale). Die Amnestie wird vom König auf Vorschlag des Gnaden- und Justizministers nach Anhörung des Ministerrathes erlassen. Sie hebt die Strafverfolgung auf, — im Gegensatz zum preuss. Strafrecht, nach welchem der König bereits eingeleitete Untersuchungen nur auf Grund eines besonderen Gesetzes niederschlagen kann. (Art. 49 Pr.-V.-O.) Die Amnestie erstreckt sich auf die in der Allerhöchsten Verordnung bestimmten Strafen. Die weiteren Ausführungen hat der Generalprokurator (am Appellhof) zu veranlassen. Ein Beschuldigter, Angeklagter oder Verurtheilter, welcher Anspruch auf Begnadigung zu haben glaubt, kann binnen sechs Monaten seit Veröffentlichung der Königl. Verordnung seine Anträge stellen. (Art. 830 a. a. O.)

Der Indult (l'indulto) ist zwar auch genereller Art, insofern er sich auf eine

87. Der allgemeine Straferlass oder die Begnadigung, welche die Strafe erlässt oder umwandelt, bringt die gesetzliche Interdiktion des Verurtheilten und die in den Abschnitten des Art. 33 festgesetzte Unfähigkeit in Wegfall, sofern dieselben nicht mit der gesetzlich substituirten Strafe verbunden sind, bringt aber weder die Untersagung der Bekleidung öffentlicher Aemter noch die Untersagung der Ausübung eines Gewerbes oder einer Kunst, noch die Polizeiaufsicht in Wegfall, sofern dies nicht ausdrücklich in dem allgemeinen Straferlass oder in der Begnadigungsanordnung bestimmt ist.

88. Bei den Strafthaten, wegen deren nur auf Antrag eingeschritten werden kann, löscht die Zurücknahme des Antrages[4]) seitens des verletzten Theiles die Strafverfolgung aus; sie bringt aber die Vollstreckung des Urteils nur in den vom Gesetz bestimmten Fällen in Wegfall[5]). Der Verzicht zu Gunsten eines der Beschuldigten kommt auch den anderen zu statten[6]).

Mehrzahl allerdings im Erlass bestimmter Vergehen erstreckt, er hebt aber nicht die Strafverfolgung sondern nur die Strafvollstreckung auf; dasselbe gilt von dem einzelnen Gnadenerlass (grazia), nur dass dieser sich nur auf eine einzelne bestimmte Verurtheilung bezieht. Art. 831 a. a. O. Im Entwurf (Art. 83) waren die beiden Begnadigungsarten durch die Bezeichnungen l'indulto generale o la grazia speciale noch besonders unterschieden. — Die in irgendwelcher Form ausgesprochene Begnadigung umschliesst auch die sogen. Antragsvergehen, da, wie der Gesetzgeber in den Motiven (I S. 230) meint, jede Strafthat das öffentliche Interesse berührt, auch wenn die Verfolgung derselben von der Beschwerde (doglianza) des Verletzten abhängig gemacht ist, und deshalb in ihren strafrechtlichen Folgen, sofern es das öffentliche Interesse geboten erscheinen lässt, aufgehoben werden kann. Der Entwurf Vigliani wollte die Antragsvergehen von einer Begnadigung ausgeschlossen wissen, wie es in England Rechtens ist. Blackstone Handb. des engl. Rechts Bd. IV Kap. 26. Auch in Deutschland hat diese Vorschrift Verfechter gefunden: Rönne, Geyer, Berner u. A. Die in Deutschland befolgte Praxis stimmt aber mit der ital. Gesetzgebung überein.

[4]) „La remissione", (Der Verzicht) die Zurücknahme des Strafantrages ist bei allen Antragsvergehen zulässig, während im Deutschen Strafrecht nach der Novelle vom 26. Februar 1876 nur in den gesetzlich besonders vorgesehenen Fällen der Strafantrag zurückgenommen werden darf, auch hier nur bis zur Urtheilsverkündigung; abgesehen von den Privatklagen, welche bis zur Verkündung des Urtheils in der Berufungsinstanz zurückgenommen werden können. § 64 Str.-G.-B. und § 431 Str.-Proc.-Ordn. — Vgl. indessen Art. 344 a. E.

[5]) Vgl. Art. 358. — Ferner können Ascendenten wegen der von Descendenten gegen sie begangenen Beleidigungen die Herabsetzung der gegen Letzere erkannten Strafe bis auf die Hälfte beantragen. Art. 603 Cod. della proc. pen.

[6]) Ebenso im Deutschen Strafrecht. § 64[2] D. Str.-G.-B.

Die Zurücknahme des Strafantrages führt keine Wirkung für den Beschuldigten herbei, welcher sich weigert, dieselbe anzunehmen [7]).

89. Die Amnestie, der allgemeine Gnadenerlass und die Begnadigung [8]), die Zurücknahme des Antrages seitens der verlezten Partei, geben kein Recht auf Zurückerstattung der eingezogenen Gegenstände, noch der an die Staatskasse unter der Bezeichnung Strafgelder gezahlten Summen [9]).

90. Ist die Kerker- oder Einschliessungsstrafe über zehn Jahre durch einen allgemeinen oder einen besonderen Gnadenerlass erlassen oder umgewandelt worden, so wird der Verurtheilte auf drei Jahr unter Polizeiaufsicht gestellt [10]), sofern nicht etwas Anderes bestimmt worden ist.

91. Die Verjährung löscht unbeschadet der Fälle, in welchen das Gesetz etwas anderes bestimmt [11]), die Strafverfolgung aus:

1) in zwanzig Jahren, wenn die Kerkerstrafe,

2) in fünfzehn Jahren, wenn Einschliessung nicht unter zwanzig Jahren,

3) in zehn Jahren, wenn Einschliessung über fünf und unter zwanzig Jahren, oder Gefängniss über fünf Jahren oder dauernde Untersagung der Bekleidung der öffentlichen Aemter,

4) in fünf Jahren, wenn Einschliessung oder Gefängniss nicht über fünf Jahren, oder die Strafe der Verweisung [12]) oder der zeitigen Untersagung der Bekleidung der öffentlichen Aemter oder Geldstrafe,

5) in zwei Jahren, wenn Haftstrafe über einen Monat oder Geldstrafe über dreihundert Lire,

6) in sechs Monaten, wenn Haft- oder Geldstrafe in einem geringeren als dem unter der voraufgehenden Nummer angegebenen

---

[7]) Im deutschen Strafrecht ist die Zurücknahme des Strafantrages in den gesetzlich zulässigen Fällen an die Annahme derselben seitens des Beschuldigten nicht gebunden; sie hat ipso iure die Einstellung des Verfahrens zur Folge.

[8]) Vgl. Anm. 2 zu Art. 85² a. E.

[9]) In Preussen sind bei allgemeinen Gnadenerlassen die bereits entrichtet gewesenen Geldstrafen von der Staatskasse an den Verurtheilten zurückgezahlt worden.

[10]) Die Bestimmung des Art. 90 befand sich noch nicht im Entwurf, sondern ist erst dem endgültigen Gesetzestext einverleibt worden.

[11]) Vgl. Art. 93.

[12]) S. Art. 18.

Maasse, oder Untersagung der Ausübung eines Gewerbes oder einer Kunst, gegen den Beschuldigten hätte verhängt werden müssen.

92. Die Verjährung beginnt bei den vollendeten Strafthaten mit dem Tage ihrer Vollendung, bei den versuchten oder fehlgeschlagenen[13]) mit dem Tage, an welchem die letzte Ausführungshandlung begangen wurde, bei fortgesetzten oder dauernden[14]) Strafthaten mit dem Tage, an welchem die Fortsetzung oder die Fortdauer aufhörte.

Kann die Strafverfolgung erst nach einer besonderen Ermächtigung oder erst, nachdem eine einem anderen Gericht vorgelegte Streitfrage entschieden worden ist, veranlasst oder weiter betrieben werden, so bleibt die Verjährung ausgesetzt und beginnt sie ihren Lauf erst von dem Tage wieder, an welchem die Ermächtigung gegeben oder die Streitfrage entschieden worden ist[15]).

93. Der Lauf der Verjährung der Strafverfolgung wird durch die Verkündigung des verurtheilenden Erkenntnisses in der Verhandlung oder „in contumaciam“[16]) unterbrochen.

Die Verjährung unterbrechen auch der Haftbefehl[17]), auch wenn derselbe wegen Verborgenheit des Beschuldigten ohne Wirkung bleibt, sowie jede gegen denselben gerichtete und ihm gesetzmässig bekannt gemachte[18]) richterliche Verfügung wegen der That, welche ihm vorgeworfen wird; jedoch kann die unterbrechende Wirkung des Befehles oder der Verfügung die Dauer der Strafverfolgung über eine Zeit nicht verlängern, welche in ihrem Umfange die Hälfte der betreffenden, im Art. 91 festgesetzten Fristen übersteigt[19]).

---

[13]) Vgl. Art. 61.

[14]) Vgl. Art. 79.

[15]) Das Deutsche Strafgesetzbuch berücksichtigt nur die zweite Alternative (§ 69).

[16]) Ueber Contumacialerkenntnisse vgl. Anm. zu Art. 41.

[17]) „il mandato di cattura“: Es ist der vom Richter erlassene Haftbefehl und nicht etwa die seitens der Polizei oder der Staatsanwaltschaft ergangene Festnahme- oder Verführungsanordnung gemeint. Art. 181 ff. Cod. della proced. pen.

[18]) Richterliche Vorfügungen an den abwesenden Beschuldigten werden auf fünfzehn Tage an dessen Wohnung und an der Gerichtstafel, und in Ermangelung Ersterer nur an letztgenannter Stelle angeschlagen. Art. 539 und 527 Cod. di proc. pen.

[19]) Diese Bestimmung erscheint sehr zweckentsprechend. Nach Deutschem Strafrecht (§ 68 Abs. 3) beginnt nach jeder Unterbrechungshandlung seitens des Richters eine neue volle Verjährung, und da nach der allgemein beliebten Praxis

Bestimmt das Gesetz eine Verjährungsfrist, welche kürzer als ein Jahr ist[20]), so wird der Lauf der Verjährung durch irgend eine Handlung im Verfahren unterbrochen[21]), ist aber bei den Fristen von einem Jahr seit dem Tage, an welchem die Verjährung nach Art. 92 begann, das Strafurtheil nicht ergangen, so ist die Strafverfolgung verjährt.

Die unterbrochene Verjährung beginnt von dem Tage der Untersuchung ab wieder zu laufen.

Die Unterbrechung der Verjährung wirkt gegen Alle, welche an der Strafthat theilgenommen haben, auch wenn die unterbrechenden Handlungen nur gegen Einen allein ergangen sind[22]).

94. Wird ein Verurtheilter infolge irgend eines Rechtsmittels einem neuen Verfahren unterworfen, so wird die Verjährung nach der Strafe berechnet, welche durch das neue Erkenntniss verhängt werden müsste, falls eine geringere als die durch das voraufgehende Erkenntniss gegen ihn erkannte Strafe sich ergiebt.

95. Die Verurtheilung verjährt[23]):

1) in dreissig Jahren, wenn Einschliessung auf dreissig Jahren,

2) in zwanzig Jahren, wenn Einschliessung oder Gefängniss auf mehr als fünf Jahr,

3) in zehn Jahren, wenn Einschliessung oder Gefängniss von nicht über fünf Jahr, oder die Strafe der Verweisung oder der zeitigen Untersagung der Bekleidung der öffentlichen Aemter, oder Geldstrafe,

---

derartige Verfügungen immer wieder vorgenommen bezw. herbeigeführt werden, so kann das ganze Institut der Verjährung leicht illusorisch gemacht werden.

[20]) Vgl. z. B. Art. 91[6].

[21]) Auch diese Vorschrift erscheint sehr werthvoll, da im Deutschen Strafprocess die zur Unterbrechung der kurzen, dreimonatigen Verjährungsfrist bei Uebertretungen (und den meisten Vergehen gegen die Gewerbeordnung) erforderliche richterliche Verfügung oft nur schwer und künstlich herbeigeführt werden kann.

[22]) Nach D. Str.-G.-B. findet die Unterbrechung nur rücksichtlich desjenigen statt, auf welchen die Handlung sich bezieht. (§ 68 Abs. 2).

[23]) Die Vollstreckung der schwersten Strafe (zu lebenslänglichem Kerker, ergastolo) ist nach dem nunmehrigen Wortlaut des Gesetzes der Verjährung entzogen, während dieselbe nach dem Entwurf (Art. 91[1]) in dreissig Jahren verjähren sollte. — Innerhalb der letztgenannten Frist verjährt nach Deutschem Strafrecht (§ 70[1]) die Vollstreckung, falls auf Tod oder lebenslängliches Zuchthaus oder lebenslängliche Festungshaft erkannt worden ist. — Nach Preuss. Strafgesetzbuch (vom 14. April 1851 § 49) war gegen rechtskräftig erkannte Strafen eine Verjährung überhaupt nicht zulässig.

4) in vier Jahren, wenn Haftstrafe oder die Strafe der Aussetzung der Ausübung eines Gewerbes oder einer Kunst über einen Monat oder Geldstrafe für Uebertretungen über dreihundert Lire,

5) in achtzehn Monaten, wenn Haftstrafe, die Aussetzung der Ausübung eines Gewerbes oder einer Kunst oder Geldstrafe für Uebertretungen zu einem geringeren als dem in der voraufgehenden Nummer angegebenen Maasse auferlegt worden ist.

Die Verurtheilung zu mehreren Strafarten verjährt innerhalb der für die schwerste Strafe festgesetzten Frist.

Die Stellung unter Polizeiaufsicht hat keine Wirkung, nachdem die Verurtheilung verjährt ist.

96. Die Verjährung des Strafurtheils läuft von dem Tage, an welchem das Urtheil rechtskräftig, oder an welchem die bereits begonnene Strafvollstreckung in irgend einer Weise unterbrochen wird.

Jede dem Verurtheilten gesetzmässig bekannt gemachte[24]) Handlung der für die Vollstreckung des Urtheils zuständigen Behörde unterbricht die Verjährung; auch unterbricht dieselbe bei den Freiheitsstrafen die Haft des Verurtheilten, gegen den mit der Vollstreckung dieses Erkenntnisses vorgegangen wird; die Verjährung des Strafurtheils wird auch unterbrochen, wenn während ihres Laufes der Verurtheilte eine Strafthat derselben Art begeht[25]).

97. Ist die zeitige Untersagung der öffentlichen Aemter oder eine zeitige Unfähigkeit, oder die Aussetzung der Ausübung eines Gewerbes oder einer Kunst mit einer anderen Strafe verbunden, oder die Folge einer Verurtheilung, so wird die Verjährung rücksichtlich der vorgenannten Untersagung, Unfähigkeit oder Aussetzung nur durch Ablauf eines Zeitraumes vollendet, welcher dem doppelten Betrage der bezüglichen Dauer gleichkommt und der von dem Tage läuft, an welchem die andere Strafe verbüsst oder die Verurtheilung zu dieser Strafe verjährt oder sonst erloschen ist.

98. Die für die Verjährung der Strafverfolgung oder der Verurtheilung festgesetzte Zeit wird in Gemässheit des Art. 30 berechnet.

99. Die Verjährung der Strafverfolgung und der Verurtheilung kommt von Amtswegen zur Anwendung, und kann der Beschuldigte oder der Verurtheilte auf dieselbe nicht verzichten.

---

[24]) Vgl. Anm. 18 zu Art. 93.

[25]) Vgl. Art. 82.

100. Die dauernde Untersagung der Bekleidung öffentlicher Aemter und jede andere aus einer Verurtheilung hervorgehende dauernde Unfähigkeit treten infolge der Rehabilitation in Wegfall unbeschadet anderweitiger gesetzlicher Bestimmungen [26]).

War die Untersagung oder die Unfähigkeit mit einer anderen Strafe verbunden, so kann die Rehabilitation nur von dem Verurtheilten nachgesucht werden, der eine solche Führung bethätigt hat, dass seine Besserung anzunehmen ist, sowie erst nach Ablauf von fünf Jahren seit dem Tage, an welchem die Strafe verbüsst worden oder die Verurtheilung infolge eines Allgem. Gnadenerlasses oder einer Begnadigung erloschen geblieben ist, oder nach Ablauf von zehn Jahren seit dem Tage, an welchem die Verurtheilung verjährt geblieben ist.

War die Untersagung oder Unfahigkeit mit einer anderen Strafe nicht verbunden, so kann die Rehabilitation erst fünf Jahre seit dem Tage nachgesucht werden, an welchem das Strafurtheil rechtskräftig geworden ist.

Die für die Nachsuchung der Rehabilitation festgesetzte Frist wird bezüglichder Rückfälligen verdoppelt.

Die Rehabilitation wird in der vom Gesetz bestimmten Weise bewilligt und führt ihre Wirkung in Gemässheit der in demselben bestimmten Vorschriften herbei.

101 [27]). Falls das Gesetz nicht anders bestimmt, kann bei Ueber-

---

[26]) Auch das Institut der Rehabilitation, d. h. der Wiederverleihung der bürgerlichen Ehrenrechte, öffentlichen Aemter und Rechte ist im Deutschen Str.-G.-B. unerörtert geblieben und partikulären Bestimmungen überlassen. Es gilt jedoch der allgemeine Grundsatz, dass nicht die Begnadigung allein, sondern die Rehabilitation als solche die Ehrenstrafen aufhebt. Dieselbe kann erst nach Verbüssung oder nach Erlass der Hauptstrafe nachgesucht werden. Nicht die Justiz- sondern die höheren Verwaltungsbehörden haben, jedoch nach vorhergegangener Kommunikation mit Ersteren, die desfallsigen Gesuche zu befördern. Allerh. Erl. v. 30. Dec. 1852. Resc. d. Min. d. Inn. v. 18. Juni 1853. Wiedereinsetzung in das entzogene Amt kann vom Landesherrn im Gnadenwege nur rücksichtlich eines von ihm verliehenen Amtes, also z. B. nicht rücksichtlich eines Kirchenamtes oder Gemeindeamtes angeordnet werden. Vgl. Rede des Just.-Min. Dr. Friedberg im Pr. Abgeordnetenhaus am 21. Juni 1880. Stenogr. Ber. S. 2234. — Demgemäss hat auch im Gesetz vom 31. Mai 1882 ausdrücklich noch bestimmt werden müssen, dass, wenn der König einen auf Grund des Gesetzes vom 12. Mai 1873 rechtskräftig aus dem Amt entlassenen Bischof begnadigt hat, derselbe wieder als staatlich anerkannter Bischof seiner Diöcese gilt.

[27]) Mot. I S. 240 und 241. Um dem Beschuldigten die mit einem gericht-

tretungen, wegen deren nur eine Geldstrafe von nicht über dreihundert Lire festgesetzt ist, der Beschuldigte den Lauf der Strafverfolgung dadurch in Wegfall treten lassen, dass er vor Eröffnung der Verhandlung eine Summe zahlt, welche dem Höchstbetrage der für die begangene Uebertretung festgesetzten Strafe entspricht, abgesehen von den Kosten des Verfahrens.

102[28]). Die Erlöschung der Strafverfolgung greift der Civilklage auf Zurückerstattungen und auf Schadensersatz nicht vor, ausser wenn die Erlöschung infolge der Zurücknahme des Strafantrages seitens des verletzten Theiles eintritt, und dieser sich die Klage nicht ausdrücklich vorbehalten hat.

103[28]). Die Erlöschung der strafrechtlichen Verurtheilung greift der civilrechtlichen Verurtheilung zu den Zurückerstattungen, zum Schadensersatz und zu den Kosten des Verfahrens nicht vor, ausser wenn die Aufhebung infolge einer Amnestie stattfindet, in welchem Falle der Klageanspruch der Staatskasse auf Erstattung der Processkosten in Wegfall tritt.

---

lichen Verfahren verbundenen Kosten und Beschwerlichkeiten zu ersparen hat der Gesetzgeber ein Institut aufgenommen, welches er in den Motiven eine freundschaftliche Beilegung (amichevole componimento), im Index „oblazione volontaria“ nennt. Dieses specifisch italienische Strafvermeidungsmittel ist aus früheren Polizeigesetzen über Herstellung von Spielkarten, über die Lotterien, über Maasse und Gewichte u. s. w. in das neue Gesetz aufgenommen worden. — Da eine grosse Anzahl der verschiedenartigsten Uebertretungen mit Geldstrafe bis zu 300 Lire bedroht sind, so lässt sich das freiwillige Strafzahlungsangebot nicht sowohl vom Rechtsstandpunkt aus, als vielmehr aus praktischen Gründen erklären.

[28]) Die in den Art. 102 und 103 enthaltenen Grundsätze, im Entwurf an mehreren Orten umhergestreut (Art. 80, 81, 84, 86, 98, 99 und 100), sind nunmehr generalisirt worden. Weder die Erlöschung der Strafverfolgung noch die der Strafvollstreckung sollen der Civilklage bezw. der civilrechtlichen Verurtheilung entgegenstehen, sofern nur Erstere nicht infolge der vorbehaltlosen Zurücknahme des Strafantrages seitens des Verletzten, Letztere nicht infolge der in ihrer radikalen Wirkung auch die Processkosten niederschlagenden Amnestie eingetreten ist. Mot. I S. 241.

Zweites Buch.

Von den Vergehen im Besonderen[1]).

Erster Titel.

Von den Vergehen wider die Sicherheit des Staates.

Erstes Kapitel.

Von den Vergehen gegen das Vaterland[2]).

104[3]). Wer eine That begeht, welche darauf gerichtet ist,

[1]) „Dei delitti in specie. Mot. II S. 5 ff.

Die im zweiten sogenannten besonderen Theil vom Codifikator getroffene Anordnung und Gruppirung des Stoffes ist eine sehr geschickte und glückliche. Maassgebend hierbei ist „die rechtliche Objektivität“ der in Betracht kommenden Handlung, m. a. W. das Angriffsobjekt derselben gewesen. Nach der Wichtigkeit und Bedeutung des Zieles, welches der Thäter sich gesteckt hat, sind die einzelnen Vergehen unter zehn allgemeinere Bezeichnungen (Titel) subsummirt; in diesen sind wiederum die verschiedenen Arten der Ausstrahlung der generell betrachteten Rechtsverletzung erörtert. Salus rei publicae suprema lex esto! Im Verfolg dieses Grundsatzes werden an erster Stelle die Angriffe auf die äussere und innere Sicherheit des Staates behandelt, wobei der Schutz „des Vaterlandes“ dem des Staatsoberhauptes und der anderen Träger der Staatsgewalten (poteri dello stato) vorangestellt ist. Als das nächstwichtigste Angriffsobjekt gilt dem ital. Gesetzgeber die Freiheit, die politische, religiöse, persönliche. Als Verstösse wider die Freiheit sind noch die Verletzung des Hausrechtes, des Briefgeheimnisses und des Rechtes auf Arbeit angesehen. Als unmittelbarene Angriffe auf das öffentliche Interesse werden des Weiteren die Vergehen wider die öffentliche Verwaltung (sei es dass dieselben von den Beamten selbst oder von Privatpersonen ausgehen), die Vergehen wider die Justizpflege, wider die öffentliche Ordnung an sich, wider das öffentliche Vertrauen, die öffentliche Wohlfahrt und die Sittlichkeit aufgeführt, und erst im vorletzten und letzten Titel wird des Schutzes der einzelnen Person und ihres Eigenthums gedacht. — So folgerichtig diese Klassifikation der Reate in ihrer Gattung und Species unter dem Gesichtswinkel des angegriffenen Rechtsobjektes erscheinen mag, ebensowenig lässt sich in Abrede stellen, dass dieselben mit gleicher Folgerichtigkeit auch unter andere allgemeine Begriffe sich stellen lassen. So fassten z. B. nicht zu Unrecht den im Art. 144 erörterten Unfug das Sardin. Gesetzbuch als ein Vergehen wider die Sittlichkeit, das Toskan. Gesetzbuch als einen Verstoss wider die öffentliche Ordnung (Art. 519 bzw. 219 ff.). Als Vergehen der letztgenannten Art wurde vom Sard. Gesetzbuch u. A. m. wie vom Deutschen der Hausfriedensbruch betrachtet, und die Beschränkung der Freiheit der Arbeit galt demselben als ein Vergehen gegen Handel und Gewerbe. (Art. 386 ff.)

[2]) Mot. II S. 22 ff. Kommiss. Ber. S. 101. Dieses Kapitel behandelt den Hoch- und Landesverrath (alto tradimento und perduellione) jedoch mit der Beschränkung, dass der hochverrätherische Anschlag auf das Staatsoberhaupt unter die besondere Gattung der Vergehen wider die Staatsmächte aufgenommen worden ist. (Art. 117.)

[3]) Mot. II S. 23. Kommiss. Ber. S. 101. Entw. Art. 101. Cod. Tosc. Art. 114.

den Staat oder einen Theil desselben einer auswärtigen Herrschaft zu unterwerfen, oder die Unabhängigkeit desselben zu schmälern, oder die Einheit desselben zu zerstören, wird mit dem Kerker bestraft.

105[4]). Der Inländer, welcher die Waffen gegen den Staat trägt, wird mit Einschliessung nicht unter fünfzehn Jahren bestraft.

Dieselbe Strafe kommt zur Anwendung, auch wenn der Thäter das Staatsbürgerrecht dadurch verloren hat, dass er in den Militärdienst eines auswärtigen Staates getreten ist.

Hat der Thäter vor Begehung der That das Staatsbürgerrecht aus einem andern Grunde verloren, so wird er mit Einschliessung oder mit Gefängniss von einem bis zu zehn Jahren bestraft.

106[5]). Wer mit einer ausländischen Regierung oder mit deren Agenten ein Einverständniss unterhält[6]), oder andere Handlungen begeht, welche darauf gerichtet sind, eine Feindseligkeit oder einen Krieg gegen den Italienischen Staat hervorzurufen, oder die militärischen Operationen eines mit dem italienischen Staate im Kriege befindlichen Staates zu begünstigen, wird mit Einschliessung von acht bis zu zwanzig Jahren, und wenn er den Zweck erreicht, mit dem Kerker bestraft.

107[7]). Wer politische oder militärische die Sicherheit des

— § 81 D. Str.-G.-B. Oesterr. Str.-G.-B. § 58b—c. Im bisherigen ital. Strafgesetzbuch fand sich keine derartige Bestimmung: ebensowenig hatte das toskanische Strafgesetzbuch den Angriff auf die Unabhängigkeit und Einheit Italiens besonders hervorgehoben. Die Nothwendigkeit dieser Vorschrift ergab sich aus der geschichtlichen Entwickelung des Landes von selbst. Erwähnenswerth erscheint die Begründung derselben seitens des Gesetzgebers: „Die nationale Einheit Italiens, — dieses kostbare Erbe (prezioso retaggio), — welche Jahrhunderte lang das Ziel unserer Denker und unserer Patrioten war und die Frucht grosser und unsagbarer Opfer an Thränen und Blut ist, muss vor Allem zum Wächter und Vertheidiger das Schwert des Gesetzes haben, welches den feierlichen Mahnruf ergehen lässt: Wehe dem, der daran rührt!

[4]) Mot. II S. 25. Kommiss. Ber. S. 161. Entw. A. 102. Cod. Sardo pen. 169. Cod. Tosc. 118. Cod. Nap. 75. D. Str.-G.-B. § 88. Oesterr. Str.-G.-B. § 67.

[5]) Mot. und Kommiss. Ber. wie zu Anm. 1. Entw. A. 103. Cod. Sardo pen. 169. Cod. Tosc. 115 Cod. Nap. 76. D. Str.-G.-B. §§ 87 und 89. Oester. Str.-G.-B. § 67. Als „Machinazioni a fine di guerra o in tempo di guerra" bezeichnet der „Indice" dieses Vergehen.

[6]) „tiene intelligenze".

[7]) Mot. II S. 27. Kommiss. Ber. S. 162. Entw. A. 104. Cod. Sardo pen. 169. Cod. Tosc. 116, 117. Cod. Nap. 77—82. D. Str G. B. §§ 90—92. Oester. Str.-G.-B. § 67.

Staates betreffende Geheimnisse, sei es durch Mittheilung oder Veröffentlichung von Urkunden oder Thatsachen, oder wer Zeichnungen, Pläne oder andere Informationen, welche sich auf das Material, die Befestigungen oder die militärischen Operationen beziehen, sei es durch irgendwelche Erleichterung der Kenntniss derselben verräth, wird mit Einschliessung oder mit Gefängniss von einem bis zu drei Jahren und mit Geldstrafe von über zweitausend Lire bestraft.

Die Strafe besteht

1) in Einschliessung oder in Gefängniss von drei bis zu fünf Jahren und eine Geldstrafe von nicht unter viertausend Lire, wenn die Geheimnisse einem auswärtigen Staate oder den Agenten desselben verrathen sind;

2) in Einschliessung oder in Gefängniss von fünf bis zu fünfzehn Jahren und in Geldstrafe von nicht unter fünftausend Lire, wenn die Geheimnisse einem mit dem italienischen Staate im Kriege befindlichen Staate oder den Agenten desselben verrathen sind, oder wenn die That die freundschaftlichen Beziehungen der italienischen Regierung mit einer auswärtigen Regierung gestört hat.

War der Thäter in amtlicher Veranlassung im Besitz der Zeichnungen, der Pläne oder der Urkunden, oder hatte derselbe auf andere Weise Kenntniss von den Geheimnissen, oder war er durch Gewalt oder List in den Besitz oder zur Kenntniss derselben gelangt, so wird die Strafe um ein Drittel erhöht.

108. Mit den im voraufgehenden Artikel beziehungsweise festgesetzten Strafen wird bestraft, wer die Enthüllung der Geheimnisse erlangt oder sich auf andere Weise die Kenntniss derselben verschafft.

109[8]). Ist eines der im Artikel 107 angegebenen Geheimnisse

[8]) Die in diesem Artikel vorgesehene Bestrafung des fahrlässigen Landesverrathes ist neu und findet sich in keinem anderen Strafgesetzbuch. Der Gesetzgeber geht aber noch weiter und will nicht allein den Mangel an Sorgfalt, sondern auch den Mangel an Klugheit — imprudenza — bestraft wissen. Auch die Ahndung dieses Defektes, der übrigens noch bei mehreren anderen Vergehen wo sonst nur die Fahrlässigkeit gerügt wird, wie bei der Tödtung, der Körperverletzung, der Brandstiftung, der Herbeiführung eines Eisenbahnunfalles, selbst bei der Herstellung und Feilbietung gefälschter oder verdorbener Nahrungsmittel bestraft wird, ist allen übrigen Gesetzbüchern fremd. Der Codifikator begnügt sich mit der Motivirung: (Motive II S. 30). Es sei nothwendig, dass die auch nur culpose Verletzung „delikater Angelegenheiten" und wichtiger Pflichten nicht straflos bleibe!

infolge der Fahrlässigkeit oder der Unklugheit desjenigen bekannt geworden, welcher in amtlicher Veranlassung im Besitze der Zeichnungen, Pläne oder der Urkunden ist oder Kenntniss von diesen Geheimnissen hat, so wird derselbe mit Gefängniss von drei bis zu achtzehn Monat und mit Geldstrafe bis zu eintausend Lire bestraft.

110[9]). Wer unbefugter Weise Pläne von Befestigungen, Schiffen, Anstalten, Strassen oder anderen militärischen Werken veröffentlicht oder zu diesem Zwecke heimlich oder mit List die genannten Orte betritt, zu welchen der Zutritt dem Publikum verboten ist, wird mit Einschliessung oder Gefängniss von sechs bis zu dreissig Monaten oder mit Geldstrafe von hundert bis zu dreitausend Lire bestraft.

Für die That des heimlichen oder des hinterlistigen Betretens der genannten Orte allein besteht die Strafe in Gefängniss bis zu sechs Monat.

111[10]). Wer, von der italienischen Regierung beauftragt, mit einer auswärtigen Regierung Staatsangelegenheiten zu verhandeln, sich in der Weise gegen seinen Auftrag untreu erweist, dass er dem öffentlichen Interesse schaden kann, wird mit Einschliessung oder mit Gefängniss von drei bis zu zwölf Jahren bestraft.

112. Die im Artikel 106 und in den folgenden Artikeln festgesetzten Strafen kommen auch dann zur Anwendung, wenn das Vergehen zum Schaden eines auswärtigen, mit dem italienischen Staate verbündeten Staates zu Kriegszwecken oder in Kriegszeiten begangen worden ist.

113[11]). Wer durch im In- oder Auslande unternommene Anwerbungen oder andere feindliche, von der Regierung ebensowenig

---

[9]) Mot. II S. 27. Kommiss. Ber. S. 163. Entwurf A. 107. D. Str.-G.-B. §§ 90 und 91. Dieser Artikel behandelt die eigentliche Spionage (spionaggio).

[10]) Mot. II S. 31. Kommiss. Ber. S. 163. Entw. 108. Im früheren ital. Strafgesetzbuch (cod. sardo) findet sich eine solche Maassnahme nicht, ebensowenig in den anderen angegebenen ital. Strafgesetzbüchern, wohl aber in Cod. Tosc. A. 117, sowie namentlich im Deutschen Str.-G.-B. Vgl. § 92^3 und auch § 353a Abs. 2 (sogen. Arnimparagraph) sowie § 11 R.-Ges. v. 31. März 1873.

[11]) Mot. II S. 31. Kommiss. Ber. S. 164. Entwurf 110. Cod. Sard. ital. 174 und 175. Cod. tosc. 120. Cod. Nap. 84—85. Im Deuschen und im Oesterr. Strafgesetzbuch findet sich keine den obigen ähnliche Bestimmung. Vgl. §§ 90^3 und 141 bezw. § 67 Abs. 2.

gebilligte Handlungen den Staat der Gefahr eines Krieges aussetzt, wird mit Gefängniss von fünf bis zu zehn Jahren bestraft, und, wenn der Krieg infolgedessen ausbricht, mit Gefängniss nicht unter sechszehn Jahren bestraft.

Setzen die von der Regierung nicht gebilligten Handlungen den Staat oder die Bewohner desselben nur der Gefahr von Repressalien aus, oder stören dieselben die freundschaftlichen Beziehungen der italienischen Regierung zu einer auswärtigen Regierung, so wird der Thäter mit Gefängniss von drei bis zu dreissig Monaten, und, findet infolgedessen die Repressalie statt, mit Gefängniss von dreissig Monaten bis zu fünf Jahren bestraft.

114[12]). Ein Inländer oder ein im Inlande wohnender Ausländer welcher zur Zeit eines Krieges unmittelbar oder mittelbar dem feindlichen Staate oder dessen Agenten Bedürfnisse oder andere Mittel verschafft, welche zum Schaden des italienischen Staates verwandt werden können, wird mit Einschliessung oder mit Gefängniss von einem bis zu fünf Jahren und mit Geldstrafe von eintausend bis zu fünftausend Lire bestraft.

115. Wer, um eine Handlung der Missachtung zu begehen, an einem öffentlichen oder einem dem Publikum zugänglichen Orte das Banner oder ein anderes Hoheitszeichen des Staates wegnimmt, zerstört oder beschädigt, wird mit Gefängniss von drei bis zu zwanzig Monaten bestraft.

116[13]). Der Inländer, welcher Ehrenzeichen, Geldbezüge oder andere Vortheile von einem mit dem italienischen Staate im Kriege[14]) befindlichen Staate annimmt, wird mit Geldstrafe von einhundert bis zu dreitausend Lire bestraft.

---

[12]) Art. 114 und 115 befanden sich nicht im Entwurf, sondern sind erst dem Gesetzbuch eingefügt worden. Vgl. § 89 D. Str.-G.-B.

[13]) Die Aufnahme dieser Vorschrift dürfte nur als ein Ausfluss der Pietät gegen ähnliche Maassnahmen früherer ital. Gesetzbücher aufzufassen sein. (Cod. Sardo A. 178. Cod. Tosc. 122. Mot. II S. 32.)

[14]) „in guerra". Mit Recht ist der Ausdruck im Entwurf „nemico", (feindlich) im nunmehrigen Wortlaut bestimmter gefasst worden.

Zweites Kapitel.

Von den Vergehen wider die Gewalten des Staates [1]).

117 [2]). Wer eine Handlung begeht, welche gegen das Leben, die Unverletzlichkeit oder die Freiheit der geheiligten Person des Königs [3]) gerichtet ist, wird mit dem Kerker bestraft.

Dieselbe Strafe [4]) kommt zur Anwendung, wenn die Handlung gegen das Leben, die Unverletzlichkeit oder die persönliche Freiheit der Königin, des Kronprinzen oder des Regenten während der Dauer der Regentschaft [5]) gerichtet ist.

118 [6]). Es wird bestraft mit Gefängniss nicht unter zwölf Jahren, wer eine Handlung begeht, welche darauf gerichtet ist:

1) den König oder den Regenten gänzlich oder theilweise auch nur vorübergehend an der Ausübung der Regierung zu verhindern,
2) den Senat oder die Deputirtenkammer an der Ausübung ihres Berufes zu verhindern,
3) die Staatsverfassung, die Regierungsform oder die Thronfolgeordnung gewaltsam zu ändern.

---

[1]) „i poteri dello stato", die Mächte, die Gewalten des Staates: die Krone, das Parlament, die Verfassung. Mot. II. S. 32 ff. Kommiss. Bericht S. 164 ff. Entw. Art. 112—122.

Während das erste Kapitel dieses Titels vornehmlich die Sicherheit des Staates nach aussen behandelte, beschäftigt sich das vorliegende mit dem Schutze der inneren Sicherheit desselben — ähnlich der Eintheilung der früheren ital. Strafgesetze Vgl. A. 153 ff. und 169 ff. Cod. Sard. und A. 96 ff. und 169 Cod. Tosc. —, so dass in diesem der nach dem Innern des Landes gerichtete Hochverrath im Sinne der §§ 80 und 81 1 und 2 D. Str.-G.-B. zur Behandlung kommt. Vgl. Anm. 2 zu Kap. 1 dies. Tit.

[2]) Cod. Sard. und Tosc. vorsteh. Cod. Nap. Art. 86. Oesterr. Str.-G.-B. 58a, 59a.

[3]) „La Persona del Re è sacra ed inviolabile" Art. 4 des ital. Staatsgrundgesetzes (statuto fondamentale) vom 2. April 1865.

[4]) Nach den bisherigen ital. Strafgesetzbüchern genossen mit dem König sämmtliche Mitglieder der Königlichen Familie denselben Rechtsschutz. (S. die in Anm. 1 angegebenen Art.)

[5]) „durante la reggenza" bezieht sich nur auf den Regenten, wie es sich von selbst, aber auch aus Art. 118[1] ergiebt.

[6]) Cod. Sardo 156. Tosc. 96, 97, 104. Nap. 87. D. Str.-G.-B. §§ 81 und 106. Oesterr. Str.-G.-B. 58 b. Vgl. hierzu Anm. 11 zu Art. 123.

119[7]). Wer im Gebiet des Königreiches und ohne Ermächtigung der Regierung Inländer zum Militärdienst in einem auswärtigen Staate anwirbt oder bewaffnet, wird mit Einschliessung oder mit Gefängniss von einem bis zu vier Jahren bestraft.

Die Strafe beträgt achtzehn Monat bis sechs Jahr, wenn unter den Angeworbenen sich irgend eine Militärperson befindet.

120[8]). Wer eine Handlung begeht, die darauf gerichtet ist, die Bewohner des Königreichs gegen die Mächte des Staates in Waffen aufstehen zu lassen, wird mit Gefängniss von sechs bis fünfzehn Jahren bestraft.

Hat der Aufstand stattgefunden, so wird derjenige, der denselben veranlasst oder leitete, mit Gefängniss nicht unter achtzehn Jahren bestraft.

Wer an demselben nur theilnahm, wird mit der erwähnten Strafe von drei bis zu fünfzehn Jahren bestraft.

121[9]). Wer, ohne eine gesetzliche Befugniss zu haben und ohne Auftrag der Regierung ein Commando über Truppen, Plätze, Festungen, militarisehe Posten, Häfen, Städte, Kriegsschiffe übernimmt, wird mit Gefängniss von fünf bis zu zehn Jahren bestraft.

122[10]). Wer mit Worten oder Handlungen den König beleidigt, wird mit Einschliessung oder mit Gefängniss von einem bis zu fünf Jahren und mit Geldstrafe von fünfhundert bis zu fünftausend Lire bestraft.

Wird die Beleidigung gegen eine andere von den im Artikel 117 angegebenen Personen begangen, so wird der Thäter mit Einschliessung oder mit Gefängniss von acht Monaten bis zu drei Jahren und mit Geldstrafe von einhundert bis zu eintausendfünfhundert Lire bestraft.

Wird die Beleidigung öffentlich oder in Gegenwart des Beleidigten begangen, so wird die Strafe um ein Drittel erhöht.

---

[7]) Cod. Sard. 177. Tosc. 116. 119. Cod. Nap. 92. D. Str.-G.-B. 141. Oest. Str.-G.-B. 92.

[8]) Cod. Sard. 157. Tosc. 106. Nap. 91. D. Str.-G.-B. §§ 115 und 127. Oest. Str.-G.-B. §§ 58c und 59b. Vgl. auch Art. 131, 134 und 135.

[9]) Das Deutsche Strafgesetzbuch kennt ebensowenig wie die übrigen vorgenannten Gesetzbücher eine auch nur ähnliche Bestimmung.

[10]) Im Cod. Sardo Art. 471 ist die Majestätsbeleidigung unter den Vergehen „wider die öffentliche Ruhe“ aufgeführt! (Cod. Tosc. 109 ff.) — [Der Code Napoléon kennt die Majestätsbeleidigung als solche nicht.]

123[11]). Wer den Senat oder die Deputirtenkammer öffentlich schmäht, wird mit Gefängniss von einem bis zu dreissig Monaten und mit Geldstrafe von fünfzig bis zu eintausendfünfhundert Lire bestraft.

Wird die Beleidigung angesichts des Senats oder der Kammer begangen, so tritt Gefängniss von sechs Monaten bis zu drei Jahren und Geldstrafe von dreihundert bis zu dreitausend Lire ein.

124[12]). Wegen der in den beiden voraufgehenden Artikeln vorgesehenen Strafthaten wird nur mit Ermächtigung des Justizministers in den im Artikel 122 und des Senats oder der Deputirtenkammer in den im Artikel 123 angegebenen Fällen eingeschritten.

125[13]). Wer öffentlich den König wegen der Handlungen seiner Regierung tadelt oder verantwortlich macht, wird mit Gefängniss bis

---

[11]) Der den parlamentarischen Körperschaften (il senato e la camera dei deputati) im Art. 123 zugesicherte Rechtsschutz kommt auch bei anderen Vergehen wie bei der Beleidigung, der Freiheitsberaubung, der Widersetzlichkeit, der Misshandlung, ja selbst bei der Tödtung zum Ausdruck (vgl. 194, 146, 187 und 373), und zwar in einer dem bisherigen ital. Strafrecht unbekannten Schärfe. Die Parlamentsmitglieder sollten sich als legislatorische Faktoren derselben Autorität erfreuen wie die exekutiven Staatsorgane, die Beamten. Mot. s. o. — Die Schmähung der Parlamentsmitglieder als besonderes Vergehen kennt ausser dem ital. Strafgesetzbuch das Belgische (Art. 275) und das Spanische (Art. 174), und als ein nur strenger zu bestrafendes das Ungarische (§ 262).

[12]) Während auch nach Deutschem Strafgesetzbuch (§ 197) die gegen eine gesetzgebende Versammlung des Reiches oder eines Bundesstaates etc. begangene Beleidigung zwar nicht auf Antrag, wohl aber nur mit Ermächtigung der beleidigten Körperschaft verfolgt werden darf, sind demselben die vom ital. Gesetz bei der Verfolgung der Majestätsbeleidigung und der im Art. 127 vorgesehenen ähnlichen Vergehen aufgestellten Cautelen unbekannt. Letztere lassen sich zwar vom Standpunkt der Rechtsfrage schwer vertheidigen, erscheinen aber aus politischen Motiven sehr zweckdienlich. Denn zweifellos wäre bei solchen Maassnahmen die Zahl der zur Verurtheilung gelangten Majestätsbeleidigungen im Jahre 1878 nicht auf 1994 gestiegen, — also 1 : 10841 bei 21618881 Einwohnern, während dieselben sich in den Jahren 1854—1877 im Durchschnitt auf $148\frac{1}{4}$ jährlich beliefen. Seuffert a. a. O. S. 195. Starke a. a. O. Tabelle II (am Schluss).

[13]) „fa salire al Re il biasimo o la responsabilità degli atti del suo governo". Der vorstehende Artikel ist aus dem ital. Pressgesetz vom 26. März 1848 entnommen worden und stimmt mit dem Artikel 20 desselben wörtlich überein. Die Motive (II S. 33) bezeichnen diese Bestimmung als ein Correlat zu dem oben Anm. 3 zu Art. 117 angeführten Grundsatz der Verfassungsurkunde von der Unverletzlichkeit des Königs: weil es in einer constitutionellen Monarchie nicht

zu einem Jahr und mit Geldstrafe von fünfzig bis zu eintausend Lire bestraft.

126. Wer die verfassungsmässigen Einrichtungen des Staates schmäht, wird mit Gefängniss bis zu sechs Monat oder mit Geldstrafe von einhundert bis zu zweitausend Lire bestraft.

127. Wer ein Vergehen gegen eine der in dem Artikel 117 nicht angegebenen Personen der königlichen Familie begeht, unterliegt der für das begangene Vergehen festgesetzten, um ein Sechstel bis um ein Drittel zu erhöhenden Strafe. In jedem Falle darf die Freiheitsstrafe nicht unter drei Monaten und die Geldstrafe nicht unter fünfhundert Lire betragen.

Gehört das Vergehen zu denjenigen, zu welchen der Antrag[14]) erforderlich ist, so wird nur mit Ermächtigung des Justizministers eingeschritten.

Drittes Kapitel[1]).

Von den Vergehen wider die auswärtigen Staaten und deren Häupter und Vertreter.

128[2]). Wer im Inlande ein wider das Oberhaupt eines auswärtigen Staates gerichtetes Vergehen begeht, unterliegt der für das begangene Vergehen festgesetzten, um ein Sechstel bis um ein Drittel zu erhöhenden Strafe.

Handelt es sich um eine gegen das Leben, die Unverletzlichkeit oder die persönliche Freiheit gerichtete That, so darf die Strafe, nach der vorhergehenden Bestimmung erhöht, nicht unter fünf Jahren Einschliessung betragen.

---

geduldet werden könne, dass das Staatsoberhaupt wegen der von seiner Regierung zur Ausführung gebrachten Handlungen getadelt werde. Es soll also mit dieser Vorschrift nicht sowohl die oben bereits vorgesehene Majestätsbeleidigung sondern ein mit dem Wesen des Constitutionalismus unvereinbarer, formell ungerechtfertigter Vorwurf gegen die Krone geahndet werden.

[14]) Ueber Antragsvergehen s. das Sachregister.

[1]) Mot. II S. 35 ff. Kommiss. Ber. S. 165 ff. Entw. A. 123—126. Cod. Sardo 176. Tosc. 123, 1—2. D. Str.-G.-B. §§ 102—104. Oesterr. Str.-G.-B. § 66.

[2]) Die Beleidigung auswärtiger Landesherren oder der Häupter ausländischer Regierungen ist, falls mittels der Presse begangen, nach Art. 25 des Ital. Pressgesetzes vom 26. März 1848 noch unter besondere Strafandrohung gestellt.

In jedem anderen Falle darf die Freiheitsstrafe nicht unter drei Monat und die Geldstrafe nicht unter fünfhundert Lire betragen.

Gehört das Vergehen zu denjenigen, zu welchen der Antrag erforderlich ist, so wird nur auf Antrag der Regierung des auswärtigen Staates eingeschritten.

129[3]). Wer an einem öffentlichen oder dem Publikum zugänglichen Ort das Banner oder ein anderes Hoheitszeichen eines auswärtigen Staates wegnimmt, zerstört oder beschädigt, um eine Handlung der Verachtung gegen diesen Staat vorzunehmen, wird mit Gefängniss bis zu einem Jahre bestraft.

Es wird nur auf Antrag der Regierung des auswärtigen Staates eingeschritten.

130. Für die Vergehen, welche gegen die bei der Regierung des Königs beglaubigten Vertreter der auswärtigen Staaten in Veranlassung ihres Berufes begangen werden, kommen die Strafen zur Anwendung, welche für die gegen die öffentlichen Beamten in Ausübung ihres Berufes begangenen Vergehen festgesetzt sind[4]).

Handelt es sich um Beleidigungen, so wird nur auf Antrag des beleidigten Theiles eingeschritten.

Viertes Kapitel.

Gemeinsame Bestimmungen zu den voraufgehenden Kapiteln[1]).

134. Wer, um eines der in den Artikeln 104, 117, 118 und 120 vorgesehenen Vergehen zu begehen, eine bewaffnete Bande bildet,

---

[3]) Die Vorschrift dieses Artikels war den bisherigen ital. Strafgesetzen unbekannt. Sie ist, wie die Motive ausdrücklich besagen, dem Deutschen Strafrecht entnommen worden und stimmt mit dem Inhalte des auch erst durch die Novelle vom 26. Februar 1876 in das Deutsche Strafgesetzbuch aufgenommenen § 103a fast wörtlich überein, nur ist bei Letzterem in erster Linie Geldstrafe (bis zu 600 M.) angedroht.

[4]) Vgl. §§ 146^3, 187 ff., 194 ff., 365^2, 373 und 396.

[1]) Mot. II S. 35 ff. Kommiss. Ber. S. 165. Entwurf 127—134.

Die in diesem Kapitel enthaltenen Bestimmungen führen ein geschichtliches Bild der bewegten Vergangenheit Italiens vor. Während derselben in anderen Gesetzbüchern (D. Str.-G.-B. §§ 83, 81, 84, 85 und 86, Oesterr. Str.-G.-B. 59 und 71, 72 und Code Nap. 89, 96 ff.) nur in wenigen Paragraphen gedacht wird, sind sie von jeher, um dem vielfachen revolutionären Treiben mit möglichster Strenge entgegenzutreten, von allen ital. Strafgesetzen (ähnlich wie der im Art. 410 behandelte Rikatto) besonders hervorgehoben und eingehend berücksichtigt wor-

oder bei derselben ein höheres Commando oder ein besonderes Amt ausübt, wird mit Einschliessung oder mit Gefängniss von zehn bis fünfzehn Jahren bestraft.

Alle Anderen, welche an der Bande theilnehmen, werden mit Einschliessung oder mit Gefängniss von drei bis zu zehn Jahren bestraft.

132. Wer, abgesehen von den im Artikel 64 vorgesehenen Fällen, der in dem voraufgehenden Artikel erwähnten Bande Unterkunft oder Beistand gewährt oder Lebensmittel reicht, oder die Operationen derselben in irgend einer Weise begünstigt, wird mit Gefängniss von sechs Monat bis zu fünf Jahren bestraft.

133. Straffrei wegen der in den beiden voraufgehenden Artikeln vorgesehenen Strafthaten bleiben

1) diejenigen, welche vor der Verfügung der Obrigkeit oder der öffentlichen Gewalt, oder unmittelbar darauf, die Bande auflösen oder verhindern, dass die Bande das Vergehen begeht, für welches dieselbe gebildet war,
2) diejenigen, welche ohne dass sie an der Bildung oder an der Führung der Bande theilgenommen haben, vor der genannten Verfügung oder unmittelbar nach derselben, ohne Widerstand zu leisten, unter Ablieferung oder Preisgabe der Waffen sich zurückziehen.

---

den. (Cod. Sardo 158, 162 ff. und 471. Cod. Tosc. 104 ff. und 126. Cod. Parma 120 ff. Cod. Este 119 ff. Due Sicil. 133 ff. Regol. Pontif. 105 ff.) Nur eine überdies sehr lobenswerthe Abänderung der bisherigen desfallsigen Vorschriften ist getroffen, dass nemlich, abgesehen von den im Artikel 133 genannten Personen, nicht mehr auch derjenige straffrei ausgehen soll, der, bevor die Ausführung der Strafthat begonnen, von derselben der öffentlichen Behörde Anzeige erstattet oder die Verhaftung sämmtlicher oder einiger Urheber oder Theilnehmer bewirkt hatte. (Art. 179 Cod. Sard.) Mit Recht sagt der Gesetzgeber (Mot. II S. 42), kann durch eine solche Begünstigung des Denuncianten das Sittengesetz mit Füssen getreten werden („calpestare"). Nach den Ideen Beccaria's a. a. O. cap. IV und Mancini's a. a. O. 3 und 4.

In Preussen ist eine ähnliche Sitte oder vielmehr Unsitte nämlich die Gewährung des für die Anzeige (Entdeckung oder Feststellung) vor Zuwiderhandlungen gegen gesetzliche Bestimmungen gesetzlich zu gewährenden Denunciantenantheils durch Gesetz vom 28. December 1868 aufgehoben worden. — Andererseits ist eine Anzeigepflicht wegen der schwersten gemeingefährlichen Verbrechen vom Dentschen und auch von anderen Strafgesetzbüchern aufrecht erhalten worden. (§ 139 das. sowie § 61 Oest., Art. 135 ff. Holländ. Str.-G.-B.). — Nach dem engl. Rechtsinstitut der Kronzeugeschaft darf der Staatsanwalt den zur Ueberführung des Mitschuldigen beitragenden Thäter ausser Verfolgung lassen. Blackstone a. a. O. IV. 22.

134. Falls mehrere Personen übereinkommen und beschliessen, mit bestimmten Mitteln eines der in den Artikeln 104, 117, 118, 120 und im ersten Absatz des Artikels 128 vorgesehenen Vergehen zu begehen, so wird Jede derselben bestraft:

1) in den Fällen der Artikel 104 und 117 mit Einschliessung von acht bis fünfzehn Jahren;

2) in dem Falle des Artikels 118 mit Gefängniss von vier bis zu zwölf Jahren, und in dem des Artikels 120 mit Gefängniss von zwei bis zu sechs Jahren;

3) im Falle des ersten Absatzes des Artikels 128 mit Einschliessung von zwei bis zu acht Jahren.

Straffrei bleibt derjenige, welcher vor der vorerwähnten Verabredung zurücktritt, bevor die Ausführung des Vergehens beginnt, und bevor das Verfahren eröffnet wird.

135. Wer, ausser den in den Artikeln 63 und 64 vorgesehenen Fällen, öffentlich zur Begehung eines der in den Artikeln 104, 117, 118 und 120 vorgesehenen Vergehen aufreizt, wird hierfür allein mit Einschliessung oder Gefängniss von drei bis zu fünf Jahren in den in den Artikeln 104 und 107, und von zwölf bis zu dreissig Monaten in den in den Artikeln 118—120 vorgesehenen Fällen bestraft.

Immer tritt Geldstrafe von eintausend bis zu dreitausend Lire hinzu.

136. Wenn bei Ausführung eines der in diesem Titel vorgesehenen Vergehen der Thäter ein anderes Vergehen begeht, welches eine zeitige Freiheitsstrafe über fünf Jahr nach sich zieht, so wird die Strafe, welche sich aus der Anwendung des Artikels 77 ergiebt, um ein Sechstel erhöht.

137. Die Bestimmung des voraufgehenden Artikels kommt auch gegen denjenigen zur Anwendung, welcher, um eins der in diesem Titel vorgesehenen Vergehen zu begehen, ein öffentliches oder privates Gebäude betritt, oder mit Gewalt oder List von einer Verkaufs- oder Hinterlegunsgsstelle, Waffen, Munition oder Lebensmittel wegnimmt, auch wenn die That eine Freiheitsstrafe von nicht über fünf Jahren nach sich zieht.

138. Mit der in diesem Titel festgesetzten Gefängnissstrafe von über fünf Jahren kann die Stellung unter polizeiliche Aufsicht verbunden werden.

Zweiter Titel.

Von den Vergehen wider die Freiheiten [1]).

Erstes Kapitel.

Von den Vergehen wider die politische Freiheit.

139 [2]). Wer mit Gewalt oder Drohung, oder mittelst eines Tumultes die Ausübung irgend eines politischen Rechtes gänzlich oder theilweise verhindert, wird, wenn die That nicht schon durch besondere gesetzliche Bestimmungen vorgesehen ist, mit Gefängniss von einem bis zu dreissig Monaten und mit Geldstrafe von einhundert bis zu eintausend Lire bestraft.

Ist der Thäter ein öffentlicher Beamter, welcher das Vergehen unter Missbrauch seines Amtes begangen hat, so tritt Gefängniss von ein bis zu fünf Jahren ein.

Zweites Kapitel.

Von den Vergehen wider die Religionsfreiheit [1]).

140. Wer, um eine der im Staate zugelassenen Religionen zu beleidigen, die Ausübung der religiösen Verrichtungen oder Feierlichkeiten verhindert oder stört, wird mit Gefängniss bis zu

---

[1]) Mot. II S. 43. Kommiss. Ber. S. 167. Vgl. Anm. zu Buch II. S. 61.

[2]) Mot. II S. 45. Kommiss. Ber. S. 170. Entwurf § 135. Cod. Sard. 190. Cod. Nap. 109 und 110. D. Str.-G.-B. § 107. Vgl. auch Art. 207. Nach Art. 91 des „Polit. Wahlgesetzes" für Italien vom 24. September 1882 wird derjenige, welcher einen Wähler oder dessen Familie bedroht, um ihn zu zwingen, für einen bestimmten Candidaten zu stimmen oder sich der Ausübung des Wahlrechtes zu enthalten, u. s. w. mit Geldstrafe bis zu 1000 Lire oder mit Gefängniss bis zu 6 Monaten bestraft.

[1]) „contra la libertà dei culti". Mot. II S. 46 ff. Kommiss. Ber. S. 170 ff. Entwurf A. 136—140. Cod. Sardo 183 ff. und 519. Cod. Tosc. 131 ff. u. 218 ff. Cod. Nap. 261 ff. und 360. D. Str.-G.-B. §§ 166 ff. und 367[1]. Oesterr. Str.-G.-B. §§ 122 ff. und 306. Nach Art. 1 der ital. Verfassungsurkunde (vom 4. März 1848) ist die katholische, apostolische und römische Religion die alleinige Staatsreligion. Die übrigen zur Zeit bestehenden Culte sind nach Maassgabe der Gesetze geduldet.

drei Monaten und mit Geldstrafe von fünfzig bis zu fünfhundert Lire bestraft[2]).

Ist die That von Gewalt, Bedrohung oder Schmähung begleitet, so wird der Thäter mit Gefängniss von drei bis zu dreissig Monaten und mit Geldstrafe von einhundert bis zu eintausendfünfhundert Lire bestraft.

141. Wer, um eine der im Staate gesetzlich zugelassenen Religionen zu beleidigen, öffentlich das Bekenntniss desselben schmäht, wird auf Antrag mit Gefängniss bis zu einem Jahre oder mit Geldstrafe von einhundert bis zu dreitausend Lire bestraft.

142. Wer, aus Verachtung gegen eine der im Staate zugelassenen Religionen, an einem öffentlichen Ort für den Gottesdienst bestimmte Gegenstände zerstört, beschädigt oder auf andere Weise beschimpft, oder wer gegen einen Religionsdiener Gewalt anwendet oder denselben schmäht, wird mit Gefängniss von drei bis zu dreissig Monaten und mit Geldstrafe von fünfzig bis zu eintausendfünfhundert Lire bestraft.

Handelt es sich um ein anderes gegen einen Religionsdiener in Ausübung oder in Veranlassung seines Berufes begangenes Vergehen, so wird die für ein solches Vergehen festgesetzte Strafe um ein Sechstel erhöht.

143. Wer an den für den Gottesdienst bestimmten Orten oder auf Begräbnissplätzen Denkmäler, Bildsäulen, Gemälde, Steine, Inschriften oder Gräber beschädigt oder zerstört, wird mit Einschliessung von drei Monaten bis zu einem Jahre und mit Geldstrafe bis zu fünfhundert Lire bestraft.

144. Wer an einer Leiche oder mit deren Asche beschimpfende Handlungen vornimmt, oder in beleidigender und in irgend einer anderen unerlaubten Absicht die Leiche oder die Asche ganz oder theilweise wegnimmt, oder wer in irgend einer Weise deren Grab oder Urne beschädigt, wird mit Einschliessung von sechs bis zu dreissig Monaten und mit Geldstrafe bis zu eintausend Lire bestraft.

Wer, abgesehen von den vorerwähnten Fällen, eine Leiche ganz oder theilweise wegnimmt oder ohne Ermächtigung zertheilt

---

[2]) Nach dem Entwurf — A. 136 — war dieses Vergehen auch mit Ortsverweisung auf die Dauer von sechs Monat bis zu einem Jahre bedroht.

oder die Asche derselben wegnimmt, wird mit Gefängniss bis zu einem Monat und mit Geldstrafe bis zu dreihundert Lire bestraft.

Wird die Handlung von einer dem Begräbnissplatz oder anderen Beerdigungsorten vorgesetzten oder daselbst angestellten Person oder von einer Person begangen, welcher die Leiche oder die Asche anvertraut worden war, so besteht die Strafe, ersteren Falles in Einschliessung von drei Monaten bis zu drei Jahren und in Geldstrafe von fünfzig bis zu fünfzehnhundert Lire, und letzteren Falles in Gefängniss bis zu zwei Monaten und in Geldstrafe bis zu fünfhundert Lire.

Drittes Kapitel.

Von den Vergehen wider die persönliche Freiheit [1]).

145 [2]). Wer eine Person in Sclaverei oder in eine andere ähnliche Lage bringt, wird mit Einschliessung von zwölf bis zu zwanzig Jahren bestraft.

146 [2]). Wer ungesetzlicher Weise Jemanden der persönlichen Freiheit beraubt, wird mit Einschliessung von einem Monat bis zu fünf Jahren und mit Geldstrafe bis zu fünftausend Lire bestraft.

Wendet der Thäter, um die That zu begehen oder während derselben Drohungen, Misshandlungen oder List an, oder begeht er diese That in rachsüchtiger oder gewinnsüchtiger Absicht oder zu einem religiösen Zwecke oder Vorwand, oder überliefert er die Person dem Auslande zum Militärdienst, so besteht die Strafe in Einschliessung von drei bis acht Jahren und in Geldstrafe von fünfhundert bis zu dreitausend Lire.

Wird die That gegen einen Verwandten aufsteigender Linie oder

---

[1]) „la libertà individuale". Mot. II S. 69 ff. Kommiss. Ber. S. 171 ff. Entw. Art. 141—151. Im vorliegenden Kapitel wird die Freiheitsbeschränkung und -Beraubung behandelt, sofern dieselbe entweder als Selbstzweck dient oder in irgend einer anderen als in sinnlicher oder ehelicher Absicht begangen wird. Ist Letzteres der Fall, dann gilt die Freiheitsentziehung (il plagio) nicht sowohl als ein Vergehen wider die persönliche Freiheit, als vielmehr nach ihrem Beweggrunde als ein Verstoss wider die gute Sitte (il ratto) und ist dementsprechend auch unter den Vergehen dieser Art (Tit. 8 Kap. 2 Art. 340) aufgeführt.

[2]) Cod. Sard. 199. Cod. Tosc. 358 ff. Cod. Nap. 341 ff. D. Str.-G.-B. §§ 234, 235 und 239. Oest. Str.-G.-B. §§ 93 und 94.

gegen den Ehegatten, gegen ein Mitglied des Parlaments[3]) oder gegen einen öffentlichen Beamten in Veranlassung ihres Berufes begangen, oder entsteht durch die That ein schwerer Schaden für die Person, für das Wohl oder für das Vermögen des Verletzten, so besteht die Strafe in Einschliessung von fünf bis zu fünfzehn Jahren und in Geldstrafe von eintausend bis fünftausend Lire.

Die Strafe wird um ein Sechstel bis um die Hälfte vermindert, wenn der Thäter vor irgend einer Handlung im Verfahren, ohne dass er den beabsichtigten Zweck erreicht und ohne dass er irgend einen Schaden herbeigeführt hat, die Person aus freien Stücken in Freiheit lässt.

147[4]). Der öffentliche Beamte, welcher unter Missbrauch seines Berufes oder ohne die gesetzlich vorgeschriebenen Bedingungen oder Förmlichkeiten einen Anderen der persönlichen Freiheit beraubt, wird mit Gefängniss von drei Monaten bis zu sieben Jahren bestraft; trifft mit der That einer der in den beiden ersten Absätzen des vorhergehenden Artikels angegebenen Umstände zusammen, so tritt Gefängniss von sechs bis zu fünfzehn Jahren ein.

Die Strafe wird in dem im letzten Absatz des vorhergehenden Artikels vorgesehenen Falle um ein Sechstel bis um die Hälfte vermindert.

148[5]). Wer zu einem anderen Zwecke als dem der Unzucht, der Ehe oder des Gewinns eine Person unter fünfzehn Jahren mit ihrem Einverständniss den Eltern oder dem Vormund oder demjenigen, welcher für dieselbe zu sorgen oder sie zu bewachen hat, auch nur vorübergehend wegnimmt oder sie mit ihrer Einwilligung widerrechtlich zurückhält, wird mit Einschliessung bis zu einem Jahre bestraft.

Wird die That ohne die Einwilligung der weggenommenen oder zurückgehaltenen Person begangen, oder hatte Letztere das zwölfte Lebensjahr noch nicht vollendet, so kommen nach den Umständen

---

[3]) Siehe Anm. zu A. 123.

[4]) Cod. Sard. 194 ff. und 238 ff. Cod. Tosc. 166 ff. und 183 ff. Cod. Nap. 114 ff. D. Str.-G.-B. §§ 341 und 344 ff. Oest. Str.-G.-B. § 101.

[5]) Nach dem ital. Specialgesetz vom 21. December 1873 ist die Verwendung fremder minderjähriger (— hier bis zu 18 Jahren) Personen bei umherziehenden künstlerischen Gewerben aller Art (professioni girovaghe) verboten.

des Falles die in den vorhergehenden Artikeln festgesetzten Bestimmungen und Strafen zur Anwendung.

149. Der öffentliche Beamte, welcher unter Missbrauch seines Amtes die Durchsuchung einer Person anordnet oder vornimmt, wird mit Gefängniss bis zu sechs Monaten bestraft.

150. Der einem Gefängniss vorgesetzte öffentliche Beamte, welcher Jemanden ohne eine Anordnung der zuständigen Behörde in dasselbe aufnimmt oder sich weigert, die von Letzterer ertheilte Haftentlassungsanordnung zu befolgen, wird mit Gefängniss bis zu einem Jahre bestraft.

151. Der zuständige öffentliche Beamte, welcher Kenntniss von einer ungesetzlichen Inhaftnahme erhalten hat und es unterlässt, verzögert oder verweigert, Schritte zu thun, um dieselbe aufzuheben, oder der Behörde, welche dafür zu sorgen hat, hiervon zu berichten, wird mit Geldstrafe bis zu einsausendfünfhundert Lire bestraft.

152. Der öffentliche Beamte, welcher mit der Bewachung oder mit der Ueberführung einer verhafteten oder verurtheilten Person betraut oder in amtlicher Veranlassung mit irgend einer Gewalt über diese Person bekleidet, gegen dieselbe willkürliche Handlungen vornimmt, oder durch die Reglements nicht gebillligte Härten anwendet, wird mit Gefängniss von einem bis zu dreissig Monaten bestraft.

153. Hatte der öffentliche Beamte bei Begehung eines der in den vorhergehenden Artikeln vorgesehenen Vergehen in privater Absicht gehandelt, so tritt im Falle des Artikels 151 zur Geldstrafe Einschliessung bis zu drei Monat; in den übrigen Fällen wird die Strafe um ein Sechstel erhöht und für Gefängniss Einschliessung gesetzt.

154[6]). Wer Gewalt oder Drohung anwendet, um Jemanden zu zwingen, Etwas zu thun, zu dulden oder zu unterlassen, wird mit Einschliessung bis zu einem Jahre und mit Geldstrafe bis zu ein-

---

[6]) Mot. II S. 51 ff. Kommiss. Ber. S. 173. Entw. A. 154—156. Cod. Tosc. 301 bzw. 334. Cod. Sardo 431 u. 453. Cod. Nap. 101 u. 305 ff. D. Str.-G.-B. §§ 240 und 241. Art. 154 spricht von der Nöthigung: violenza privata, Art. 156 von der Bedrohung: minaccia. Der Thatbestand beider Vergehen deckt sich im Allgemeinen mit dem deutschstrafrechtlichen. — Dass das ital. Gesetz entgegen dem deutschen die Verfolgung einer einfachen Bedrohung von der Stellung des Antrages seitens des Verletzten abhängig macht, entspricht dem innersten Wesen dieses Vergehens.

tausend Lire bestraft; wird der Zweck erreicht, so darf die Einschliessung nicht unter einem Monat und die Geldstrafe nicht unter einhundert Lire betragen.

Wird die Gewalt oder die Bedrohung mit Waffen oder von einer verkleideten Person oder von mehreren Personen gemeinschaftlich oder mittels anonymen Schreibens, oder in symbolischer Weise, oder unter Anwendung einer von bestehenden oder untergeschobenen geheimen Verbindungen ausgehenden einschüchternden Gewalt begangen, so tritt Einschliessung von zwei bis zu fünf Jahren ein, und nicht unter drei Jahren, wenn der beabsichtigte Zweck erreicht wird.

In dem Falle, dass Einschliessung von nicht unter sechs Monat verhängt wird, kann ausserdem auf Stellung unter polizeiliche Aufsicht erkannt werden.

155. Rücksichtlich der Wirkungen des Strafgesetzes werden immer, wenn dasselbe Nichts Anderes bestimmt, unter dem Namen „Waffen“ [7]), sofern dieselben als erschwerender Umstand für eine Strafthat in Betracht kommen, verstanden:

1) die verborgenen [8]) und alle andern besonders genannten Waffen, falls dieselben zum Angriff gebraucht werden,

---

[7]) Authentische Interpretationen, wie die obigen, finden wir noch an mehreren anderen Stellen des Gesetzbuches, so Art. 470, ebenso wie auch allgemeine Rechtsgrundsätze. Vgl. Art. 44. Dem Deutschen Strafgesetzbuch liegt ein solcher Doktrinarismus fern; es bringt nur die unumgänglich nothwendigen Erklärungen (wie z. B. die des Begriffes „Angehörige“ im § 52, Beamter im § 359) und das mit Recht. Denn es erscheint gewagt, den Begriff des Wortes „Waffe“ gegenüber allen strafbaren Handlungen, bei welchen der Gebrauch der Waffen die Qualifikation des Reates bedingt, generell zu definiren. Die Waffe, deren Anwendung beim Hausfriedensbruch, beim Diebstahl, bei der Körperverletzung u. s. w. als erschwerender Umstand gilt, ist nicht das Werkzeug im technischen Sinne, welches zum Thatbestand des Landesverrathes im Sinne des § 90² oder des Aufruhrs nach § 127 etc. D. Str.-G.-B. erforderlich ist, sondern jedes beliebige Werkzeug, mittels dessen mechanischer Einwirkung auf den Körper eine Verletzung desselben herbeigeführt werden kann. Vgl. Entsch. d. Reichsger. vom 10. 3. 80. R. I. 442. Eine wenig genügende Definition des Begriffes „Waffen“ bringt bereits der Code Napoléon im Art. 101: „Sont compris dans le mot armes tous instruments ou ustensiles tranchants, perçants ou contondants. Les couteaux et ciseaux de poche, les cannes simples ne seront réputés armes, qu'il en aura été fait usage pour tuer, blesser ou frapper“.

[8]) „armi insidiose“. Vgl. Art. 470. Dort sind die einzelnen Waffenarten aufgeführt, welche das Gesetz als „insidiose“ aufgefasst wissen will.

2) die vorher angegebenen Waffen und irgend ein anderes zum Angriff geeignetes Werkzeug, falls dieselben in einer Personen einschüchternden Weise getragen werden.

Ist das Vergehen in Gemeinschaft mehrerer Personen begangen worden, so wird dasselbe als mit Waffen begangen angesehen, wenn wenigstens drei derselben offensichtlich bewaffnet sind.

156 [6]). Wer ausser den anderen gesetzlich vorgesehenen Fällen einem Anderen einen schweren und rechtswidrigen Schaden androht, wird mit Einschliessung bis zu sechs Monaten bestraft.

Ist die Bedrohung in einer im ersten Absatz des Artikel 154 angegebenen Weise geschehen, so besteht die Strafe in Einschliessung von drei Monaten bis zu einem Jahr; für den Fall, dass die Einschliessung für die Dauer von nicht unter sechs Monat verhängt wird, kann ausserdem auf Stellung unter polizeiliche Aufsicht erkannt werden.

Für jede andere Bedrohung besteht die Strafe in Geldstrafe bis zu einhundert Lire, und es wird nur auf Antrag eingeschritten.

Viertes Kapitel.

Von den Vergehen wider die Unverletzlichkeit der Wohnung [1]).

157. Wer eigenmächtig in die Wohnung eines anderen oder in die zu derselben gehörigen Räume wider das Verbot desjenigen, welcher das Recht hat, ihn auszuschliessen, eindringt oder sich daselbst aufhält, oder wer heimlich oder mit List dort eindringt

---

[1]) Entw. Art. 152—153. Mot. II S. 53. Kommiss. Ber. S. 172. Verfassungsurkunde A. 27 „Il domicilio è inviolabile". Cod. Sard. 206 und 205. Cod. Tosc. 363 und 190. D. Str.-G.-B. §§ 123 und 342. Der Code Napoléon (Art. 104) erwähnt nur das widerrechtliche Eindringen eines Beamten in eine fremde Wohnung. Durch das Gesetz vom 28. April 1832 ist diese Vorschrift auf Privatpersonen ausgedehnt worden, jedoch unter der Voraussetzung, dass der Hausfriedensbruch mit Gewalt oder Drohung begangen wird.

Die ungewöhnlich harte, angesichts der bisherigen unsicheren Zustände südeuropäischer Länder sowie der Leidenschaftlichkeit ihrer Bewohner gerechtfertigt erscheinende Bestrafung des Hausfriedensbruchs ist allen früheren italienischen Strafgesetzbüchern, sowie auch dem spanischen und dem brasilianischen Strafcodex (Art. 414 bezw. 210) eigen.

oder sich daselbst aufhält, wird mit Einschliessung von einem bis zu dreissig Monaten bestraft.

Ist das Vergehen des Nachts oder mit Gewalt gegen die Person oder mit Waffen, oder von mehreren Personen gemeinschaftlich begangen worden, so tritt Einschliessung von einem bis zu fünf Jahren ein.

Es wird nur auf Antrag eingeschritten.

158. Ein öffentlicher Beamter, welcher unter Missbrauch seines Berufes, oder ohne die gesetzlich vorgeschriebenen Bedingungen oder Förmlichkeiten in die Wohnung eines Anderen oder die zu derselben gehörigen Räume eindringt, wird mit Gefängniss von drei Monat bis zu drei Jahren bestraft.

Ist die That von einer Durchsuchung oder von einer anderen eigenmächtigen Handlung begleitet, so tritt Gefängniss von einem bis zu fünf Jahren ein, sowie Geldstrafe von einhundert bis zu eintausend Lire.

Hat der Thäter in privater Absicht gehandelt, so wird die Strafe um ein Sechstel erhöht, und für Gefängniss wird Einschliessung gesetzt.

Fünftes Kapitel.

Von den Vergehen wider die Unverletzlichkeit der Geheimnisse [1].

159. Wer unbefugter Weise einen Brief, ein Telegramm oder ein verschlossenes, an ihn nicht gerichtetes Packet öffnet, oder wer sich unbefugter Weise in den Besitz der auch unverschlossenen brieflichen oder telegraphischen Correspondenz eines Anderen setzt, um deren Inhalt kennen zu lernen, wird mit Einschliessung bis zu fünfzehn

---

[1]) Mot. II S. 54. Kommiss. Ber. S. 173. Entwurf Art. 154—155. Cod. Sardo 296, 237 und 587. Cod. Tosc. 148, 193, 364, 365 und 587. Cod. Nap. 137 und 378. Vgl. auch Art. 107 ff. und Art. 298. D. Str.-G.-B. §§ 299 und 300, sowie §§ 354, 355 und 383a. Oester. Str.-G.-B. 102c und 103. Vgl. auch Art. 6 Preuss. Verfass.-Urkunde.

Insbesondere besagt das Ital. Postgesetz: „Il segreto delle lettere è inviolabile". „Die Regierung und die ihr unterstellten Beamten sind dafür verantwortlich und wachen streng (rigorosamente) darüber, dass dieselben (Briefe) von Niemand geöffnet werden" u. s. w.

Tagen oder mit Geldstrafe von fünfhundert bis zu fünfzehnhundert Lire bestraft.

Verursacht der Thäter durch Offenbarung des Inhaltes einen Schaden, so besteht die Strafe in Einschliessung von einem Monat bis zu drei Jahren oder in Geldstrafe von einhundert bis zu dreitausend Lire.

160. Wer unbefugter Weise eine briefliche oder telegraphische Korrespondenz, welche nicht an ihn gerichtet ist, unterdrückt, wird, auch wenn er dieselbe, falls verschlossen, nicht geöffnet hat, mit Einschliessung bis zu einem Jahre oder mit Geldstrafe von einhundert bis zu dreitausend Lire bestraft.

Verursacht die That einen Schaden, so darf die Einschliessung nicht unter drei Monaten und die Geldstrafe nicht unter fünfhundert Lire betragen.

161. Wer sich im Besitze einer brieflichen oder telegraphischen Korrespondenz befindet, welche, obgleich an ihn gerichtet, für die Oeffentlichkeit nicht bestimmt ist, und dieselbe unbefugter Weise veröffentlicht, wird, sofern die That einen Schaden verursachen kann, mit Geldstrafe von einhundert bis zu zweitausend Lire bestraft.

162. Wer beim Post- oder Telegraphendienst angestellt, unter Missbrauch dieser Stellung einen Brief, ein Packet, ein Telegramm oder eine andere unverschlossene Korrespondenz in Besitz nimmt oder dieselben, falls verschlossen, öffnet, um ihren Inhalt kennen zu lernen, oder wer einer anderen Person als dem Empfänger dieselbe verabfolgt oder ihr Vorhandensein und ihren Inhalt mittheilt, wird mit Einschliessung von einem bis zu dreissig Monaten bestraft.

Derselben Strafe unterliegt, wer im Post- oder Telegraphendienst angestellt und unter Missbrauch einer solchen Stellung eine briefliche oder telegraphische Korrespondenz unterdrückt.

Verursacht eine der im vorliegenden Artikel vorgesehenen Handlungen einen Schaden, so tritt Einschliessung von sechs Monat bis zu vier Jahren ein, und ebenso auch Geldstrafe von einhundert bis zu fünftausend Lire.

163 [1]). Wer in Veranlassung seines Standes oder Amtes oder seiner Profession oder Kunst von einem Geheimniss Kenntniss hat, welches,

[1]) Während das Deutsche Strafgesetzbuch nur den Rechtsbeiständen und Medicinalpersonen die Offenbarung der dienstlich ihnen anvertrauten Geheimnisse verbietet, hat das italienische Strafrecht von jeher, — wie der Code pénal —

veröffentlicht, Schaden verursachen kann, und dasselbe ohne rechtmässige Ursache offenbart, wird mit Gefängniss bis zu einem Monat oder mit Geldstrafe von fünfzig bis zu eintausend Lire bestraft; die letztere darf nicht unter dreihundert Lire betragen, wenn der Schaden eintritt.

164. Wegen der in den Artikeln 159, 160, 161 und 163 vorgesehenen Vergehen wird, falls die That nicht einen öffentlichen Schaden verursacht hat, nur auf Antrag eingeschritten.

Sechstes Kapitel.

Von den Vergehen wider die Freiheit der Arbeit[1]).

165. Wer mit Gewalt oder Drohung die Freiheit der Industrie oder des Handels irgendwie beschränkt oder hindert, wird mit Gefängniss bis zu zwanzig Monaten und mit Geldstrafe von einhundert bis zu dreitausend Lire bestraft.

166. Wer mit Gewalt oder Drohung eine Arbeits-Einstellung

---

das Verbot verallgemeinert, allerdings unter der Voraussetzung der wenn auch nur möglichen Verursachung eines Schadens. Vgl. die Anm. 1 angezog. Stellen.

Ueber die Verletzung geschäftlicher etc. Geheimnisse S. Art. 298.

[1]) Mot. II S. 54. Kommiss. Ber. S. 173. Entw. Art. 156—158. Cod. Sardo Art. 385—387. Cod. Tosc. 201—203. Cod. Parmense Art. 481—482. Cod. Nap. Art. 414 - 415. D. Gew.-Ord. §§ 152 und 153. Oester. Str.-G.-B. 479—481.

Nach dem Beispiel des Cod. Nap. von 1810 war nach bisherigem ital. und auch nach preuss. Recht (§ 182 Gew.-Ordn. v. 17. Janur 1845) den Gesellen und Arbeitern das Coalitionsrecht behufs Erlangung günstigerer Lohnverhältnisse versagt. Im Laufe der Zeit erwies sich dieses Verbot als eine vom gesetzlichen Standpunkte schwer zu rechtfertigende Beschränkung der Freiheit; indessen ergab sich von selbst, dass jede bei den Arbeiterbewegungen zu Tage tretende Gewaltthätigkeit als mit den Principien der Freiheit selbst unvereinbar und deshalb unter Strafe zu stellen sei. Den Anfang einer dahin zielenden Gesetzgebung machte England durch das Gesetz vom 21. Juni 1824. Seinem Beispiel folgte Frankreich mit der Novelle vom 25. Mai 1864 zu den obengenannten Bestimmungen des Cod. pén. Für Oesterreich und Holland erschienen die Gesetze vom 7. April 1870 bezw. 12. April 1872. Ebenso hat die Deutsche Gewerbeordnung die Coalitionsbeschränkungen der Preuss. Gew.-Ordn. aufgehoben; dieselbe will ebenfalls nur dem mit den Lohnbewegungen oft Hand in Hand gehenden Terrorismus entgegentreten, allerdings mit einer Strafandrohung [bis zu drei Monat Gefängniss], welche namentlich der modernen italienischen gegenüber besonders milde erscheint.

oder Aussetzung in der Absicht verursacht oder unterhält, um sei es für die Arbeiter, sei es für die Arbeitsherren oder Unternehmer eine Lohn-Herabsetzung oder Erhöhung, oder um andere als die zuvor getroffenen Vereinbarungen zu erzielen, wird mit Gefängniss bis zu zwanzig Monaten bestraft.

167. Was die Häupter oder die Urheber der in den vorhergehenden Artikeln vorgesehenen Thaten betrifft, so besteht die Strafe für dieselben in Gefängniss von drei Monat bis zu drei Jahren und in Geldstrafe von fünfhundert bis zu fünftausend Lire.

Dritter Titel.

Von den Vergehen wider die öffentliche Verwaltung[1]).

Erstes Kapitel.

Vom Unterschleif[2]).

168. Der öffentliche Beamte, welcher Geld oder eine andere bewegliche Sache, deren Verwaltung, Beitreibung oder Verwahrung er in Veranlassung seines Amtes hat, unterschlägt oder entwendet, wird mit dauernder Untersagung der Bekleidung öffentlicher Aemter, mit Einschliessung von drei bis zu zwölf Jahren und mit Geldstrafe nicht unter dreihundert Lire bestraft.

Ist der Schaden leicht, oder ist derselbe vor der Anzeige bei Gericht wieder ganz ersetzt, so tritt zeitweilige Untersagung der Bekleidung öffentlicher Aemter und Einschliessungsstrafe von einem bis zu fünf Jahren ein.

---

[1]) „Dei delitti contro la pubblica amministrazione". Das „contro" ist hier mit dem Deutschen „gegenüber" zu identificiren, insofern als der vorliegende Titel sowohl die seitens der Organe der öffentlichen Verwaltung als auch die gegen dieselben verübten Vergehen umschliesst. Die authentische Erklärung des Begriffes „öffentlicher Beamter" bringt der Art. 207.

[2]) „Del peculato": Die im Amte begangene Unterschlagung, im Gegensatz zur allgemeinen Unterschlagung: „Appropriazione indebita". Vgl. Art. 417.

Mot. II S. 65 ff. Kommiss. Bericht S. 175 ff. Entw. Art. 159. Cod. Sardo Art. 210. Cod. Tosc. Art. 169—172. Cod. Nap. 169—171. D. Str.-G.-B. §§ 350 und 246. Oester. Str.-G.-B. 181 und 182.

Zweites Kapitel.

Von der Erpressung[1]).

169. Der öffentliche Beamte, welcher unter Missbrauch seines Amtes Jemanden zwingt, ihm oder einem Dritten Geld oder einen anderen Vortheil in rechtswidriger Weise zu gewähren oder zu versprechen, wird mit dauernder Untersagung der Bekleidung öffentlicher Aemter, mit Einschliessung von drei bis zu zwölf Jahren und mit Geldstrafe nicht unter dreihundert Lire bestraft.

Ist der in rechtswidriger Weise gegebene oder versprochene Betrag oder Vortheil von unbedeutendem Werthe, so tritt zeitweilige Untersagung und Einschliessung von einem bis zu fünf Jahren ein.

170. Der öffentliche Beamte, welcher unter Missbrauch seines Amtes Jemanden verleitet, in rechtswidriger Weise ihm oder einem Dritten Geld oder einen anderen Vortheil zu gewähren oder zu versprechen, wird mit Einschliessung von einem bis zu fünf Jahren, mit zeitweiliger Untersagung der Bekleidung öffentlicher Aemter und mit Geldstrafe von einhundert bis zu fünftausend Lire bestraft.

Die Einschliessung dauert von sechs Monat bis zu drei Jahren, wenn der öffentliche Beamte das, was nicht geschuldet wird, nur unter Benutzung des Irrthums des Anderen annimmt.

Ist der in rechtswidriger Weise gewährte oder versprochene Betrag oder Vortheil von unbedeutendem Werthe, so tritt ersteren Falles Einschliessung von sechs Monat bis zu zwei Jahren, letzteren Falles Einschliessung von einem Monat bis zu einem Jahre ein.

Drittes Kapitel.

Von der Bestechung[1]).

171. Der öffentliche Beamte, wecher für eine Handlung seines Amtes für sich oder für einen Anderen in Geld oder in einem an-

[1]) Mot. II S. 68. Kommiss. Ber. S. 178. Entw. Art. 160—161. Cod. Sard. 215 und 216. Cod. Tosc. 181 und 216. Cod. Nap. 174. Oester. Str.-G.-B. 101 bis 103. D. Str.-G.-B. §§ 339 und 343.

[1]) „della corruzione". Mot. II S. 69. Kommiss. Ber. S. 178 ff. Entw. Art. 162—165. Cod. Sard. 217—226. Cod. Tosc. 175—178. Cod. Nap. 177—182. Oester. Str.-G.-B. 102 - 105. D. Str.-G.-B. §§ 331 - 333.

deren Vortheil eine Belohnung, die ihm nicht gebührt, annimmt oder sich versprechen lässt, wird mit Einschliessung bis zu einem Jahre, mit zeitweiliger Untersagung der Bekleidung öffentlicher Aemter und mit Geldstrafe von fünfzig bis zu dreitausend Lire bestraft.

172. Der öffentliche Beamte, welcher, um eine Handlung seines Amtes zu verzögern oder zu unterlassen, oder um eine Handlung wider die Pflichten des Amtes selbst vorzunehmen, für sich oder einen Andern Geld oder einen anderen Vortheil annimmt oder sich versprechen lässt, wird mit Einschliessung von sechs Monat bis zu fünf Jahren, mit zeitweiliger Untersagung der Bekleidung öffentlicher Aemter und mit Geldstrafe von einhundert bis zu fünftausend Lire bestraft.

Einschliessung von drei bis zu zehn Jahren tritt ein, wenn die That zur Folge hat:

1) eine Verhandlung über öffentliche Aemter, Unterstützungen, Geldbezüge oder Ehrenbezeugungen, oder den Abschluss von Verträgen, bei welchen die Verwaltung interessirt ist, zu welcher der öffentliche Beamte gehört,
2) die Begünstigung oder die Benachtheiligung einer Partei oder eines Beschuldigten in einer Civil- oder Strafsache.

Hat die That eine Verurtheilung zu einer Freiheitsstrafe von über ein Jahr zur Folge, so tritt Einschliessung von fünf bis zu fünfzehn Jahren ein, und die Geldstrafe kann bis zum Höchstbetrage[2]) ausgedehnt werden.

173. Wer einen öffentlichen Beamten zur Begehung einer der in den voraufgehenden Artikeln vorgesehenen Vergehen verleitet, wird im Falle des Artikels 171 mit Geldstrafe von fünfzig bis zu dreitausend Lire, und im Falle des Artikels 172, mit den dort festgesetzten Strafen bestraft.

Hat der Beamte das Vergehen nicht begangen, so unterliegt derjenige, der ihn zu verleiten versucht hat, den im vorliegenden Artikel festgesetzten, um die Hälfte zu ermässigenden Strafen.

174. In den in den vorhergehenden Artikeln vorgesehenen Fällen wird das, was gegeben worden ist, eingezogen[3]).

---

[2]) Nämlich bis zehntausend Lire. Art. 19.

[3]) Vgl. § 335 Deutsch. Str.-G.-B.

Viertes Kapitel.

Vom Missbrauch der Amtsgewalt und von der Verletzung der mit einem öffentlichen Amt verbundenen Pflichten [1].

175. Der öffentliche Beamte, welcher unter Missbrauch seines Amtes eine eigenmächtige, durch eine besondere gesetzliche Bestimmung nicht vorgesehene Handlung gegen die Rechte eines Anderen anordnet oder begeht, wird mit Gefängniss von fünfzehn Tagen bis zu einem Jahr bestraft; handelt derselbe zu einem privaten Zweck, so wird die Strafe um ein Sechstel erhöht und an Stelle des Gefängnisses tritt Einschliessung.

Derselben Strafe unterliegt der öffentliche Beamte, welcher in Ausübung seines Berufes Jemanden anreizt, die Gesetze oder die Verordnungen der Obrigkeit zu übertreten.

176. Der öffentliche Beamte, welcher unmittelbar oder durch eine vorgeschobene Person oder durch vorgespiegelte Handlungen bei irgend einer Handlung derjenigen öffentlichen Verwaltung, bei welcher er sein Amt ausübt, ein Privatinteresse wahrnimmt, wird mit Einschliessung von einem Monat bis zu fünf Jahren und mit Geldstrafe von einhundert bis zu fünftausend Lire bestraft.

177. Der öffentliche Beamte, welcher Urkunden oder Verhandlungen, welche er in dienstlicher Veranlassung besitzt oder kennt, und die geheim bleiben müssen, mittheilt oder veröffentlicht, oder der die Kenntniss derselben in irgend einer Weise erleichtert, wird mit Gefängniss bis zu dreissig Monat oder mit Geldstrafe nicht unter dreihundert Lire bestraft.

178. Der öffentliche Beamte, welcher unter irgend welchem

[1]) Mot. II S. 77 ff. Kommiss. Ber. S. 180 ff. Cod. Sard. 235, 236, 241—243 und 305. Cod. Tosc. 185, 195, 176, 192. Cod. Nap. 186, 175, 185 und 234.

Die in dem vorliegenden Kapitel enthaltenen Strafbestimmungen über die Vornahme willkürlicher Amtshandlungen, über die Wahrnehmungen eines Privatinteresses bei Amtshandlungen, über die Verletzung des Amtsgeheimnisses, über die Amtsverweigerung, die ungerechtfertigte Amtsaufgabe u. s. w. hatten nach dem Beispiele des Cod. Nap. (a. a. O.) bereits in sämmtlichen in Italien bisher geltenden Strafgesetzen Aufnahme gefunden, wiewohl dieselben, wie es auch nach Deutschem Strafrecht auch der Fall ist, als Disciplinarvergehen nicht sowohl in das allgemeine Strafgesetzbuch als vielmehr in die besonderen Disciplinargesetze gehören.

Vorwande, auch eines Schweigens, einer Dunkelheit[2]), eines Widerspruchs oder einer Unzulänglichkeit des Gesetzes die Vornahme einer Handlung seines Amts unterlässt oder verweigert, wird mit Geldstrafe von fünfzig bis zu eintausendfünfhundert Lire bestraft.

Ist das Vergehen von drei oder mehr öffentlichen Beamten auf vorhergehende Verabredung begangen worden, so tritt Geldstrafe von einhundert bis zu dreitausend Lire ein.

Ist der öffentliche Beamte ein Beamter der gerichtlichen Behörde, so treten, sofern eine Unterlassung oder Verweigerung vorliegt, die zur Durchführung der Civilklage gegen ihn gesetzlich erforderlichen Bedingungen hinzu.

179. Die Militärperson oder der Agent der öffentlichen Gewalt[3]), welcher die Ausführung eines ihm von der zuständigen Obrigkeit gesetzmässig ertheilten Auftrages verweigert oder ungebührlicher Weise verzögert, wird mit Gefängniss bis zu zwei Jahren bestraft.

180. Der öffentliche Beamte, welcher in Ausübung seines Berufes von einer Strafthat in einer auf denselben sich beziehenden Sache Kenntniss erlangt hat, wegen deren er von Amtswegen einschreiten muss, es unterlässt oder ungebührlicherweise verzögert, der Behörde hierüber zu berichten, wird mit Geldstrafe von fünfzig bis zu eintausend Lire bestraft.

Ist der Thäter ein Beamter der gerichtlichen Polizei[3]), so tritt noch die Untersagung der Bekleidung öffentlicher Aemter bis zu dreissig Monat hinzu.

181. Die öffentlichen Beamten, welche drei oder mehr an der Zahl und auf vorhergehende Verabredung unbefugterweise ihr Amt verlassen, werden mit Geldstrafe von fünfhundert bis dreitausend Lire und mit zeitweiliger Untersagung der Bekleidung des Amtes bestraft.

---

[2]) „di silenzio, oscurità, contraddizione o insufficienza della legge“ etc. — Cod. Nap. Art. 185: Tout juge ou tribunal etc. qui sous quelque prétexte que ce soit, même du silence ou de l'obscurité de la loi, aura dénié de rendre la justice etc.“ sera puni d'une amende de deux cents francs etc. et de l'interdiction de l'exercice des fonctions publiques depuis cinq ans jusqu' à vingt. Der Dunkelheit (oscurità) gedenkt wenngleich unter anderen Umständen die Deutsche Civilprocessordnung, insofern sie (§ 291) bei Unrichtigkeiten, Auslassungen, Dunkelheit oder Widersprüchen im Thatbestande des Urtheils die Herbeiführung einer Berichtigung zulässt.

[3]) Vgl. Art. 207[3].

Derselben Strafe unterliegt der öffentliche Beamte, der sein Amt verlässt, um die Verhandlung über eine Angelegenheit zu verhindern oder um irgend einem Anderen Schaden dem öffentlichen Dienste zuzufügen.

Fünftes Kapitel.

Von Missbräuchen der Religionsdiener in Ausübung ihres Berufes [1]).

182. Der Religionsdiener, welcher in Ausübung seines Berufes die Einrichtungen, die Gesetze des Staates oder die Handlungen der Obrigkeit öffentlich tadelt oder schmäht, wird mit Gefängniss bis zu einem Jahre und mit Geldstrafe bis zu fünftausend Lire bestraft.

---

[1]) Mot. II S. 73 ff. Kommiss. Ber. S. 182 ff. Entw. Art. 173—176. Cod. Sardo 268—270. Siehe auch Art. 437 und 438.

Durch Gesetz der ersten französischen Republik vom 7 Vencémiaire des Jahres IV (28. 9. 1796) wurde der Geistliche mit lebenslänglicher Einsperrung bestraft, welcher gelegentlich der Amtsausübung zur Wiederherstellung der Monarchie, zur Aufhebung der Republik oder zur Auflösung der Nationalversammlung aufreizt oder zum Verrath oder zur Rebellion gegen die Regierung auffordert. Dem vom Staatsrath gebilligten Entwurf zum Code pénal (1810) entsprechend wurden diese Bestimmungen dahin modificirt, dass den Geistlichen, bei Vermeidung einer Gefängnissstrafe von drei Monaten bis zu zwei Jahren, bezw. von zwei bis zu fünf Jahren verboten sein soll, öffentlich die Regierung oder die Gesetze etc. zu tadeln oder zum Ungehorsam gegen die Obrigkeit etc. aufzufordern. In Italien nahm zuerst das Königreich beider Sicilien, alsdann das Königreich Sardinien fast gleichlautende kirchenpolitische Strafvorschriften in ihre Gesetzbücher (vom 1. September 1819 Art. 142 bezw. 20. November 1859 Art. 268 ff.) auf, während die übrigen italienischen Staaten mit den allgemeinen Strafbestimmungen über die öffentliche Schmähung staatlicher Einrichtungen und obrigkeitlicher Anordnungen auskommen zu können glaubten. Bald haben auch andere west- und südeuropäische Staaten gesetzliche Maassnahmen gegen kirchliche Uebergriffe ihren Strafgesetzbüchern eingefügt, so Spanien (Art. 144 ff.), Portugal (Art. 130 ff.), Belgien (Art. 267), Republik San Marino (Art. 331), Kanton Tessin (Art. 135 ff.). Den Schluss machte das Deutsche Reich, indem es auf Veranlassung der Kgl. Bayer. Regierung unter dem 19. November 1871 den sogen. Kanzelparagraphen in sein Strafgesetzbuch aufnahm, (§ 130a), welcher den Geistlichen untersagt, öffentlich in einer den öffentlichen Frieden gefährdenden Weise Staatsangelegenheiten zu verkünden oder zu erörtern oder über dieselben Schriftstücke auszugeben oder zu verbreiten.

Der ursprüngliche Gesetzesentwurf, wiewohl von der Kommission in allen seinen Theilen gebilligt, ist schliesslich in einigen Punkten gemildert worden. So sollte im Entwurf (Art. 173) schon das „censurare“ kritisiren statt des „biasimare“ (tadeln des Textes Art. 183) verboten sein; ferner ist das besondere Ver-

183. Der Religionsdiener, welcher durch Benutzung seiner amtlichen Stellung zur Verachtung der Einrichtungen, der Gesetze oder der Anordnungen der Obrigkeit, oder zur Nichtbefolgung der Gesetze, der Anordnungen der Obrigkeit oder der mit einem öffentlichen Amt verbundenen Pflichten aufreizt, wird mit Gefängniss von drei Monat bis zu zwei Jahren, mit Geldstrafe von fünfhundert bis zu dreitausend Lire und mit dauernder oder zeitiger Entziehung der kirchlichen Pfründe[2]) bestraft. Ist die That öffentlich begangen, so kann die Gefängnissstrafe bis zu drei Jahren ausgedehnt werden.

Denselben Strafen unterliegt der Religionsdiener, welcher unter Benutzung seiner amtlichen Stellung Jemanden zu Handlungen oder Erklärungen, welche den Gesetzen zuwiderlaufen, oder zur Schädigung der Kraft der Gesetze erworbenen Rechte zwingt oder verleitet.

184. Begeht der Religionsdiener unter Benutzung seiner amtlichen Stellung ein von den in den voraufgehenden Artikeln vorgesehenen Vergehen verschiedenes Vergehen, so wird die für das begangene Vergehen festgesetzte Strafe um ein Sechstel bis um ein Drittel erhöht, unbeschadet des Umstandes, dass der Stand des Religionsdieners vom Gesetz bereits in Erwägung gezogen ist.

Sechstes Kapitel.

Von der Anmaassung öffentlicher Amtshandlungen, Titel oder Ehren[1]).

185. Wer unbefugterweise öffentliche bürgerliche oder militärische Amtshandlungen übernimmt oder ausübt, wird mit Gefängniss bis zu drei Monaten bestraft.

Derselben Strafe und der zeitigen Untersagung der Bekleidung öffentlicher Aemter unterliegt der öffentliche Beamte, der, nachdem er

---

bot des „turbare la pace delle famiglie“ und des „pregiudicare i legittimi interessi patrimoniali“ (Erbschleicherei — Art. 174) nicht beibehalten, dafür sind aber die Abschnitt 2 des Art. 183 enthaltenen Bestimmungen aufgestellt worden.

[2]) „beneficio ecclesiastico“.

[1]) Mot. II S. 83. Kommiss. Ber. S. 186. Entwurf 177—178. Cod. Sardo 289 und 290. Cod. Tosc. 153. Cod. Nap. 258 und 259. D. Str.-G.-B. §§ 132 und 360b. Oester. Str.-G.-B. §§ 333 und 334.

Die namentlich gegenüber den deutschrechtlichen Strafandrohungen hohen Strafen für unbefugtes Tragen öffentlicher Amtstrachten und Amtszeichen erscheinen als nothwendige Folge des im ital. Gesetzbuch überhaupt zum Ausdruck kommenden besonderen Beamtenschutzes, zu welch' Letzterem anderseits

eine amtliche Mittheilung der Verfügung erhalten hat, welche seine Amtshandlungen aufhebt oder aussetzt, fortfährt, dieselben auszuüben.

Der Richter kann anordnen, dass das Urtheil im Auszug auf Kosten des Verurtheilten in einer Zeitung derjenigen Provinz, in welcher derselbe das Vergehen begangen, und in einer Zeitung der Provinz, in welcher er seinen Wohnsitz hat, veröffentlicht wird.

Beide Zeitungen werden vom Richter selbst bezeichnet.

186. Wer unbefugt und öffentlich die Uniform oder die Abzeichen eines Dienstes, einer Körperschaft oder eines Amtes trägt, oder wer academische Grade, öffentliche Ehrenzeichen, Titel, Würden oder Amtsbezeichnungen sich anmaasst, wird mit Geldstrafe von fünfzig bis zu eintausend Lire bestraft.

Der Richter kann anordnen, dass das Urtheil im Auszug in einer von ihm bezeichneten Zeitung auf Kosten des Verurtheilten veröffentlicht wird.

Siebentes Kapitel.

Von der Gewaltthätigkeit und vom Widerstand gegen die Staatsgewalt [1].

187. Wer Gewalt oder Drohung gegen ein Parlamentsmitglied [2] oder einen öffentlichen Beamten anwendet, um denselben zu zwingen, eine Handlung seines Amtes zu begehen oder zu unterlassen, wird mit Einschliessung von drei bis zu dreissig Monat bestraft [3].

Die Einschliessung dauert

1) von sechs Monat bis zu fünf Jahren, wenn die That mit Waffen begangen wird,

---

die schwere Bestrafung der Amtsvergehen das Correlat darstellt. Vgl. auch Kapitel 8 dieses Titels.

[1] Mot. II S. 84 ff. Kommiss. Ber. S. 187 ff. Entwurf Art. 179—185. Cod. Sardo 247—250, 256—257. Cod. Tosc. 143 und 144. Cod. Nap. 209—211 und 214. Oester. Str.-G.-B. §§ 76 ff. und 81 ff. D. Str.-G.-B. §§ 106, 129, 113 u. 52².

[2] Ueber den Schutz der Parlamentsmitglieder vgl. Anm. zu Art. 123 und das in der Einleitung hierüber Gesagte.

[3] Nach den bisherigen italienischen Strafgesetzbüchern wurde der Widerstand gegen die Staatsgewalt, ähnlich dem Deutschen Strafgesetzbuch in seiner früheren Fassung, mit Einschliessung überhaupt bestraft, ohne besondere Festsetzung eines Strafmindestbetrages. (Durch die Novelle zum D. Str.-G.-B. vom 26. Februar 1876 ist der Strafmindestbetrag auf vierzehn Tage Gefängniss festgesetzt worden, während derselbe nach dem Pr. Str.-G.-B. vom 14. April 1851 vier Wochen betrug, wobei allerdings in erster Linie Geldstrafe bis zu 200 Thlrn. angedroht war.)

2) von drei bis zu fünfzehn Jahren, wenn die That im Verein von mehr als fünf Personen mit Waffen oder im Verein von mehr als zehn Personen auch ohne Waffen und voraufgehende Verabredung begangen wird.

188. Den im voraufgehenden Artikel festgesetzten Strafen unterliegt, wer Gewalt oder Drohung anwendet, um die Versammlungen oder die Ausübung der Amtsthätigkeit gerichtlicher, politischer oder administrativer Körperschaften oder deren Vertretungen, oder anderer Behörden, öffentlicher Aemter oder Anstalten zu verhindern oder zu stören, oder dieselben in ihren Berathungen zu beeinflussen [3]).

189. Wer an einer Vereinigung von zehn oder mehr Personen theilnimmt, welche mittels Gewalt oder Drohung beabsichtigt, das im voraufgehenden Artikel vorgesehene Vergehen zu begehen, wird mit Einschliessung von einem Monat bis zu zwei Jahren bestraft.

Ist die That mit Waffen begangen, so tritt Einschliessung von drei Monat bis zu drei Jahren ein.

Löst sich die Vereinigung auf Verfügung der Behörde auf, so bleiben die Personen, welche an derselben Theil genommen haben [4]), wegen der im vorliegenden Artikel vorgesehenen That von Strafe frei.

190. Wer Gewalt oder Drohung anwendet, um sich einem öffentlichen Beamten, während derselbe die Pflichten seines Amtes erfüllt, oder denjenigen zu widersetzen, welche hinzugezogen Beistand leisten, wird mit Einschliessung von einem Monat bis zu zwei Jahren bestraft.

Die Einschliessung dauert:

1) von drei bis dreissig Monat, wenn die That mit Waffen begangen wird,

2) von einem bis sechs Jahren, wenn die That im Verein von mehr als zehn Personen auch ohne Waffen und voraufgehende Verabredung begangen wird.

Ist die That darauf gerichtet, sich selbst oder einen Angehörigen [5]) der Verhaftung zu entziehen, so besteht die Strafe in Einschliessung

---

[3]) Vgl. auch Art. 118^2.

[4]) Ueber Eintritt der Straflosigkeit vgl. Art. 133 und Anm. zu Kap. 4 Tit. 2.

[5]) „prossimo congiunto“: „nächster Verwandter“. In der Uebersetzung ist der Einfachheit halber der Ausdruck des D. Str.-G.-B. „Angehöriger“ gewählt worden.

oder in Gefängniss bis zu zwanzig Monaten[6]), oder in Verweisung auf eine Zeit von nicht unter drei Monaten, im Falle des ersten Theiles, in Einschliessung beziehungsweise von zwei Monat bis zu zwei Jahren im Falle der Nummer 1, und von sechs Monat bis zu fünf Jahren im Falle der Nummer 2 des voraufgehenden Absatzes.

Für die Folgen des Strafgesetzes werden unter *„nächster Verwandter"*[7]) der Ehegatte, die Verwandten auf- und absteigender Linie, die Oheime, die Enkel, die Brüder, die Schwestern und die Verschwägerten desselben Grades verstanden.

192[8]). Hat ein öffentlicher Beamter Veranlassung zur That gegeben, indem er durch willkürliche Handlungen die Grenzen seiner Befugnisse überschritt, so kommen die Bestimmungen des voraufgehenden Artikels nicht zur Anwendung.

193. Was die Häupter und Urheber der in den voraufgehenden Artikeln vorgesehenen Thaten sind, so wird die Strafe gegen dieselben um ein Sechstel bis um ein Drittel erhöht.

Achtes Kapitel[1]).

Von der Beschimpfung und von anderen Vergehen gegen mit öffentlicher Amtsgewalt[2]) bekleidete Personen.

194. Wer durch Worte oder Handlungen in irgend einer Weise die Ehre, den Ruf, oder den Anstand eines Parlamentsmitgliedes[3]) oder eines öffentlichen Beamten in Gegenwart desselben und in Veranlassung seines Berufes angreift, wird bestraft:

1) mit Einschliessung bis zu sechs Monaten oder mit Geldstrafe von fünfzig bis zu dreitausend Lire, wenn die Beleidigung gegen einen Agenten der öffentlichen Gewalt,

---

[6]) „confino". Ueber Verweisung vgl. Art. 11 und 18.

[7]) Vgl. Anm. zu Art. 190.

[8]) Durch die in diesem Artikel den Exekutivbeamten eingeschärfte Vorsicht beabsichtigt der Gesetzgeber das unbedingte allgemeine Vertrauen zu denselben hervorzurufen. Mot. II S. 96.

[1]) Mot. II S. 96 ff. Kommiss. Ber. S. 189. Entwurf Art. 186—169. Cod. Sard. 258 und 262. Cod. Tosc. 369. Cod. Nap. 222 ff. Oester. Str.-G.-B. §§ 312 ff. Das Deutsche Str.-G.-B. kennt die Beamtenbeleidigung als besonderes Vergehen nicht, wohl aber das frühere Preuss. Str.-G.-B. § 102 ff. Vgl. auch Art. 396 u. 207.

[2]) „autorità".

[3]) Ueber den besonderen Schutz der Parlamentsmitglieder s. Anm. zu Art. 123.

2) mit Einschliessung von einem Monat bis zu zwei Jahren oder mit Geldstrafe von dreitausend bis fünftausend Lire, wenn die Beleidigung gegen einen anderen öffentlichen Beamten oder gegen ein Mitglied des Parlamentes gerichtet ist.

195. Wer die im voraufgehenden Artikel vorgesehene That mit Gewalt oder Drohung begeht, wird mit Einschliessung von einem Monat bis zu drei Jahren und mit Geldstrafe von einhundert bis zu eintausend Lire bestraft.

Denselben Strafen unterliegt, wer in anderer Weise gegen ein Mitglied des Parlamentes oder einen öffentlichen Beamten in Veranlassung des Berufes derselben Gewalt anwendet oder eine Bedrohung begeht.

196. Ist eine der in den voraufgehenden Artikeln vorgesehenen Thaten gegen den öffentlichen Beamten, zwar nicht in Veranlassung des Berufes desselben, aber bei der thatsächlichen öffentlichen Ausübung desselben begangen, so kommen die dort festgesetzten Strafen, um ein Drittel bis zur Hälfte ermässigt zur Anwendung[4]).

197. Wer durch Worte oder Handlungen in irgendeiner Weise die Ehre, den Ruf oder den Anstand einer gerichtlichen, politischen oder administrativen Körperschaft Angesichts derselben, oder eines Richter in der Sitzung verletzt, wird mit Einschliessung von drei Monat bis zu drei Jahren bestraft.

Wird gegen die Körperschaft oder den Richter eine Gewaltthätigkeit angewendet oder eine Bedrohung begangen, so tritt Einschliessung von sechs Monaten bis zu fünf Jahren ein.

Es wird nur mit Ermächtigung der beleidigten Körperschaft eingeschritten. Ist das Vergehen gegen nicht collegialisch eingerichtete Körperschaften begangen, so wird nur mit Ermächtigung des Vorstehers[5]) derselben eingeschritten.

198. Der Thäter einer der in den voraufgehenden Artikeln vorgesehenen Vergehen wird weder zum Beweise der Wahrheit noch

---

[4]) Die milder angesehene Alternative dieses Artikels ist auf Vorschlag der Kommission mit Rücksicht auf den erklärlich zu findenden Zusammenhang zwischen der That und der Handlung des Beamten später in den Text aufgenommen worden. Ber. d. Min. a. d. König. LXXVII S. 95.

[5]) „del loro Capo gerarchico“: „ihres hierarchischen Vorstandes“; „hierarchisch-bureaukratisch im Gegensatz zu collegialisch.

der Offenkundigkeit der dem Beleidigten zugeschriebenen Thatsachen oder Eigenschaften zugelassen [5]).

199. Die in den voraufgehenden Artikeln enthaltenen Bestimmungen greifen nicht Platz, wenn der öffentliche Beamte eine Veranlassung zur That dadurch gegeben hat, dass er durch eigenmächtige Handlungen die Grenzen seiner Amtsbefugnisse überschritt [6]).

200. In sämmtlichen durch eine besondere gesetzliche Bestimmung nicht vorgesehenen Fällen unterliegt, wer ein Vergehen gegen ein Mitglied des Parlamentes oder einen öffentlichen Beamten in Veranlassung des Berufes derselben begeht, der für das begangene Vergehen festgesetzten, um ein Sechstel bis um ein Drittel zu erhöhenden Strafe.

Neuntes Kapitel.

Von der Siegelverletzung und von den Unterschlagungen bei öffentlichen Verwahrungsstellen [1]).

201. Wer in irgend einer Weise die Siegel, welche infolge einer gesetzlichen Bestimmung oder infolge einer obrigkeitlichen Anordnung zum Zwecke der Sicherung der Erhaltung oder der Identität einer Sache angelegt sind, in irgend einer Weise verletzt, wird mit Einschliessung von drei Monaten bis zu zwei Jahren und mit Geldstrafe von fünfzig bis zu eintausend Lire bestraft.

Ist der Thäter ein öffentlicher Beamter, welcher die Anlegung der Siegel angeordnet oder vorgenommen hat, oder derjenige, welcher die mit denselben gesicherte Sache zu verwahren oder abzuliefern hat, so tritt Einschliessung von dreissig Monaten bis zu fünf Jahren und Geldstrafe von dreihundert bis zu dreitausend Lire ein.

Wird das Vergehen aus Fahrlässigkeit oder Unklugheit [2]) des öffent-

---

[5]) Der Gesetzgeber will ausdrücklich bei Schmähungen (qualificirten Beleidigungen im Sinne des § 186 D. Str.-G.-B.) irgendwelchen Wahrheitsbeweis nicht zulassen, weil die einmal vorliegende Absicht zu beleidigen auch durch den erbrachten Wahrheitsbeweis nicht aufgehoben werde. Mot. II S. 97. Vgl. Art. 45 sowie 394. —

[6]) Vgl. Art. 192.

[1]) Mot. II S. 98 ff. Kommiss. Ber. S. 190. Entw. 190—192. Cod. Sardo 291—299. Cod. Tosc. 147 und 194. Cod. Nap. 249 ff. D. Str.-G.-B. §§ 136, 137 und 246. Oester. Str.-G.-B. §§ 316 ff. und 183 ff.

[2]) S. auch Anm. zu Art. 106.

lichen Beamten oder des Verwahrers begangen, so wird derselbe mit Geldstrafe von fünfzig bis zu fünfzehnhundert Lire bestraft.

202. Wer Gegenstände, welche sich auf eine Strafthat beziehen [3]), oder auf einem öffentlichen Amt oder bei einem öffentlichen Beamten in amtlicher Veranlassung verwahrte Acten oder Urkunden wegnimmt, unterdrückt, vernichtet oder fälscht, wird mit Einschliessung von ein bis zu fünf Jahren bestraft.

Ist der Thäter der öffentliche Beamte selbst, welcher die auf eine Strafthat bezüglichen Gegenstände oder die Akten oder Urkunden in Veranlassung seines Amtes abzuliefern hatte, so besteht die Strafe in dauernder Untersagung der Bekleidung öffentlicher Aemter und in Einschliessung von zwei bis zu sechs Jahren.

Ist der Schaden leicht oder hat der Thäter die Akte oder die Urkunde, ohne Vortheil gezogen zu haben, und vor der Anzeige bei Gericht, unverfälscht zurückerstattet, so besteht die Strafe im Falle des ersten Theiles in Einschliessung von sechs Monat bis zu drei Jahren, und im Falle des voraufgehenden Absatzes in Einschliessung von einem bis zu fünf Jahren und in vorübergehender Untersagung der Bekleidung öffentlicher Aemter.

203. Wer in Verpfändung oder in Sequestration übergebene und seiner Verwahrung anvertraute Gegenstände wegnimmt oder zu seinem oder eines Anderen Vortheil verwendet, oder an den Berechtigten zu verabfolgen sich weigert, wird mit Einschliessung von drei bis zu dreissig Monaten und mit Geldstrafe von dreihundert bis zu dreitausend Lire bestraft.

Ist der Thäter selbst der Eigenthümer der verpfändeten oder sequestrirten Sache, so besteht die Strafe in Einschliessung bis zu einem Jahre und in Geldstrafe von einhundert bis zu eintausendfünfhundert Lire.

Ist das Vergehen aus Fahrlässigkeit oder Unklugheit [4]) des Verwahrers begangen, so wird derselbe mit Geldstrafe von fünfzig bis eintausend Lire bestraft.

Ist der Werth der Sache gering, oder erstattet der Thäter die Sache oder deren Werth vor einer Anzeige bei Gericht zurück, so wird die Strafe um ein Sechstel bis ein Drittel ermässigt.

---

[3]) „corpi di reato" = „corpora delicti". Die preuss. Crimin.-Ordnung (§ 133) versteht unter „corpus delicti" den Thatbestand des Verbrechens.

[4]) S. Anm. zu Art. 106.

Zehntes Kapitel.

Von der Prahlerei mit dem Ansehen bei öffentlichen Beamten[1]).

204. Wer dadurch, dass er mit Ansehen bei einem Parlamentsmitgliede oder einem öffentlichen Beamten oder mit Beziehungen zu denselben prahlt, für sich oder einen Anderen Geld oder einen anderen Vortheil als Anregung oder als Belohnung für seine Vermittelung bei denselben, oder unter dem Vorwand, die Gunst derselben erwerben oder sie entschädigen zu müssen, annimmt oder sich geben oder versprechen lässt, wird mit Einschliessung von ein bis zu fünf Jahren und mit Geldstrafe von fünfzig bis zu eintausendfünfhundert Lire bestraft.

Ist der Thäter ein öffentlicher Beamter, so tritt in jedem Falle zu den festgesetzten Strafen die zeitige Untersagung der Bekleidung öffentlicher Aemter hinzu.

Elftes Kapitel.

Von der Nichterfüllung von Verpflichtungen und von den Betrügereien bei öffentlichen Lieferungen[1]).

205. Wer die übernommenen Verpflichtungen insofern nicht erfüllt,

---

[1]) „del millantato credito presso pubblici ufficiali". Mot. II S. 100. Kommiss. Ber. S. 190. Entw. Art. 193. Cod. Sardo 313 und 314. Cod. Tosc. 200.

Dieser specifisch italienische Reat findet sich in keinem anderen Strafrecht, dagegen nicht allein in den bis jetzt in Geltung gewesenen Gesetzbüchern dem sardinischen und dem toskanischen Strafgesetzbuch, sondern auch in allen übrigen Strafgesetzbüchern, welche überhaupt in Italien Geltung gehabt haben, so im Strafgesetzbuch beider Sicilien vom 1. September 1819 Art. 206, für Parma vom 1. Januar 1821 Art. 189 und für Este vom 1. Mai 1856 Art. 191. Den römischen, allerdings nachclassischen Grundsatz „fumo punitur, qui vendidit fumum" hat auch der jetzige Codifikator beizubehalten für nothwendig erachtet. Wenngleich auch die Gesetzescommission (S. 190) sich sagte, dass das Vergehen die Thatbestandsmerkmale des Betruges enthalten könne, so hat sie sich doch für die Aufrechterhaltung dieser Specialvorschrift im Interesse der Beamten ausgesprochen, da denselben keine grössere Ehrenverletzung zugefügt werden könne, als durch den Vorwurf der Käuflichkeit ihres Einflusses. Mit Rücksicht auf diesen Gesichtspunkt hat man diese Strafvorschrift dem Kapitel von den Vergehen wider die öffentliche Verwaltung, und nicht den Vergehen wider das Eigenthum einverleibt.

[1]) „Dell' inadempimento di obblighi e delle frodi nelle pubbliche forniture". Mot. II S. 100. Kommiss. Ber. S. 191. Cod. Sardo 398 und 399. Cod. Nap

als er die für eine öffentliche Anstalt oder einen öffentlichen Dienst oder zur Verhinderung eines öffentlichen Nothstandes nothwendigen Lebensmittel oder anderen Gegenstände nicht liefert, wird mit Einschliessung von sechs Monaten bis zu drei Jahren und mit Geldstrafe über fünfhundert Lire bestraft.

Fand die Nichterfüllung nur infolge einer Fahrlässigkeit statt, so wird der Thäter mit Gefängniss bis zu einem Jahr und mit Geldstrafe bis zu dreitausend Lire bestraft.

206. Wer in der Art, Beschaffenheit oder Menge der im voraufgehenden Artikel angegebenen Sachen einen Betrug begeht, wird mit Einschliessung von sechs Monat bis zu fünf Jahren und mit Geldstrafe über fünfhundert Lire bestraft.

Handelt es sich um Betrügereien bei anderen für eine öffentliche Anstalt oder einen öffentlichen Dienst bestimmten Lieferungen, so besteht die Strafe in Einschliessung bis zu zwei Jahren und in Geldstrafe bis zu dreitausend Lire.

Zwölftes Kapitel.

Gemeinsame Bestimmungen zu den voraufgehenden Kapiteln [1].

207. Bezüglich der Wirkungen des Strafgesetzes werden unter öffentlichen Beamten verstanden:

1) diejenigen, welche mit auch nur vorübergehenden, besoldeten oder unbesoldeten öffentlichen Amtsverrichtungen im Dienste des Staates, der Provinzen oder der Gemeinden, oder einer dem Schutze des Staates, einer Provinz oder einer Gemeinde gesetzlich unterstellten Anstalt betraut sind,

2) die Notare [2]),

3) die Agenten der öffentlichen Gewalt und die der Gerichtsbehörde beigegebenen Gerichtsvollzieher [3]).

430 ff. Auch das D. Str.-G.-B. (§ 329) bestraft schon die Fahrlässigkeit bei Nichterfüllung eines Lieferungsvertrages, falls ein (öffentlicher) Schaden verursacht worden ist. — Besonders hart, unter Umständen mit lebenslänglicher Zwangsarbeit (jetzt Kerker), bestrafen die ital. Strafgesetzbücher für das Heer und für die Marine (Art. 190 bezw. 200) die Pflichtvergessenheit seitens eines Militärs bezw. Seemanns bei der Armee- bezw. Marineverpflegung.

[1]) Mot. II S. 101 ff. Kommiss. Ber. 191. Entw. Art. 196 - 200. D. Str.-G.-B. § 359.

[2]) Vgl. Anm. zu Art. 275.

[3]) „uscieri", (huissier, ostiarius, ustiarius). Dieselben bewirken auch die Ladun-

Den öffentlichen Beamten sind bezüglich dieser Wirkungen die Geschworenen, die Schiedsrichter, die Sachverständigen, die Dolmetscher und die Zeugen gleichgestellt, solange dieselben zur Ausübung ihres Berufes berufen sind.

208[4]). Falls das Gesetz die Eigenschaft eines öffentlichen Beamten als einen eine Strafthat bestimmenden Grundbegriff[5]) oder einen dieselbe erschwerenden Umstand ansieht, weil sie in Veranlassung des von demselben ausgeübten Berufes begangen worden ist, so begreift es auch den Fall, dass die in dem voraufgehenden Artikel angegebenen Personen in dem Augenblick, als die That begangen ist, die Eigenschaft eines öffentlichen Beamten nicht mehr haben oder die Amtsverrichtungen nicht mehr ausüben.

209. Wenn Jemand, um ein Vergehen zu begehen, sich der Befugnisse oder der Mittel bedient, welche mit dem von ihm bekleideten öffentlichen Amte verbunden sind, so wird die für das begangene Vergehen festgesetzte Strafe um ein Sechstel bis um ein Drittel erhöht, unbeschadet des Umstandes, dass die Eigenschaft des öffentlichen Beamten vom Gesetz bereits in Erwägung gezogen ist.

Vierter Titel.

Von den Vergehen wider die Rechtspflege[1]).

Erstes Kapitel.

Von der Verweigerung gesetzlich obliegender Pflichten[2]).

210. Wer von der richterlichen Behörde als Zeuge, Sachverständiger oder Dolmetscher berufen, unter Anführung eines falschen

gen vor Gericht, die Benachrichtigungen u. s. w. Art. 163 ff., 189 ff., 332 ff. und 527 ff. Ital. Straf-Proc.-Ordn. und Art. 41 ff. und 132 ff. Ital. Civ.-Proc.-Ordn.

[4]) Um allen bisherigen Zweifeln ein Ende zu setzen will der Gesetzgeber (Mot. II S. 103) die Beamten als solche auch dann angesehen wissen, wenn dieselben zur Begehung der That zwar nicht mehr im Amte sind, immerhin aber die gegen sie oder von ihnen begangene That mit ihrem Amte im ursächlichen Zusammenhange steht.

[5]) „come elemento costitutivo".

[1]) „Dei delitti contro l'amministrazione della Giustizia". Mot. II S. 106 ff. Kommiss. Ber. S. 193 ff.

Die Aufstellung einer Klasse von Vergehen unter dem gewählten, vorgen.

Vorwandes vom Erscheinen befreit zu werden beantragt, oder wer zwar erschienen, sich weigert, das Zeugniss abzulegen, oder die Pflicht eines Sachverständigen oder Dolmetschers zu erfüllen, wird mit Gefängniss bis zu sechs Monaten oder mit Geldstrafe von einhundert bis zu tausend Lire bestraft.

Diese Bestimmung kommt auch gegen die Geschworenen zur Anwendung, wenn dieselben unter Anführung eines falschen Vorwande die Befreiung beantragen.

Handelt es sich um einen Sachverständigen, so hat die Verur-

Titel ist neu. Der Gesetzgeber will in dieselbe alle diejenigen Vergehen subsumiren, welche einen Angriff gegen die vom Staate zur Ausübung der Rechtspflege eingesetzten Behörden oder als einen Eingriff in die Machtbefugniss derselben, unmittelbar oder mittelbar, unter Umständen auch durch eine Verweigerung oder Unterlassung der Erfüllung einer vom Staate auferlegten Pflicht darstellen. Sinngemäss mussten daher u. A. der Zweikampf (Kap. 9), die nach ital. Recht strafbare Selbsthülfe (Kap. 8), die nicht (aus Gewinnsucht) dem Thäter nach Begehung der That durch Erschwerung oder Vereitelung seiner Verfolgung gewährte Begünstigung (Kap. 6) in diesem Titel ihren Platz einnehmen.

Den bisherigen italienischen Strafgesetzbüchern, insbesondere dem sardinischen Codex war diese Klasse vom Vergehen unbekannt. Nach der auch von ihm beliebten Kategorisirung der Reate nach dem inneren Wesen derselben fanden die im 1., 2., 3. und 4. Kapitel erörterten Vergehen ihre Stellung im Titel von den Vergehen wider das öffentliche Vertrauen (contro la fede pubblica) die im 5. bis 8. Kapitel behandelten Reate figurirten als Vergehen wider die öffentliche Verwaltung, und der Zweikampf endlich hatte seine Stellung — neben der Beleidigung — im Kapitel „von den Strafthaten wider die Personen" gefunden. Vgl. Art. 306 ff., 380, 375 ff., 364 ff., 222 ff., 225 ff., 284 u. 271 ff., 286, 588 ff. Cod. Sardo.

[2]) „Del rifiuto di ufficii legalmente dovuti". Mot. II S. 108. Kommiss. Ber. S. 193. Entwurf Art. 201. Cod. Sard. 306 und 307. Cod. Tosc. 149. Das Deutsche Strafgesetzbuch (§ 138) bestraft wie das französische — Cod. Nap. 236 — nur die Vorschützung einer unwahren Thatsache als Entschuldigung seitens eines Zeugen, Geschworenen (oder Schöffen). Dagegen ist das unentschuldigte Ausbleiben derselben sowie des Sachverständigen, die Verweigerung des Zeugnisses oder Gutachtens seitens des Zeugen oder Sachverständigen sowie die Verweigerung der Eidesleistung seitens des Ersteren, abgesehen von den gegen widerspenstige Zeugen anzuwendenden Zwangsmaassregeln, nur mit Ordnungsstrafen bedroht. (§§ 50, 69 und 77 Str.-Proc.-Ordn. §§ 345, 355 und 374 Civ.-Proc.-Ordn. §§ 56 und 96 Ger.-Verf.-Ges. — Das ital. Gesetz vom 8. Juni 1874 „sui giurati" ordnet die Rechte und Pflichten der Geschworenen. Der Zuständigkeit der Schwurgerichte unterliegen die Vergehen gegen die innere und äussere Sicherheit des Staates (Tit. I Buch II), gegen die Ausübung der polit. Rechte (Art. 139), die Vergehen der Religionsdiener (Art. 140), die mittels der Presse begangenen Vergehen gegen die Krone, das Parlament, die Religion, die guten Sitten, die dgl. Angriffe auf

theilung die Untersagung der Ausübung des Gewerbes oder der Kunst[3]) für eine der Dauer der Gefängnisstrafe gleichkommende Zeit zur Folge.

Zweites Kapitel.

Von der Erheuchelung einer Strafthat[1]).

211. Wer bei einer gerichtlichen Behörde oder bei einem öffentlichen Beamten, welcher die Verpflichtung hat, der Behörde selbst Bericht hierüber zu erstatten, eine Strafthat anzeigt, von welcher er weiss, dass dieselbe nicht stattgefunden hat, oder wer die Spuren derselben in einer Weise erheuchelt, dass ein Strafverfahren zu ihrer Feststellung eröffnet werden kann, wird mit Einschliessung bis zu dreissig Monaten bestraft.

Derselben Strafe unterliegt derjenige, welcher bei einer richterlichen Behörde fälschlich erklärt, eine Strafthat begangenoder an der Begehung einer solchen Theil genommen zu haben, ausgenommen, dass die falsche Erklärung darauf gerichtet ist, einen Angehörigen zu retten[2]).

Drittes Kapitel.

Von der wissentlich falschen Anschuldigung[1]).

212. Wer durch eine Anzeige oder einen Antrag bei einer richterlichen Behörde oder bei einem öffentlichen Beamten, welcher die Verpflichtung hat, der Behörde selbst Bericht hierüber zu erstatten, Jemanden, von dem er weiss, dass er unschuldig ist, einer Strafthat beschuldigt, oder zu dessen Belastung die Spuren oder die Beweismittel für dieselbe erheuchelt, wird mit Einschliessung von einem bis

die Unverletzlichkeit des Eigenthums, die Heiligkeit des Eides und die Achtung vor den Gesetzen. Art. 9 Str.-Proc.-Ord. u. 14 ff. des Ital. Pressges. v. 26. März 1848.

[3]) Vgl. Art. 25.

[1]) „Della simulazione di Reato". Mot. II S. 109. Kommiss. Ber. 194. Entw. Art. 202.

Dieser nur dem italienischen Strafrecht bekannte Reat findet sich auch schon in den früheren Strafgesetzbüchern. Cod. Sard. Art. 380 und Cod. Tosc. Art. 151.

[2]) d. h. vor der Strafverfolgung „salvare un prossimo congiunto" (vgl. Art. 191). Die mitleidsvolle Aufopferung (pietoso sacrificio) für einen Angehörigen als Motiv zur That soll Letztere straflos machen, — Mot. II S. 110 — eine auch dem früheren ital. Strafrecht unbekannte Bestimmung,

[1]) „Della calunnia". Mot. II S. 111 ff. Kommiss. Ber. S. 194 ff. Entw. Art. 203—204. Cod. Sard. 375 ff. Cod. Tosc. 266 ff. Cod. Nap. 373. D. Str.-G.-B. §§ 164—165. Oester. Str.-G.-B. 209 ff.

zu fünf Jahren und mit zeitiger Untersagung der Bekleidung öffentlicher Aemter bestraft.

Der Thäter wird mit dauernder Untersagung der Bekleidung öffentlicher Aemter[2]) und mit Einschliessung von drei bis zu zwölf Jahren bestraft:

1) wenn die vorgeworfene Strafthat eine Freiheitsstrafe von über fünf Jahre herbeiführt,

2) wenn in Folge der falschen Beschuldigung eine Verurtheilung zu einer Freiheitsstrafe ausgesprochen wird.

Die Einschliessung darf nicht unter fünfzehn Jahren betragen, wenn eine Verurtheilung zu einer höheren Strafe als Einschliessung ausgesprochen wird[3]).

213. Die in dem voraufgehenden Artikel festgesetzten Strafen werden um zwei Drittel herabgesetzt, wenn der Thäter des daselbst vorgesehenen Vergehens vor irgend welcher Handlung in dem Verfahren gegen die fälschlich beschuldigte Person die Beschuldigung zurücknimmt oder die Erheuchelung enthüllt; dieselben werden nur um ein Drittel bis um die Hälfte herabgesetzt, wenn die Zurücknahme oder die Enthüllung zu einer späteren Zeit stattfindet, jedoch bevor über die fälschlich vorgeworfene That der Wahrspruch der Geschworenen in den Verfahren vor dem Schwurgerichtshof, oder das Urtheil in den anderen Verfahren verkündet worden ist[4]).

Viertes Kapitel.

Von der Unwahrheit vor Gericht[1]).

214. Wer vor einer richterlichen Behörde das Falsche versichert, oder das Wahre verneint, oder ganz oder zum Theil das verschweigt,

---

[2]) S. Art. 11 und 20.

[3]) Es kann also nur der (lebenslängliche) Kerker gemeint sein. Art. 11.

[4]) Auch in den früheren italienischen Strafgesetzbüchern war die den sonstigen Strafrechten unbekannte Berücksichtigung des Widerrufes der Beschuldigung vorgesehen. Cod. Sardo 379, Cod. Tosc. 268, Cod Este 337. S. auch Anm. 2 S. 99.

[1]) „Della falsità in giudicio". Mot. II S. 114 ff. Kommiss. Ber. S. 194 ff. Entw. Art. 205—210. Cod. Sardo 364 ff., Cod. Tosc. 271 ff. Cod. Parma 400 ff. Cod. Este 322. Cod. Due Sicilie 188 ff. Reg. Pontif. 159 ff. Cod. Nap. 361 ff. D. Str.-G.-B. §§ 153 ff. Oest. Str.-G.-B. § 199[1].

Die Behandlung wahrheitswidriger Bekundungen vor Gericht, wie dieselbe im vorliegenden Kapitel entwickelt ist, weicht von den bisherigen italienischen

was er von den Thatsachen, über welche er befragt wird, weiss, wird mit Einschliessung von einem bis zu dreissig Monaten und mit vorübergehender Untersagung der Bekleidung öffentlicher Aemter bestraft.

---

und namentlich vom Deutschen Strafrecht zum Theil erheblich ab: die Unwahrheit tritt vor Gericht in zwei Formen auf:

1) als falsches Zeugniss (falsa testimonianza) Art. 214 seitens des Zeugen, des Sachverständigen oder Dolmetschers, beeidigt oder — unter Strafminderung, unbeeidigt,
2) als Parteieid in einem bürgerlichen Rechtsstreit (Spergiuro). Art. 221.

Die fahrlässige Verletzung des Eides wird in beiden Fällen nicht bestraft, sondern nur die beabsichtigte. Es geht dies aus dem einfachen Wortlaut des Artikels 214 und aus den Bestimmungen des Artikels 45 hervor. Vgl. auch das dort i. d. Anm. Gesagte. Das in den früheren ital. Strafgesetzbüchern dem Thatbestande des Meineides ausdrücklich hinzugefügte Erforderniss des „scientemente" ist in den jetzigen Text nicht mit aufgenommen. Vgl. übrigens die ähnliche Bestimmung des Art. 301 Cod. Nap.

Die Anstiftung zu einem thatsächlich eidlich oder uneidlich abgegebenen falschen Zeugniss — subornazione — wird härter bestraft als die Abgabe des falschen Zeugnisses selbst. Art. 218.

Die Verleitung d. h. die mittels Drohungen, Geschenke oder Versprechungen versuchte Anstiftung wird unter Minderung der für die Anstiftung festgesetzten Strafe bestraft. Art. 218 dritter Abschnitt.

Die Voraussetzungen, welche nach Deutschem Strafrecht (§ 157[1 und 2] und 158) nur Strafermässigung eintreten lassen, führen nach ital. Recht Straffreiheit herbei und sind auch was die Gefährdung durch die Pflichtvergessenheit des Zeugen betrifft, weiter ausgedehnt, insofern als dieselben nicht allein in einer für denselben zu gewärtigenden strafrechtlichen Verfolgung (wegen eines Verbrechens oder Vergehens), sondern schon in der Erwartung eines ihm oder einem Angehörigen für Freiheit oder Ehre drohenden Schadens bestehen können.

Die Verurtheilung wegen Meineides, welche nach Deutschem Recht, abgesehen von der Strafe des Ehrverlustes, die dauernde Unfähigkeit des Verurtheilten, als Zeuge oder Sachverständiger eidlich vernommen zu werden, stets zur Folge hat, — eine dem italienischen Recht überhaupt unbekannte Nebenstrafe, ruft nach Letzterem in den Fällen des Artikels 214, 217, 218 und 221 nur die der erstgenannten Strafe ähnliche, vorübergehende Untersagung der Bekleidung öffentlicher Aemter. Vgl. über Letztere Art. 20. — Die Bestimmungen des früheren Strafgesetzbuches (Art. 25 Cod. Sardo), nach welchen die zu den infamirenden Strafen, d. h. zu Todesstrafe, zu lebenslänglicher oder wegen Erpressung, Raubes, Diebstahls, Münzfälschung, falschen Zeugnisses und wissentlich falscher Anschuldigung zu zeitiger Zwangsarbeit Verurtheilten (Art. 23 und 24) weder als Sachverständige noch als Zeugen vor Gericht, — abgesehen von einfachen Angaben (semplici indicazioni) — vernommen werden durften, sind jetzt aufgehoben.

Ueber die Zulassung, Vernehmung und Vereidigung der Zeugen gelten nach ital. Recht folgende dem Straf- und Civilprocess im Wesentlichen gemeinsamen Bestimmungen: Personen unter vierzehn Jahren können nur über eine einfache

Einschliessung von einem bis zu fünf Jahren tritt ein, wenn die That begangen zum Schaden eines Beschuldigten oder in der Verhandlung in einem Prozess wegen eines Vergehens begangen wird, und von drei bis zu zehn Jahren, wenn diese beiden Umstände zusammentreffen.

Hat die That eine Verurtheilung zu einer schwereren Strafe als Einschliessung zur Folge, so tritt Einschliessung von zehn bis zu zwanzig Jahren ein.

Ist das Zeugniss ohne Eid abgelegt worden, so wird die Strafe um den sechsten bis zum dritten Theil ermässigt.

215. Straffrei bleibt wegen der im voraufgehenden Artikel vorgesehenen That:

Aufklärung (semplice schiarimento) unvereidigt vernommen werden. Verwandte auf- und absteigender Linie, Brüder, Schwestern, Onkel, Neffen und andere in gleichem Grade Verwandte, sowie der auch geschiedene Ehegatte dürfen, bei Strafe der Nichtigkeit des Verfahrens, als Zeugen überhaupt nicht vernommen werden, — jedoch im Strafprocess mit der Ausnahme, wenn es sich um ein zum Nachtheil eines Familienmitgliedes begangenes Vergehen handelt, das auf andere Weise nicht erwiesen werden kann: und im Civilprocess, wenn es sich um Personenstandesfragen handelt. Ebensowenig dürfen Rechtsanwälte oder Vertheidiger sowie Medicinalpersonen, — bei Strafe der Nichtigkeit — über ihnen in Ausübung ihres Berufes anvertraute Angelegenheiten als Zeugen vernommen werden, unbeschadet der den letztgenannten Personen im Art. 439 Str.-G.-B. auferlegten Verpflichtung. Immer sind diese Zeugen über ihr Recht auf Ablehnung ihrer Vernehmung zu belehren (bei Strafe der Nichtigkeit). Ebensowenig darf die Person, welche die Strafanzeige erstattet oder die Beschuldigung erhoben hat, unter dem Eide vernommen werden, abgesehen von ihrer Befragung seitens des Beschuldigten oder Angeklagten im Interesse des Letzteren. — Uebrigens kann das Gericht den unentschuldigt ausgebliebenen Zeugen in eine Geldstrafe von zehn bis hundert Lire nehmen, auch seine Vorführung beschliessen.

Die Zeugen werden vor ihrer Vernehmung vereidigt und sind auf die sittliche Bedeutung des Eides und auf die Heiligkeit der Handlung hinzuweisen. Sie haben ihr Personale, ihr etwaiges verwandtschaftliches oder dienstliches Verhältniss zum Beschuldigten bezw. zu einer Partei, sowie ihr etwaiges Interesse zur Sache anzugeben, sowie ferner, im Strafprocess, ob sie Gläubiger oder Schuldner des Beschuldigten oder des Verletzten und ob sie geschädigt worden sind. — Die ital. Eidesformel lautet: Giuro, chiamando Dio in testimonio della verità di quanto dichiaro". („Ich schwöre, unter Anrufung Gottes zum Zeugen der Wahrheit dessen, was ich erkläre"). Eine Wiederholung der bereits im vorbereitenden Verfahren stattgehabten Vereidigung findet im weiteren Verlaufe des Processes nicht statt. Vgl. Art. 285—289, 292, 297—298, 172 und 175 Codice di procedura penale. Art. 236 ff., 242 ff., 226 ff. Codice di procedura civile. Vgl. die nur unwesentlich abweichenden deutschrechtlichen Bestimmungen in §§ 51 ff. Str.-Proc.-Ordn. und §§ 348 ff. Civ.-Proc.-Ordn.

1) wer durch Offenbarung der Wahrheit sich selbst oder einen Angehörigen[2]) unvermeidlich einem schweren Schaden an der Freiheit oder an der Ehre aussetzen würde,

2) wer wegen seiner dem Richter von ihm erklärten persönlichen Eigenschaften als Zeuge nicht vernommen werden durfte oder über die Befugniss, sich der Zeugnissablegung zu enthalten, belehrt werden musste.

Die Strafe wird nur um die Hälfte bis zwei Drittel ermässigt, wenn die falsche Bekundung eine andere Person einem Strafverfahren oder einer Verurtheilung aussetzt.

216. Straffrei bleibt wegen der im Artikel 214 vorgesehenen That, wer, nachdem er in einem Strafverfahren Zeugniss abgelegt hat, das Falsche zurücknimmt und das Wahre bekundet, bevor die Untersuchung mit einem Erkenntniss oder mit einer Verfügung, dass dem Verfahren nicht weiter stattzugeben ist, oder bevor die Verhandlung geschlossen ist, oder bevor die Sache wegen des falschen Zeugnisses zu einer anderweitigen Audienz vertagt worden ist.

Hat der Widerruf zu einer späteren Zeit stattgefunden oder betrifft derselbe eine falsche Bekundung in einem Civilprozess, so wird die Strafe um den dritten Theil bis um die Hälfte ermässigt, wenn nur der Widerruf stattfand, ehe in der Sache, in welcher das falsche Zeugniss abgelegt wurde, der Wahrspruch der Geschworenen in den Verfahren vor dem Schwurgerichtshof, oder das Erkenntniss in den anderen Sachen verkündet worden ist.

Ist durch die falsche Bekundung die Inhaftnahme einer Person oder ein anderer schwerer Schaden für dieselbe herbeigeführt worden, so wird die Strefe nur um ein Drittel im Falle des ersten Theiles, und um ein Sechstel im Falle des ersten Absatzes des gegenwärtigen Artikels ermässigt.

217. Die Bestimmungen der vorhergehenden Artikel kommen auch gegen Sachverständige und Dolmetscher[3]) zur Anwendung, welche in dieser ihrer Eigenschaft vor eine richterliche Behörde geladen, lügenhafte Gutachten, Auskünfte oder Auslegungen abgeben; auch kann, was die

---

[2]) S. Art. 191.

[3]) „interpreti". Der Person des Dolmetschers gedenkt das D. Str.-G.-B. nicht besonders. Die Pflicht und die Thätigkeit desselben fallen mit der eines Sachverständigen zusammen.

Sachverständigen betrifft, die zeitige Untersagung der Ausübung der öffentlichen Aemter auf die Ausübung des Gewerbes oder der Kunst erstreckt werden.

218. Wer einen Zeugen, Sachverständigen oder Dolmetscher verleitet, dass derselbe das im Artikel 214 vorgesehene Vergehen begeht, wird, wenn das falsche Zeugniss, Gutachten oder die falsche Auslegung abgegeben wird, bestraft:

1) mit Einschliessung von drei Monaten bis zu drei Jahren in dem im ersten Theile des Artikels 214 vorgesehenen Falle;

2) mit Einschliessung von zwei bis zu sechs Jahren, beziehungsweise von fünf bis zu zehn Jahren in den im ersten Absatz desselben Artikels vorgesehenen Fällen;

3) mit Reklusion nicht unter zwölf Jahren in dem im zweiten Absatz desselben Artikels vorgesehenen Falle.

Ist das falsche Zeugniss, Gutachten oder die falsche Auslegung ohne Eid abgegeben worden[4]), so wird die Strafe um ein Sechstel bis um ein Drittel ermässigt.

Wird nur versucht, durch Drohungen, Geschenke oder Versprechungen den Zeugen, den Sachverständigen oder den Dolmetscher zu verleiten, so werden die in den voraufgehenden Bestimmungen festgesetzten Strafen au ein Drittel zurückgeführt.

Hat die Verurtheilung nicht die dauernde Untersagung zur Folge gehabt, so tritt immer die vorübergehende Untersagung der Bekleidung öffentlicher Aemter hinzu.

Alles, was vom Verleiter gegeben worden ist, wird eingezogen.

219. Die im vorhergehenden Artikel festgesetzten Strafen werden um die Hälfte bis um zwei Drittel ermässigt, wenn der Thäter des dort vorgesehenen Vergehens der Beschuldigte oder ein Angehöriger[5]) desselben ist, sofern er nur nicht eine andere Person einem Strafverfahren oder einer Verurtheilung ausgesetzt hat.

220. Ist das falsche Zeugniss, Gutachten oder die falsche Auslegung in der im Artikel 216 angegebenen Weise und Zeit widerrufen worden, so wird die Strafe gegen den Thäter des im Artikel 218 vorgesehenen Vergehens um ein Sechstel bis um ein Drittel ermässigt.

[4]) S. Art. 214 a. E.

[5]) S. Art. 191.

221. Wer als Partei in einem bürgerlichen Rechtsstreit das Falsche beschwört, wird mit Einschliessung von sechs bis zu dreissig Monaten, mit Geldstrafe von einhundert bis zu dreitausend Lire und mit zeitiger Untersagung der Bekleidung öffentlicher Aemter bestraft.

Widerruft der Thäter vor der Beendigung des Rechtsstreites, so tritt Einschliessung von einem bis zu sechs Monaten ein.

Fünftes Kapitel.

Von der Prävarication [1]).

222. Der Anwalt, welcher dadurch, dass er sich mit der Gegenpartei einlässt, oder auf andere betrügerische Weise die ihm anvertraute Sache schädigt, oder der in derselben Sache gleichzeitig der Gegenpartei beisteht, wird mit Einschliessung von drei bis zu dreissig Monaten, mit zeitiger Untersagung der Bekleidung öffentlicher Aemter, welche sich auf die Ausübung des Berufs erstreckt, und mit Geldstrafe von einhundert bis zu dreitausend Lire bestraft.

Uebernimmt derselbe, nachdem er eine Partei vertreten hat, ohne deren Einwilligung in derselben Sache die Vertretung der Gegenpartei, so wird er mit Einschliessung bis zu sechs Monaten oder mit Geldstrafe von fünfhundert bis zu fünftausend Lire bestraft.

223. Ein Anwalt in einer Strafsache, welcher, abgesehen von den in dem voraufgehenden Artikel vorgesehenen Fällen, gegen die Pflichten seines Amtes sich untreu zeigt und hierdurch den von ihm vertheidigten Beschuldigten schädigt, wird mit Einschliessung von einem Monat bis zu drei Jahren und mit zeitiger Untersagung der Bekleidung öffentlicher Aemter, welche sich auf die Ausübung seines Berufes erstreckt, bestraft.

War der Vertheidigte eines Vergehens beschuldigt, für welches

[1]) „Della prevaricazione". „Praevaricator est quasi varicator, qui diversam caussam adjuvat, prodita caussa sua". L. 1 D. de praevar. (47, 15). Mot. II S. 125. Komm. Ber. 200. Entw. 211—213. Cod. Sardo 310 ff. Cod. Tosc. 198. Auch in allen übrigen früheren ital. Strafgesetzbüchern findet dieses Vergehen eine ausführliche Behandlung. Cod. Due Sicilie 208 ff. Cod. Parma 186 ff. Cod. Este 188 ff. — Vgl. auch Span. Str.-G.-B. Art. 274. Der Code pénal und das Oest. Str.-G.-B. kennen die Prävarikation als besonderes Vergehen nicht. — D. Str.-G.-B. § 356.

eine Freiheitsstrafe von über fünf Jahren festgesetzt ist, so tritt Einschliessung von drei bis zu acht Jahren ein.

224. Der Anwalt, welcher unter dem Vorwande, die Gunst des Zeugen, Sachverständigen oder Dolmetschers oder des öffentlichen Anklägers, welcher in der Sache zu befinden hat, des Richters oder des Geschworenen, welcher in der Sache zu entscheiden hat, zu gewinnen oder dieselbe entschädigen zu müssen, sich Geld oder andere Sachen von seinem Clienten verabfolgen lässt, wird mit Einschliessung von zwei bis zu sechs Jahren, mit Geldstrafe nicht unter dreitausend Lire und mit zeitiger Untersagung der Bekleidung öffentlicher Aemter, welche auf die Ausübung des Berufes sich erstreckt, bestraft.

Sechstes Kapitel.

Von der Begünstigung [1]).

225. Wer nach Begehung eines Vergehens, für welches keine geringere Strafe als Gefängniss festgesetzt ist, ohne voraufgegangene Verabredung zu dem Vergehen selbst, und ohne an der weiteren Durchführung desselben beizutragen, einem Anderen beisteht, um ihm den Vortheil des Vergehens zu sichern, die Nachspürungen der Behörde zu vereiteln oder um ihn den Nachforschungen derselben oder der Urtheilsvollstreckung zu entziehen, und wer die Spuren oder die Merkmale eines Vergehens, welches die vorgenannte Strafe nach sich zieht, unterdrückt oder irgendwie vernichtet oder fälscht, wird mit Einschliessung oder mit Gefängniss bis zu fünf Jahren bestraft; nur darf die Strafe die Hälfte der für die Vergehen selbst festgesetzten Strafe nicht üerschreiten.

Handelt es sich um andere Strafthaten [2]), so besteht die Strafe in Geldstrafe bis zu eintausend Lire.

Straffrei bleibt, wer die That zu Gunsten eines Angehörigen [3]) begangen hat.

[1]) „Del favoreggiamento". Mot. II S. 132. Kommiss. Ber. 200. Entw. Art. 214. Cod. Sard. 285. Cod. Tosc. 60 ff. Cod. 248. D. Str.-G.-B. § 257. Oest. Str.-G.-B. 214 ff. — Ueber „Begünstigung" im Sinne des vorstehenden Artikels s. das in der Anm. zum 5. Kapitel des 10. Titels Gesagte (Art. 421), sowie auch Anm. 1 am Anfang dieses Titels und Anm. 1 zu Art. 63.

[2]) nemlich die nur mit Verweisung, Haft oder Geldstrafe bedroht sind (Art. 11).

[3]) S. Art. 191.

Siebentes Kapitel.

Von der Entweichung und von der Nichtbefolgung der Strafe[1]).

226. Wer, gesetzmässig verhaftet, unter Anwendung von Gewalt gegen Personen oder mittels Ausbruchs entweicht, wird mit Gefängniss von drei bis zu achtzehn Monaten bestraft.

227. Der Verurtheilte, welcher unter Anwendung eines der im voraufgehenden Artikel angegebenen Mittel entweicht, unterliegt

1) einer Verlängerung der beständigen Einzelhaft bis zu zwei Jahren oder einem neuen Zeitraum einer solchen Haft auf eine gleiche Zeit, wenn er Kerker verbüsste[2]),

2) einer Verlängerung der noch zu verbüssenden Strafe um ein Drittel bis um die Hälfte, wenn es sich um eine andere Freiheitsstrafe handelt: nur darf diese Verlängerung nicht unter drei Monaten und nicht über drei Jahre betragen.

Die vorstehenden Bestimmungen kommen auch gegen den Verurtheilten, welcher nach Artikel 14 zur Arbeit ausserhalb der Strafanstalt zugelassen ist, für die That der Entweichung an sich von dem Orte, wo er sich zur Arbeit aufhält, zur Anwendung.

Handelt es sich um Einschliessung, so kommt die Verlängerung für die Strafzeit, welche der Verurtheilte noch zu verbüssen hatte, zur

[1]) „Della evasione e della inosservanza di pena". Mot. II S. 133 ff. Kommiss. Ber. 201. Entw. Art. 215 - 223.

Während das Deutsche Strafgesetzbuch (§§ 120—122, 347 und 361[1 und 2]) und das Oest. Str.-G.-B. (§§ 217—219) nur mit wenigen Bestimmungen der im vorstehenden Kapitel erörterten Materie gedenken, hat wie das französische so auch das italienische Strafrecht derselben eine umständliche Berücksichtigung von jeher zu Theil werden lassen, vielleicht mit Rücksicht auf die Leidenschaftlichkeit des südländischen Charakters, welchem Freiheitsbeschränkungen und -Entziehungen ungleich schwerer fallen. Cod. Sardo 271—284. Cod. Tosc. 155 bis 161. Cod. Parma 242—251. Cod. Este 213—228. Cod. Nap. 237—248. Nach Deutschem Strafrecht ist die Selbstbefreiung oder die Entweichung des Verhafteten, selbst wenn dieselbe unter erschwerenden Umständen stattfindet, an sich nicht strafbar. — Die „Inosservenza di pena" bestraft als besonderen Reat und zwar als Uebertretung das deutsche Strafgesetzbuch nur in zwei Fällen, nämlich wenn der unter Polizeiaufsicht gestellte den infolge derselben ihm auferlegten Beschränkungen zuwiderhandelt, sowie wenn der des Bundesgebietes oder des Gebietes eines Bundesstaates Verwiesene ohne Erlaubniss zurückkehrt. (§ 361[1 und 2] a. a. O.).

[2]) Vgl. Art. 12.

Anwendung, unbeschadet, dass es sich um die im Artikel 14 vorgesehene Art der Vollstreckung handelt; in diesem Falle wird die Strafverlängerung in der gewöhnlichen Strafanstalt mit Arbeit in Gemeinschaft verbüsst.

Nicht zur Anwendung kommen die Bestimmungen des Artikels 76.

228. Wer in irgend einer Weise die Entweichung eines Verhafteten oder Verurtheilten bewirkt oder erleichtert, wird mit Einschliessung oder mit Gefängniss von einem bis zu dreissig Monaten bestraft, unter Berücksichtigung der Schwere der Beschuldigung oder der Art und Dauer der noch zu verbüssenden Strafe; verbüsst der Verurtheilte die Kerkerstrafe, so tritt Einschliessung oder Gefängniss von dreissig Monaten bis zu vier Jahren ein.

Wendet der Thäter, um die Entweichung zu bewirken oder zu erleichtern, eines der im Artikel 226 angegebenen Mittel an, so tritt, wenn die Entweichung stattfindet, eine Strafe von zwei bis zu fünf Jahren, und, wenn die Entweichung nicht stattfindet, eine Strafe von einem Monat bis zu drei Jahren ein, in beiden Fällen unter Berücksichtigung der Schwere der Beschuldigung oder der Art und Dauer der noch zu verbüssenden Strafe.

Die Strafe wird um ein Drittel ermässigt, wenn der Thäter ein Angehöriger[3]) des Verhafteten oder Verurtheilten ist.

229. Der öffentliche Beamte, welcher mit der Ueberwachung oder mit der Ueberführung eines Verhafteten oder Verurtheilten betraut, in irgend einer Weise die Entweichung desselben bewirkt oder erleichtert, wird mit Einschliessung von einem bis zu fünf, und von drei bis zu acht Jahren, wenn der Entwichene die Kerkerstrafe verbüsste, sowie mit zeitiger Untersagung der Bekleidung öffentlicher Aemter bestraft, wenn die Verurtheilung die dauernde Untersagung nicht zur Folge hat.

Wirkt der Thäter, um die Entweichung zu bewirken oder zu erleichtern, bei der Gewalt oder bei dem Ausbruch mit, oder liefert derselbe die Waffen oder die Werkzeuge, oder verhindert er nicht die Lieferung derselben, so besteht die Strafe in dauernder Untersagung der Bekleidung öffentlicher Aemter und in Reklusion von drei bis zu zehn Jahren, wenn die Entweichung stattfand, und von einem bis zu fünf Jahren, wenn dieselbe nicht stattfand.

[3]) „prossimo congiunto“ S. Art. 191.

Fand die Entweichung in Folge der Fahrlässigkeit oder Unklugheit[4]) des öffentlichen Beamten statt, so wird derselbe mit Gefängniss von drei Monaten bis zu zwei Jahren, und von einem bis zu drei Jahren, wenn der Entwichene die Kerkerstrafe verbüsste, sowie mit zeitiger Untersagung der Bekleidung öffentlicher Aemter bestraft.

Bei Anwendung der Strafe wird immer der Schwere der vorgeworfenen Strafthat oder der Art und Dauer der noch zu verbüssenden Strafe Rechnung getragen.

230. Wird die in den voraufgehenden Artikeln vorgesehene Gewalt mit Waffen begangen oder hat die That seitens drei oder mehr Personen in Gemeinschaft oder nach voraufgegangener Verabredung stattgefunden, so werden die in diesen Artikeln festgesetzten Strafen um ein Drittel erhöht; verbüsst der Thäter die Kerkerstrafe, so kann die Erhöhung oder der neue Zeitraum der dauernden Einzelhaft bis um drei Jahre verlängert werden[5]).

231. Der öffentliche Beamte, welcher, mit der Ueberwachung oder Ueberführung eines Verhafteten oder Verurtheilten betraut, ohne Ermächtigung demselben erlaubt, auch nur vorübergehend von dem Orte, an welchem derselbe in Haft bleiben oder die Strafe verbüssen soll, sich zu entfernen, wird mit Gefängniss von einem Monat bis zu einem Jahre und mit vorübergehender Untersagung der Bekleidung öffentlicher Aemter bestraft.

Für den Fall, dass in Folge einer solchen Erlaubniss die Entweichung des Verhafteten oder Verurtheilten stattfindet, tritt Gefängniss von sechs Monaten bis zu vier Jahren ein.

232. Stellt der Entwichene sich freiwillig im Gefängniss, so besteht die Strafe im Falle des Artikels 226 in Gefängniss von einem Monat bis zu einem Jahre; im Falle des Artikel 227² beträgt die Verlängerung der Strafe nur ein Sechstel und darf dieselbe ein Jahr nicht überschreiten; und in dem im genannten Artikel 227¹ angesehenen Falle unterliegt der Entwichene keiner Straferhöhung.

233. Straffrei bleibt in dem im zweiten Absatz[6]) des Arti-

---

[4]) Ueber „imprudenza" S. Anm. zu Art. 109.

[5]) S. Art. 12.

[6]) Es ist der 3. Abschnitt: „Fand die Entweichung infolge einer Nachlässigkeit etc." gemeint.

kels 229 vorgesehenen Falle, und ebenso wenig unterliegt der Erhöhung der im Absatz des Artikels 231 festgesetzten Strafe der öffentliche Beamte als der Thäter der dort beziehungsweise vorgesehenen That, wenn er binnen drei Monate seit der Entweichung die Festnahme der Entwichenen oder die Gestellung derselben vor der Behörde bewirkt.

234. Abgesehen von den in anderen Bestimmungen des vorliegenden Gesetzbuches[7]) vorgesehenen Fällen, wird der Verurtheilte, welcher die aus der Verurtheilung hervorgehenden Pflichten verletzt, bestraft:

1) wenn es sich um die Untersagung der Bekleidung öffentlicher Aemter oder um die Untersagung der Ausübung eines Gewerbes oder einer Kunst handelt, mit Gefängniss bis zu einem Jahr oder mit Geldstrafe von einhundert bis zu dreitausend Lire bestraft, unbeschadet der Dauer der Strafe, zu welcher er verurtheilt worden ist,

2) wenn es sich um Polizeiaufsicht handelt, mit Einschliessung von einem Monat bis zu einem Jahr, wobei der Lauf der Polizeiaufsicht während der Dauer der Untersuchungshaft und der Einschliessung ausgesetzt bleibt.

Achtes Kapitel.

Von der eigenmächtigen Rechts-Ausübung[1]).

235. Wer, in der alleinigen Absicht, ein vorgeschütztes Recht auszuüben, in den Fällen, in welchen er sich an die Behörde wenden könnte, unter Anwendung von Gewalt gegen Sachen sich selbst Recht verschafft, wird mit Geldstrafe bis zu fünfhundert Lire bestraft.

[7]) Vgl. Art. 14², 17, 18², 20, 21¹, 22², 25, 26², 27³ und 28. Ueber die Vollstreckung der Strafen der Verweisung (confino, Art. 11⁴) und der Polizeiaufsicht (Art. 28) enthält die ital. Strafprocessordnung (Art. 778 ff.) ausführliche Vorschriften.

[1]) „Dell' esercizio arbitrario delle proprie ragioni". Mot. II S. 134. Kommiss. Ber. 201. Entw. Art. 224—225.

Die Bestrafung der eigenmächtigen Ausübung des Rechtes, der sogen. Selbsthülfe, selbst wenn dasselbe begründet ist, — Art. 236 — ist eine italienischrechtliche Specialität; sie findet sich bereits in sämmtlichen früheren italienischen Strafgesetzen vor, während sie allen anderen Strafrechten selbst dem Französischen

Wendet der Thäter Drohung oder Gewalt gegen die Personen an, auch ohne dass er Gewalt gegen Sachen anwendet, so wird derselbe mit Gefängniss bis zu einem Jahre oder mit Verweisung[2]) bis zu zwei Jahren und mit Geldstrafe bis zu eintausend Lire bestraft.

Wird die Gewalt mit Waffen[3]) begangen oder wird dieselbe von einer Körperverletzung begleitet, so darf, auch wenn dieselbe keine schwerere als die im letzten Abschnitt des Artikels 372 vorgesehene Folge herbeiführt, die Gefängniss nicht unter einem Monat, die Verweisung nicht unter drei Monat und die Geldstrafe nicht unter dreihundert Lire betragen.

Ist die That von einem anderen Vergehen, dessen wegen von Amtswegen eingeschritten werden muss, nicht begleitet, so wird nur auf Antrag eingeschritten.

236. Weist der Thäter des im voraufgehenden Artikel vorgesehenen Vergehens das Vorhandensein des Rechts nach, so wird die Strafe um ein Drittel ermässigt.

Neuntes Kapitel.

Vom Zweikampf[1]).

237. Wer einen Anderen zum Zweikampf herausfordert, wird,

unbekannt ist. Der vom Oester. Strafgesetzbuch (§ 83) vorgesehene Reat trägt mehr den Charakter einer auf ein irrthümlich für begründet erachtetes Recht zurückzuführenden Besitzstörung oder Nöthigung.

Cod. Sardo 286. Cod. Tosc. 146. Cod. Este 231. Cod. Parma 522. Cod. Romano 116. Cod. Due Sicilie 168.

[2]) „confino". Siehe hierüber Art. 11[4] und 18. Vgl. auch Anm. 2 zu Tit. II Buch I.

[3]) Siehe Art. 155 und Anm. das.

[1]) „Del duello". Mot. II S. 135 ff. Kommiss. Ber. S. 202 ff. Entw. Art. 226 bis 236. Cod. Sardo 588—594. Cod. Tosc. 340 ff. D. Str.-G.-B. §§ 201 ff. Oester. Str.-G.-B. § 158.

Während die Bestimmungen über den Zweikampf in den früheren italienischen Strafgesetzen ähnlich wie im Deutschen und im Oesterreichischen Strafgesetzbuch eine isolirte Stellung angewiesen erhalten hatten und nur im Sardinischen Gesetzbuch dem weitgehenden Titel von den Vergehen wider (die Sachen und) die Personen einrangirt waren, sind dieselben nunmehr dem wissenschaftlichen Charakter des Strafgesetzbuches entsprechend der allgemeinen Kategorie (Titel) der Vergehen wider die Rechtspflege einverleibt worden, und das mit Recht, denn gerade im Zweikampf kommt seinem innersten Wesen nach die Absicht, unter

auch wenn die Forderung nicht angenommen wird, mit Geldstrafe[2]) bis zu fünfhundert Lire bestraft; ist er aber die ungerechte und bestimmende Veranlassung der That, durch welche die Herausforderung herbeigeführt ist, gewesen, so besteht die Strafe in Gefängniss bis zu zwei Monaten.

Straffrei ist, wer zur Herausforderung durch eine schwere Beleidigung oder durch eine schwere Beschimpfung veranlasst worden ist[3]).

Wer die Herausforderung annimmt, wird, wenn er die ungerechte und bestimmende Veranlassung der That, durch welche dieselbe herbeigeführt, gewesen ist, mit Geldstrafe von einhundert bis zu eintausendfünfhundert Lire bestraft.

Wer die Herausforderung, falls die Veranlassung der That, durch welche erstere herbeigeführt wurde, annimmt, wird mit Geldstrafe von hundert bis zu eintausendfünfhundert Lire bestraft.

Findet der Zweikampf statt, so kommen nur die Bestimmungen der folgenden Artikel zur Anwendung.

238. Wer in einem Zweikampf von den Waffen Gebrauch macht, wird, auch wenn er dem Gegner eine Körperverletzung nicht zufügt, mit Gefängniss bis zu zwei Monaten bestraft.

Umgehung der vom Staate zur Erledigung der Streitigkeiten seiner Mitglieder eingesetzten Organe, sich selbst Hülfe in einer von diesem seiner selbst willen nicht zu billigenden Weise zu verschaffen, wie kaum bei einem anderen Vergehen zum Ausdruck.

Alle Kulturstaaten verwerfen und bestrafen den Zweikampf — vgl. Strafgesetzbuch für Belgien Art. 423 ff., Holland 152 ff., Portugal 381 ff., Spanien 431, Schweden Cap. XIV § 38, Ungarn 293 u. s. w. — Der Code pénal sowie die Strafgesetze von England und den Vereinigten Staaten N.-A.'s erwähnen des Zweikampfes überhaupt nicht. In Frankreich sind die Vorschriften über das Duell durch das Gesetz vom 15. September 1790, — dessen noch bestehende Gültigkeit angezweifelt wird — geregelt. In England wird die im Zweikampf beigebrachte Körperverletzung oder hervorgerufene Tödtung und unter Umständen auch die Herausforderung als Anstiftung oder Versuch hierzu nach den gemeinen Gesetzen nach Maassgabe des Gesetzes 24 und 25 Victoria c. 160 bestraft. Nach dem englischen Militär-Gesetzbuch von 1844 sollen Offiziere, welche zum Zweikampf anreizen oder sich einlassen, mit Entlassung oder „anderweitig" bestraft werden. Vgl. Stephen a. a. O. IV. S. 218.

[2]) Der Entwurf (Art. 226) bedrohte die auch nicht angenommene Herausforderung mit der hier sehr zweckmässigen Strafe der Verweisung. (confino, Art. 18).

[3]) Das Deutsche Strafgesetzbuch bedroht bedingungslos die Annahme der Herausforderung wie die Letztere selbst. Ebensowenig kennt dasselbe die im zweiten Absatz Art. 237 zugelassene Straffreiheit (§ 201).

Ist der Thäter die ungerechte und bestimmende Veranlassung des Zweikampfes gewesen, so beträgt die Gefängnissstrafe fünfzehn Tage bis vier Monat.

239. Der Duellant wird mit Gefängniss bestraft,

1) von sechs Monat bis zu fünf Jahren, wenn er den Gegner tödtet oder demselben eine Körperverletzung beibringt, durch welche der Tod verursacht wird,

2) von einem Monat bis zu zwei Jahren, wenn er demselben eine Körperverletzung beibringt, welche eine der im ersten Absatz des Artikels 372[4]) vorgesehenen Folgen herbeiführt,

3) bis zu vier Monat, wenn er ihm irgend eine andere Körperverletzung beibringt.

Ist der Thäter die ungerechte und bestimmende Veranlassung des Zweikampfes gewesen, so beträgt die Gefängnissstrafe im ersten Falle zwei bis sechs Jahr, im zweiten drei Monat bis drei Jahr, und im dritten Falle ein bis sechs Monat.

240. Die im ersten Theile der beiden vorhergehenden Artikel festgesetzten Strafen werden um ein Sechstel bis um ein Drittel ermässigt, wenn der Thäter durch eine schwere Beleidigung oder eine schwere Beschimpfung zum Zweikampf veranlasst worden ist.

241. Die Ueberbringer der Forderung werden mit Geldstrafe bis zu fünfhundert Lire bestraft; dieselben bleiben straffrei, wenn sie den Kampf verhindern[5]).

Die Zeugen oder Sekundanten werden mit Geldstrafe von einhundert bis eintausend Lire bestraft, wenn das Duell eine Körperverletzung nicht zur Folge gehabt hat, und mit Gefängniss bis zu achtzehn Monat in den übrigen Fällen. Dieselben bleiben jedoch straffrei, wenn sie vor dem Zweikampf, was von ihnen abhing, gethan haben, um die Parteien zu versöhnen, oder wenn infolge ihrer Bemühung der Kampf einen weniger schweren Ausgang hatte als derselbe sonst haben konnte[5]).

242. Hat einer der Duellanten an der That, welche den Zweikampf veranlasste, keinen Antheil gehabt und schlägt er sich an Stelle

---

[4]) d. h. eine schwere Körperverletzung (lesione personale aggravante).

[5]) Das Deutsche Strafgesetzbuch gewährt den Kartellträgern, wenn dieselben auch ohne Erfolg ernstlich bemüht gewesen sind, den Zweikampf zu verhindern, den Zeugen und Sekundanten aber unbedingt Straflosigkeit (§ 209).

desjenigen, der ein unmittelbares Interesse daran hatte, so werden die in den voraufgehenden Artikeln 238 und 239 festgesetzten Strafen um die Hälfte erhöht.

Eine solche Straferhöhung kommt nicht zur Anwendung, wenn der Duellant ein Angehöriger[6]) der unmittelbar interessirten Person, oder wenn er einer der Zeugen oder Sekundanten ist, der sich an Stelle des Ersteren in dessen Abwesenheit schlägt.

243. An Stelle der Bestimmungen der Artikel 239 und 242 kommen für die im Zweikampf erfolgte Tödtung und Körperverletzung die des ersten und zweiten Kapitels des neunten Titels[7]) zur Anwendung:

1) wenn die Bedingungen des Kampfes von den Zeugen oder Sekundanten nicht im Voraus festgesetzt worden sind, oder wenn der Kampf nicht in Gegenwart derselben erfolgt,
2) wenn die zum Kampf benutzten Waffen nicht gleich und nicht gleichmässig hergerichtete Degen, Säbel oder Pistolen, oder wenn die Waffen gezogen oder mehrläufig sind[8]),
3) wenn bei der Wahl der Waffen oder beim Kampf eine Täuschung oder eine Verletzung der festgesetzten Bedingungen stattfindet,
4) wenn ausdrücklich vereinbart worden ist oder wenn aus der Art des Zweikampfes oder aus der Entfernung zwischen den Kämpfenden oder aus den übrigen festgesetzten Bedingungen hervorgeht, dass einer der Duellanten todt bleiben soll.

In jedem Falle besteht die Strafe in Einschliessung und es tritt, wenn die Verurtheilung nicht dauernde Untersagung zur Folge hat, zeitige Untersagung der Bekleidung der öffentlichen Aemter hinzu.

Zieht die Körperverletzung eine geringere als die in den Artikeln 239 und 242 festgesetzten Strafen nach sich, so kommen diese Strafen, um ein Drittel erhöht, zur Anwendung, und an Stelle des Gefängnisses tritt Einschliessung.

Die Zeugen und Sekundanten unterliegen in den Fällen der

---

[6]) „prossimo congiunto" S. Art. 191.

[7]) d. h. die allgemeinen Vorschriften über Tödtung und Körperverletzung. — Vgl. §§ 207, 208 und 202 D. Str.-G.-B.

[8]) „armi di precisione o a più colpi."

No. 2, 3 und 4 denselben in diesem Artikel für die Duellanten festgesetzten Strafen. Letztere können indessen um ein Drittel ermässigt werden.

Die Täuschung und die Verletzung der bezüglich der Wahl der Waffen oder des Kampfes festgesetzten Bedingungen fällt nicht allein dem Urheber, sondern auch demjenigen der Duellanten, Zeugen oder Sekundanten zur Last, welcher davon vor oder bei dem Zweikampf Kenntniss gehabt hat.

244. Wer öffentlich eine Person beleidigt oder in irgend einer Weise der öffentlichen Verachtung aussetzt, weil dieselbe entweder nicht gefordert oder den Zweikampf abgelehnt hat, oder wer einen Anderen durch Bezeigung oder Androhung von Verachtung zum Zweikampf anreizt, wird mit Gefängniss von einem Monat bis zu einem Jahr bestraft.

245. Wenn derjenige, welcher zum Zweikampf anstiftet oder herausfordert oder anzustiften oder zu fordern droht, in der Absicht handelt, Geld oder einen anderen Vortheil zu erlangen, so kommen in Gemässheit der Fälle die Bestimmungen des Artikels 407 oder des Artikels 409[9]) zur Anwendung.

Fünfter Titel.

Von den Vergehen wider die öffentliche Ordnung[1]).

Erstes Kapitel.

Von der Aufreizung zur Begehung von Vergehen[2]).

246. Wer öffentlich zur Begehung einer Strafthat aufreizt, wird für die That der Aufreizung an sich:

---

[9]) d. h. die That wird als schwere Erpressung angesehen.

[1]) Unter den Vergehen „wider die öffentliche Ordnung" will der Gesetzgeber nur diejenigen verstanden wissen, welche die gute Ordnung (il buon assetto) angreifen oder den regelmässigen Gang des bürgerlichen Lebens (il regolare andamento del vivere civile) stören, ohne eine unmittelbare Verletzung eines privaten oder öffentlichen Rechtes hervorzurufen. Mot II S. 157. Das Deutsche Strafgesetzbuch dehnt den Begriff der Vergehen wider die öffentliche Ordnung (II. Theil 7. Abschnitt) weiter aus, indem es unter denselben auch

1) mit Einschliessung von drei bis zu fünf Jahren bestraft, wenn es sich um ein Vergehen handelt, für welches eine schwerere Strafe als die Einschliessung festgesetzt ist[3]),
2) mit Einschliessung oder mit Gefängniss bis zu zwei Jahren, wenn es sich um ein Vergehen handelt, für welches die eine oder die andere dieser Strafen festgesetzt ist,
3) mit Geldstrafe bis zu eintausend Lire, in den übrigen Fällen.

In den zu No. 2 und 3 vorgesehenen Fällen darf der dritte Theil des Höchstbetrages der für die Strafthat, auf welche sich die Aufreizung bezieht, festgesetzten Strafe nicht überschritten werden.

247[4]). Wer öffentlich eine That, welche das Gesetz als ein Vergehen ansieht, vertheidigt[5]), oder wer zur Nichtbefolgung des Gesetzes aufreizt, oder wer in einer die öffentliche Ruhe gefährdenden Weise zum Hass gegen die verschiedenen Gesellschaftsklassen aufreizt, wird mit Gefängniss von drei Monat bis zu einem Jahr und mit Geldstrafe von fünfzig bis zu eintausend Lire bestraft.

Zweites Kapitel.

Von der Verbindung zur Begehung von Vergehen[1]).

248. Wenn fünf oder mehr Personen sich verbinden, um Vergehen wider die Rechtspflege, oder das öffentliche Vertrauen, oder die

Vergehen privaten Charakters wie z. B. den Hausfriedensbruch, und andere Vergehen bringt, welche sich sonst nach der von ihm getroffenen Eintheilung schwer unter einen anderen Gesichtswinkel stellen lassen würden, wie z. B. die Wehrpflichtsverletzung, der Arrestbruch u. s. w. — (Vgl. auch Tit. I Th. III C. 1. Art. 434 ff.)

[2]) „della istigazione a delinquere". Mot. II S. 158. Kommiss. Ber. 205. Entw. 237 und 238. Cod. Sard. 469 ff. Cod. Tosc. 54. Cod. Nap. 293. Oester. Str.-G.-B. §§ 80, 300 ff. D. Str.-G.-B. §§ 110, 111 und 130.

[3]) Also der lebenslängliche Kerker (ergastolo). S. Art. 104, 117 und 366.

[4]) Diese Bestimmung befand sich noch nicht in einem ital. Strafgesetzbuch; dieselbe ist dem Pressgesetz vom 26. März 1848 entlehnt, nach welchem Angriffe auf die Unverletzlichkeit des Eigenthumsrechts, auf die Heiligkeit des Eides, auf die schuldige Achtung vor den Gesetzen, jede Vertheidigung vom Strafgesetz als Vergehen bezeichneter Handlungen mit Gefängniss bis zu einem Jahr bestraft werden. Vgl. auch Art. 251 N. 1 und Anm. 2 zu Kap. 1 Tit. IV B. II.

[5]) „fa l'apologia".

[1]) „Dell' assoziazione per delinquere". Mot. II S. 162. Kommiss. Ber. 207.

öffentliche Wohlfahrt oder die gute Sitte und die Familienordnung, oder wider die Person oder das Eigenthum[2]) zu begehen, so wird jede derselben für die That der Verbindung allein mit Einschliessung von einem bis zu fünf Jahren bestraft.

Durchziehen die Mitglieder der Verbindung die Lande oder die öffentlichen Wege und tragen zwei oder mehr von ihnen Waffen oder halten sie dieselben an einer Verwahrungsstelle, so besteht die Strafe in Einschliessung von drei bis zu zehn Jahren.

Was hierbei die Stifter oder Häupter der Verbindung sind, so besteht die Strafe für dieselben in Einschliessung von drei bis zu acht Jahren in dem im ersten Theil dieses Artikels, und von sechs bis zwölf Jahren in dem im voraufgehenden Absatz angegebenen Fall.

Zu den im vorliegenden Artikel festgesetzten Strafen tritt immer die Stellung unter Polizeiaufsicht hinzu.

249. Wer, abgesehen von den im Artikel 64 vorgesehenen Fällen, den Mitgliedern der Verbindung oder Einem derselben Aufnahme oder Beistand gewährt oder Lebensmittel reicht, wird mit Einschliessung bis zu einem Jahre bestraft[3]).

Straflos bleibt derjenige, welcher Lebensunterhalt oder Aufnahme einem Angehörigen gewährt[4]).

250. Wegen der von den Mitgliedern der Verbindung oder von einem derselben zur Zeit oder gelegentlich der Verbindung begangenen Vergehen wird die aus der Anwendung des Artikels 77 sich ergebende Strafe um ein Sechstel bis um ein Drittel erhöht.

251. Wer an einer Verbindung theilnimmt, welche darauf gerichtet ist, das im Artikel 247 vorgesehene Vergehen zu begehen, wird mit Gefängniss von sechs bis zu achtzehn Monaten und mit Geldstrafe von einhundert bis zu dreitausend Lire bestraft.

Entw. Art. 239—242. Cod. Sardo 426—430. Cod. Tosc. 201, 421, 417. Cod. Nap. 265—268. D. Str.-G.-B. §§ 124, 125, 127, 128, 129. Oest. Str.-G.-B. § 278.

[2]) Vgl. Tit. 4, 6, 7, 8, 9 u. 10.

[3]) Bei der Gemeinfährlichkeit der hier angeführten Vergehen glaubt der Gesetzgeber nicht sowohl die Beihülfe im Sinne des Art. 64, als vielmehr die Begünstigung nach Art. 225 besonders hervorheben und unter besondere Strafe stellen zu müssen. Mot. I S. 163. Vgl. hierzu auch Art. 225a. f. sowie Art. 219.

[4]) Vgl. Art. 191. — Nach Deutschem Strafrechte ist nur die einem Angehörigen gewährte Begünstigung, d. h. die nach der Begehung der That geleistete Hülfe straflos. § 257[2] Str.-G.-B.

Drittes Kapitel.

Von der Aufreizung zum Bürgerkriege, von der bandenmässigen Bewaffnung und von der öffentlichen Einschüchterung [1]).

252. Wer eine Handlung begeht, welche darauf gerichtet ist, den Bürgerkrieg hervorzurufen, oder die Verwüstung, die Plünderung oder eine Niedermetzelung [2]) in irgend einem Theile des Königreichs herbeizuführen, wird mit Einschliessung von drei bis zu fünfzehn Jahren bestraft, und mit zehn bis zu achtzehn Jahren, wenn auch nur zum Theil der Zweck erreicht wird.

253. Wer, ausser den im Artikel 131 vorgesehenen Fällen, um eine bestimmte Strafthat zu begehen, eine bewaffnete Bande bildet, oder bei derselben ein höheres Kommando oder ein besonderes Amt ausübt, wird hierfür allein mit Einschliessung von drei bis zu sechs Jahren bestraft.

Alle Anderen, welche an einer solchen bewaffneten Bande Theil nehmen, werden mit Einschliessung von einem bis zu drei Jahren bestraft.

Ist die für die Strafthat, auf welche die Handlung gerichtet war, festgesetzte Strafe Gefängniss, so wird diese immer an Stelle der Einschliessung verhängt.

Es kommen die Bestimmungen der Artikel 133 bis 249 zur Anwendung [3]).

254. Wer ohne gesetzliche Ermächtigung eine bewaffnete Bande bildet, welche nicht darauf gerichtet ist, Strafthaten zu begehen, wird mit Gefängniss bis zu einem Jahre oder mit Geldstrafe bis zu eintausend Lire bestraft.

---

[1]) „dell' eccitamento alla guerra civile, dei corpi armati e della pubblica intimidazione". Mot. II S. 164. Kommiss. Ber. 207. Entw. 243—245. Cod. Sardo 162—166 und 670. Cod. Tosc. 106. Cod. Nap. 96, 98—100, 440—442. D. Str.-G.-B. §§ 124 ff., 127, 115, 83, 127 und 126. Oest. Str.-G.-B. § 59. Die Aehnlichkeit der in diesem Kapitel enthaltenen Bestimmungen mit denen des 4. Kapitels des ersten Titels im zweiten Buch ist unverkennbar.• Der Unterschied derselben liegt in ihrem Charakter und in ihrem inneren Beweggrunde. Letztere sind rein politischer Natur. Erstere tragen ihre Veranlassung in sich selbst.

[2]) „la devastazione, il sacheggio o la strage".

[3]) Ueber die auch hier analog den Bestimmungen der Art. 133 ff. unter Umständen eintretende Straflosigkeit siehe die Anm. ebend.

255. Wer in der alleinigen Absicht, öffentliche Furcht zu erregen, oder einen Tumult, oder eine öffentliche Unordnung herbeizuführen, Bomben, Mordwerkzeuge[4]) oder andere explodirende Maschinen oder Stoffe explodiren lässt, oder wer einen gemeingefährlichen Unfall androht, wird mit Einschliessung bis zu dreissig Monaten bestraft.

Findet die Explosion oder die Androhung an einem Ort und zur Zeit einer öffentlichen Menschenansammlung oder zur Zeit einer allgemeinen Gefahr, öffentlicher Bewegungen oder Nothstände, oder Unfälle statt, so tritt Einschliessung von drei Monat bis zu fünf Jahren ein.

Mit der Einschliessung kann die Stellung unter Polizei-Aufsicht verbunden werden.

Sechster Titel.

Von den Vergehen wider das öffentliche Vertrauen[1]).

Erstes Kapitel[2]).

Von der Münzfälschung und von der Fälschung öffentlicher Creditscheine[3]).

256. Es wird bestraft mit Einschliessung von drei bis zu zwölf Jahren:

1) Wer inländisches oder ausländisches Geld, welches gesetzlichen oder handelsmässigen Kurs im Staate oder ausserhalb desselben hat, nachmacht,

---

[4]) „fa scoppiare bombe, mortaletti etc.".

[1]) „dei delitti contro la fede pubblica". Unter diesen Titel stellt das Gesetzbuch alle Vergehen, welche sich als Fälschungen darstellen und durch die eine Schädigung nicht sowohl einzelner bestimmter Personen sondern des Publikums im Allgemeinen beabsichtigt und hervorgerufen wird. In erster Linie werden die Münz- und die Urkundenfälschung, und alle übrigen Vergehen behandelt, welche eine Erschütterung des Vertrauens im Handel und Gewerbe herbeiführen. Mot. II S. 167 und 168. Folgerichtig wird dann hier auch (im 5. Kapitel) das Kurstreiben auf öffentlichen Märkten oder Börsen, die Gewichtsfälschung, die Markenschutzverletzung und die Störung der öffentlichen Versteigerungen erörtert.

[2]) Mot. II S. 168 ff. Kommiss. Ber. 208 ff. Entw. A. 246—252. Cod. Sardo 316 ff. Cod. Tosc. 222 ff. Cod. Nap. 132 ff. Vgl. auch Ges. v. 24. Germinal XI. 36. Deutsch. Str.-G.-B. §§ 146—152. Oest. Str.-G.-B. §§ 57 und 118 ff. — Ueber das Verfahren bei Münzfälschungen erhält die Ital. Strafproc.-Ordn. besondere Vorschriften. (A. 708 ff. Cod. d. Proc. Pen.). — S. a. Art. 440 und 441.

[3]) „Della falsità in monete e in carte di pubblico credito". Die Definition der „carte di pubblico credito" befindet sich im Art. 263.

2) wer in irgend einer Weise echtes Geld fälscht, um demselben den Schein eines höheren Werthes zu geben,

3) wer im Einverständniss mit demjenigen, welcher die Nachmachung oder Fälschung des Geldes ausgeführt oder an der Ausführung theilgenommen hat, dasselbe im Staate einführt oder ausgiebt, oder sonst in Umlauf setzt, oder es einem Anderen zu dem Zweck verschafft, um es auszugeben oder sonst in Umlauf zu setzen.

Ist der von dem nachgemachten oder gefälschten Gelde dargegestellte gesetzliche oder handelsmässige Werth sehr bedeutend[4]), so tritt Einschliessungsstrafe von fünf bis zu fünfzehn Jahren ein.

Ist der wirkliche Werth des nachgemachten Geldes dem des echten Geldes gleich oder höher als derselbe, so tritt Einschliessungsstrafe von einem bis zu fünf Jahren ein.

257. Wer Geld von der im vorhergehenden Artikel angegebenen Beschaffenheit dadurch fälscht, dass er den Werth desselben in irgend einer Weise verringert, oder wer im Einverständniss mit demjenigen, welcher auf diese Weise das Geld gefälscht hat, eine der unter No. 3 des genannten Artikels angegebenen Thaten begeht, wird mit Einschliessung von einem bis zu fünf Jahren bestraft.

258. Wer ohne Einwilligung desjenigen, welcher die Nachmachung oder die Fälschung ausgeführt oder an der Ausführung theilgenommen hat, das nachgemachte oder gefälschte Geld ausgiebt oder sonst in Umlauf setzt, wird, wenn es sich um das im Artikel 256 angegebene Geld handelt, mit Einschliessung von einem bis zu sechs Jahren, von drei bis zu zehn Jahren in dem im ersten Absatz vorgesehenen Fall, und wenn es sich um das im Artikel 257 handelt, mit Einschliessung von drei bis zu dreissig Monaten bestraft.

Hat der Thäter das Geld in gutem Glauben empfangen, so besteht die Strafe in Gefängniss bis zu sechs Monaten oder in Geldstrafe bis zu zweitausend Lire.

259. Die in den voraufgehenden Artikeln festgesetzten Strafen werden um ein Sechstel bis um ein Drittel ermässigt, wenn die Fälschung leicht erkennbar ist.

[4]) Nach dem Entw. (Art. 246) sollte der Werth zehntausend Lire übersteigen; nach dem Sardin. Gesetzbuch (Art. 324) sollte die Strafe nicht sechs Jahr Gefängniss übersteigen, falls der Werth der Falschstücke nicht fünfzig Lire überschritt.

260. Wer Werkzeuge, welche zur Nachahmung oder Fälschung von Geld ausschliesslich bestimmt sind, anfertigt oder besitzt[5]), wird mit Einschliessung von einem bis zu fünf Jahren bestraft.

261. Kommt für die in den voraufgehenden Artikeln vorgesehenen Vergehen die Strafe der Einschliessung zur Anwendung, so tritt immer die Stellung unter Polizeiaufsicht hinzu.

262. Straflos bleibt der Thäter eines der in den voraufgehenden Artikeln vorgesehenen Vergehen, wenn derselbe zurücktritt, bevor die Obrigkeit Kenntniss davon hat, um die Nachmachung, die Fälschung und die Inumlaufsetzung des nachgemachten oder gefälschten Geldes zu verhindern.

263. Unter „öffentlichen Creditscheinen“ werden, ausser denjenigen, welche gesetzlichen Kurs wie das Geld haben, die von den Regierungen ausgegebenen Scheine und Inhaberpapiere, welche einen handelsmässigen Titel darstellen, sowie alle anderen verstanden, die gesetzlichen oder handelsmässigen Kurs haben und von zur Verausgabung ermächtigten Anstalten ausgegeben sind.

Zweites Kapitel.

Von der Fälschung öffentlicher Siegel, Stempel und deren Abdrücken[1]).

264. Wer das Staatssiegel, welches bestimmt ist, den Urkunden der Regierung beigedrückt zu werden, nachmacht oder von einem solchen, auch von einem anderen nachgemachten Siegel Gebrauch macht, wird mit Einschliessung von drei bis zu sechs Jahren und mit Geldstrafe bestraft.

265. Wer das Siegel einer Behörde des Staates, einer Provinz, einer Gemeinde, oder einer dem Schutze des Staates, der Provinz oder der Gemeinde unterstellten Anstalt oder das eines Notars nachmacht oder von einem, auch von einem Andern nachgemachten Siegel Gebrauch macht, wird mit Einschliessung von einem Monat bis zu zwei Jahren und mit Geldstrafe bis zu eintausendfünfhundert Lire bestraft.

---

[5]) Dass nur der bewusste Besitz strafbar sein soll, geht aus Art. 45 hervor.

[1]) Mot. II S. 180 ff. Kommiss. Ber. S. 241 ff. Entwurf Art. 253—263. Cod. Sardo 333 ff. Cod. Tosc. 261 ff. Cod. Nap. 139 ff. D. Str.-G.-B. §§ 151, 275 und 276 sowie 360⁴⁻⁶. Oest. Str.-G.-B. 329 ff.

266. Wer Stempel, Stiche, Marken, oder andere Werkzeuge, welche infolge einer gesetzlichen oder einer Anordnung der Regierung zu einer öffentlichen Bescheinigung bestimmt sind, nachmacht oder wer von solchen auch von einem Anderen nachgemachten Werkzeugen Gebrauch macht, wird mit Einschliessung von einem bis zu fünf Jahren und mit Geldstrafe von funfzig bis zu dreitausend Lire bestraft.

Derselben Strafe unterliegt, wer ohne an der Nachahmung theilgenommen zu haben, Gegenstände zum Verkauf ausstellt, zu welchen die genannten nachgemachten Werkzeuge gebraucht worden sind.

267. Wer nur die Abdrücke der in den voraufgehenden Artikeln angegebenen Werkzeuge mit einem zur Vervielfältigung nicht geeigneten und von dem Gebrauch der nachgemachten Werkzeuge abweichenden Mittel nachmacht, wird mit Einschliessung von sechs Monat bis zu drei Jahren im Fall des Artikels 264, von einem Monat bis zu einem Jahr im Falle der Artikel 265 und 266, und immer mit Geldstrafe bis zu eintausend Lire bestraft.

268. Wer das Stempelpapier, die Freimarken oder die Stempelmarken des Staates nachmacht, wird mit Einschliessung von zwei bis zu fünf Jahren und mit Geldstrafe von eintausend bis zu dreitausend Lire bestraft.

269. Wer die Stempel für das Stempelpapier, für die Freimarken und für die Stempelmarken, oder das für die Anwendung der genannten Stempel filigranirte Papier[2]) nachmacht, wird mit Einschliessung von sechs bis zu dreissig Monaten und mit Geldstrafe von fünfzig bis zu eintausend Lire bestraft.

270. Wer nachgemachtes Stempelpapier, nachgemachte Stempelmarken oder Freimarken in Gebrauch nimmt, oder zum Verkauf stellt oder sonst in Umlauf setzt, wird mit Einschliessung bis zu dreissig Monaten und mit Geldstrafe bis zu fünfhundert Lire bestraft.

271. Wer, ohne an einem der in den voraufgehenden Artikeln vorgesehenen Vergehen theilgenommen zu haben, nachgemachte Siegel oder Stempel oder die zur Nachmachung ausschliesslich bestimmten Werkzeuge besitzt[3]), wird mit Einschliessung von einem Monat bis

[2]) „la carta filigranata per l'applicazione di detti bolli“.
[3]) Vgl. Anm. 5.

zu zwei Jahren und mit Geldstrafe von fünfzig bis zu fünfhundert Lire bestraft.

272. Wer die im vorliegenden Kapitel genannten Siegel, Stempel, Stiche, oder Marken als echt sich verschafft hat, und von denselben zum Nachtheil eines Anderen oder zu seinem oder eines Anderen Vortheil Gebrauch macht, unterliegt den in den voraufgehenden Artikeln festgesetzten Strafen, welche um ein Drittel bis um die Hälfte herabgesetzt werden.

273. Wer Fahrscheine der Eisenbahnen oder anderer öffentlicher Beförderungsunternehmungen nachmacht oder fälscht, oder von solchen auch von Anderen nachgemachten oder gefälschten Fahrscheinen Gebrauch macht, wird mit Einschliessung bis zu einem Jahre und mit Geldstrafe von fünfzig bis zu eintausend Lire bestraft.

274. Wer an Stempeln, an Freimarken, an Stempelmarken oder an Fahrscheinen der Eisenbahnen oder anderer öffentlicher Beförderungsunternehmungen die Zeichen, welche beigefügt sind, um den bereits mit ihnen gemachten Gebrauch anzugeben, vernichtet oder auf andere Weise unkenntlich macht, wird mit Einschliessung bis zu drei Monaten und mit Geldstrafe bis zu fünfhundert Lire bestraft.

Drittes Kapitel.

Von der Urkundenfälschung[1]).

275. Der öffentliche Beamte, welcher in Ausübung seines Berufes eine falsche Urkunde ganz oder theilweise anfertigt oder eine echte

---

[1]) „della falsità in atti". Im Entwurf trug dieses Kapitel die Ueberschrift „della falsità in documenti" und ebenso war im Text „documento" für „atto" gesetzt. „atto" = der Akt, die Akte, die Handlung, Verhandlung, Urkunde. Bei der Privaturkundenfälschung (Art. 280 ff.) ist für „documento" im Entwurf — „scrittura" für den Text gewählt worden. Aus der Wahl dieser Ausdrücke ist, wie auch aus den Motiven hervorgeht, zu entnehmen, dass der ital. Gesetzgeber dem Begriff „Urkunde" nicht die Ausdehnung geben will, welche derselbe im Deutschen Strafrecht, namentlich durch die Entscheidung des Reichsgerichts vom 19. Mai 1882 (Entscheid. Bd. 1 S. 162) erhalten hat. Während nach Letzterer unter „Urkunde" jeder leblose, von Menschenhand gefertigte, zum Beweise von Thatsachen geeignete Gegenstand zu verstehen sein soll, begreift der ital. Gesetzgeber unter Urkunde entweder nur eine Verhandlung, eine Akte, welche von

Urkunde fälscht, so dass hierdurch ein öffentlicher oder privater Schaden entstehen kann, wird mit Einschliessung von fünf bis zu zwölf Jahren bestraft.

Liefert die Urkunde gesetzlichen Glauben bis zur Klage wegen Fälschung [2]), so tritt Einschliessung von acht bis zu fünfzehn Jahren ein.

Den Originalurkunden sind die authentischen Abschriften derselben gleichgestellt, falls dieselben nach gesetzlicher Vorschrift die Stelle des fehlenden Originals einnehmen [3]).

276. Der öffentliche Beamte welcher bei Aufnahme oder Herstellung einer Urkunde, in Ausübung seines Berufes mit der Wahrheit nicht übereinstimmende Thatsachen oder Erklärungen als wahr und in seiner Gegenwart erfolgt bescheinigt, oder der die von ihm aufgenommenen Erklärungen weglässt oder fälscht, sodass ein öffentlicher oder privater Schaden daraus entstehen kann, wird mit den im voraufgehenden Artikel festgesetzten Strafen bestraft.

---

einer mit publica fides ausgestatteten Person, oder ein Schriftstück, welches von einer Privatperson vollzogen worden ist. Vgl. namentlich auch Art. 282.

Mot. II S. 182 ff. Kommiss. Ber. S. 245. Entw. Art. 264—273. Cod. Sardo 341 ff. Cod. Tosc. 243 ff. Cod. Nap. 145 ff. D. Str.-G.-B. §§ 267 ff. Oester. Str.-G.-B. §§ 102 ff. Vgl. auch Ital. Notar.-Ordn. vom 25. Juli 1875 (Art. 42 ff.), deren Bestimmungen mit denen der Preuss. Notar.-Ordn. v. 11. Juli 1845 im Wesentlichen übereinstimmen.

[2]) Nach ital. Civilrecht liefert jede öffentliche Urkunde, — d. h. jede Urkunde, welche mit den erforderlichen Förmlichkeiten von einem Notar oder einem anderen öffentlichen Beamten, der berechtigt ist, derselben an dem Orte, wo sie errichtet wird, öffentlichen Glauben beizulegen, aufgenommen worden ist, — vollen Beweis für das Rechtsgeschäft und für die in Gegenwart des Notars etc. stattgehabten Thatsachen. Bei vorliegender Unzuständigkeit oder mangelnder Fähigkeit seitens des Beamten oder infolge eines Formfehlers entbehrt die Urkunde zwar die Kraft einer öffentlichen Urkunde, wohl aber gilt dieselbe alsdann, sofern sie nur von den Parteien unterschrieben worden ist, als Privaturkunde. — Wird wegen Fälschung der Urkunde ein Strafverfahren eingeleitet, so kann die Vollstreckung des Civilerkenntnisses nach Maassgabe der obwaltenden Umstände vorläufig ausgesetzt werden; dieselbe muss ausgesetzt werden, wenn ein Haftbefehl wegen der Fälschung erlassen worden ist. Art. 1315 ff. Cod. Civ.

[3]) Die Abschriften der öffentlichen Urkunden haben nach ital. Recht dieselbe Beweiskraft wie die Urschrift, sofern sie von dieser gebildet und von denselben in vorstehender Anmerkung genannten Beamten beglaubigt sind. Dasselbe gilt von den Abschriften der Privaturkunden, sofern die Urschrift derselben in einem öffentlichen Archiv niedergelegt und die Abschrift von einem Archivbeamten ausgefertigt ist. Art. 1333 ff. l. c.

277. Der öffentliche Beamte, welcher eine öffentliche Urkunde unterschiebt und hierbei eine Abschrift von derselben vorspiegelt und diese in gesetzlicher Form aufnimmt, oder der eine von dem Original abweichende Abschrift einer öffentlichen Urkunde aufnimmt, ohne dass das Original gefälscht oder unterdrückt worden ist, wird mit Einschliessung von drei bis zu zehn Jahren bestraft; gehört die Urkunde zu denjenigen, welche bis zur Klage auf Fälschung gesetzlichen Glauben haben[2]), so darf die Strafe nicht unter fünf Jahre betragen.

Wird die Fälschung an einer den Inhalt von Urkunden betreffenden Bescheinigung begangen, so dass ein öffentlicher oder privater Schaden entstehen kann, so besteht die Strafe in Einschliessung von einem bis zu fünf Jahren.

278. Wer, ohne öffentlicher Beamter zu sein, eine Fälschung einer öffentlichen Urkunde in der im Artikel 275 angegebenen Weise begeht, wird mit Einschliessung von drei bis zu zehn Jahren bestraft: und liefert die Urkunde bis zur Klage auf Fälschung gesetzlichen Glauben[2]), so darf die Strafe nicht unter sechs Jahre betragen.

Wird die Fälschung der Abschrift einer öffentlichen Urkunde sei es durch Unterschiebung des Originals, sei es durch Bildung einer von der echten Urkunde abweichenden Abschrift, oder durch Fälschung einer echten Abschrift begangen, so besteht die Strafe in Einschliessung von einem bis zu fünf Jahren; und liefert die Urkunde bis zur Klage auf Fälschung gesetzlichen Glauben[4]), so darf die Einschliessung nicht unter drei Jahre betragen.

279. Wer einem öffentlichen Beamten in einer öffentlichen Urkunde die Identität oder den Stand seiner oder der Person eines Anderen, oder andere Thatsachen, deren Wahrheit die Urkunde zu beweisen bestimmt ist, fälschlich bezeugt, so dass ein öffentlicher oder privater Schaden entstehen kann, wird mit Einschliessung von drei Monaten bis zu einem Jahre bestraft; und von neun bis zu dreissig Monaten, wenn es sich um eine Akte des Civilstandes oder der gerichtlichen Behörde handelt.

Es wird mit Einschliessung von drei Monaten bis zu einem Jahre bestraft, wer auf Handelstiteln oder Handelseffekten die Identität seiner oder der Person eines Andern fälschlich bezeugt.

---

[4]) S. Anm. 2 S. 125.

280. Wer eine falsche Privatschrift ganz oder theilweise anfertigt oder eine echte Privatschrift fälscht, so dass dadurch ein öffentlicher oder privater Schaden entstehen kann, wird falls er oder ein Anderer davon Gebrauch macht, mit Einschliessung von einem bis zu drei Jahren bestraft.

281. Wer von einer falschen Urkunde Gebrauch macht oder irgend wie Nutzen zieht, wird, auch wenn er an der Fälschung nicht theilgenommen hat, mit den im Artikel 278 beziehungsweise festgesetzten Strafen, wenn es sich um eine öffentliche Urkunde, und mit der im Artikel 280 festgesetzten Strafe bestraft, wenn es sich um eine Privatschrift handelt.

282. Begeht der Thäter eins der in den voraufgehenden Artikeln angegebenen Vergehen, um sich oder einem Anderen ein Beweismittel für wahre Thatsachen zu verschaffen, so wird derselbe mit Einschliessung von einem Monat bis zu zwei Jahren, wenn es sich um eine öffentliche Urkunde, und mit Einschliessung bis sechs Monaten bestraft, wenn es sich um eine Privatschrift handelt.

283. Wer eine Originalurkunde oder eine Abschrift derselben, welche nach dem Gesetz die Stelle des fehlenden Originals vertritt [5]), ganz oder theilweise unterdrückt oder vernichtet, so dass dadurch ein öffentlicher oder privater Schaden entstehen kann, unterliegt beziehungsweise den in den Artikeln 275, 278, 279 und 280 festgesetzten Strafen, nach Maassgabe der in denselben enthaltenen Unterscheidungen.

284. Bei Anwendung der Bestimmungen der voraufgehenden Artikel werden den öffentlichen Beamten [6]) alle diejenigen gleichgestellt, welche ermächtigt sind, Urkunden aufzunehmen, denen das Gesetz öffentlichen Glauben beilegt; den öffentlichen Urkunden sind die eigenhändig geschriebenen Testamente, die Wechsel und alle durch Giro übertragbaren oder auf den Inhaber lautenden Creditpapiere gleichgestellt [7]).

---

[5]) S. Anm. 3 S. 125.

[6]) Vgl. Art. 207 und Anm. 2 zu Art. 275.

[7]) Wegen der Wichtigkeit dieser vorgenannten Urkunden hat der Gesetzgeber dieselben mit den öffentlichen Urkunden auf eine Stufe stellen zn müssen geglaubt (Mot. II S. 190), übrigens nach dem Beispiele anderer Strafgesetzbücher: für Holland Art. 226, für Spanien Art. 315. Vgl. auch Cod. Nap. Art. 147.

Viertes Kapitel [1].

Von der Fälschung von Pässen, Erlaubnisscheinen, Zeugnissen, Attesten und Erklärungen.

285. Es wird bestraft mit Einschliessung von einem bis zu achtzehn Monaten:

1) Wer Erlaubnissscheine, Pässe, Wander- oder Aufenthaltsscheine nachmacht,
2) wer auf irgend eine Weise echte Urkunden der in der voraufgehenden Nummer angegebenen Art in der Absicht fälscht, um sie anderen Personen zuzuschreiben oder auf andere Orte oder Zeiten zu beziehen, als die, auf welche sie ausgestellt waren, oder wer auf denselben die zu ihrer Gültigkeit und Wirksamkeit erforderlichen Bescheinigungen oder Bedingungen als erfolgt oder erfüllt fälschlicher Weise hinstellt,
3) wer von nachgemachten oder gefälschten Erlaubnissscheinen, Pässen, Wander- oder Aufenthaltsscheinen Gebrauch macht, oder dieselben einem Anderen überlässt, damit dieser von denselben Gebrauch macht.

286. Wer, wenn er sich Erlaubnisscheine, Pässe, Wander- oder Aufenthaltsscheine ausstellen lässt, in denselben einen falschen Namen oder Vornamen oder einen falschen Stand sich beilegt oder durch seine Bezeugung dazu beiträgt, dass dieselben in dieser Weise ausgestellt werden, wird mit Einschliessung bis sechs Monat und mit Geldstrafe von fünfzig bis zu eintausend Lire bestraft.

287. Der öffentliche Beamte, welcher in Ausübung seines Berufes, eins der in den voraufgehenden Artikeln vorgesehenen Vergehen begeht, oder in irgend einer Weise an der Ausführung der-

[1] Mot. II S. 191. Kommiss. Ber. S. 245. Entwurf Art. 274—281. Cod. Sard. 353 ff. Cod. Tosc. 251 ff. Cod. Nap. 153 ff. D. Str.-G.-B. §§ 275 ff. Oest. Str.-G.-B. § 320. — Vgl. auch Art. 418. — Der Gesetzgeber will nach dem Vorbild des bisher in Geltung gewesenen sardin. Gesetzbuches in diesem Kapitel die Fälschungen „geringerer Bedeutung“, „geringerer Schädlichkeit und Gefährlichkeit“ als die in den voraufgehenden Kapiteln vorgesehenen behandeln. — Nach Deutschem Strafrecht wird die im Art. 285 erwähnte Fälschung als Uebertretung bestraft, sofern dieselbe „zum Zwecke besseren Fortkommens“ vorgenommmen wird. (§ 363).

selben theilnimmt, wird mit Einschliessung von sechs Monat bis zu drei Jahren bestraft.

288 [2]). Wer gesetzlich verpflichtet ist, über seine industriellen oder berufsmässigen Beschäftigungen besondere der Aufsicht der öffentlichen Sicherheitsbehörde unterliegende Register zu führen oder dieser Behörde Mittheilungen zu machen, und in die einen oder die anderen falsche Angaben oder Daten schreibt oder schreiben lässt, wird mit Einschliessung bis zu drei Monat oder mit Geldstrafe von fünfzig bis zu eintausend Lire bestraft.

289. Der Arzt, der Chirurg, oder ein anderer Sanitätsbeamter, welcher nur aus Gefälligkeit ein falsches Zeugniss ausstellt, welches bestimmt ist, Glauben bei der Behörde zu liefern, wird mit Einschliessung bis zu fünfzehn Tagen oder mit Geldstrafe von hundert bis zu eintausend Lire bestraft.

Derselben Strafe unterliegt, wer von dem falschen Zeugniss Gebrauch macht.

Wird infolge des falschen Zeugnisses eine geistig gesunde Person in ein Irrenhaus aufgenommen oder daselbst unterhalten, oder ein anderer schwerer Schaden verursacht, so besteht die Strafe in Einschliessung von sechs Monaten bis zu drei Jahren.

Ist das Vergehen mittels Gewährung oder Versprechung von Geld oder eines anderen Vortheils an den Thäter oder einen Anderen begangen worden, so besteht die Strafe in Einschliessung von drei Monat bis zu zwei Jahren; und von zwei bis zu sechs Jahren, wenn das Zeugniss den im voraufgehenden Abschnitt vorgesehenen Erfolg hat; in allen Fällen tritt Geldstrafe von dreihundert bis dreitausend Lire hinzu.

Den im voraufgehenden Abschnitt angegebenen Strafen unterliegt, wer das Geld oder einen anderen Vortheil gewährt oder verspricht.

Alles was hingegeben ist, wird eingezogen [3]).

290. Der öffentliche Beamte oder ein Anderer, welcher die gesetzliche Befugniss hat, Zeugnisse auszustellen, wird, wenn er in denselben die gute Führung, die Dürftigkeit oder andere Umstände

---

[2]) Vgl. hierzu Art. 451 und Anm. daselbst.

[3]) Vgl. Art. 36.

fälschlich bescheinigt, welche geeignet sind, der Person, auf welche das Zeugniss sich bezieht, die öffentliche oder private Wohlthätigkeit oder das öffentliche oder private Vertrauen oder die Erlangung öffentlicher Aemter oder Stellen oder gesetzlicher Vergünstigungen oder Wohlthaten, oder die Befreiung von öffentlichen Aemtern, Diensten oder Lasten zu erwirken, wird mit Einschliessung bis zu fünfzehn Tagen oder mit Geldstrafe von einhundert bis zu eintausendfünfhundert Lire bestraft.

Derselben Strafe unterliegt, wer von dem falschen Zeugniss Gebrauch macht.

291. Wer, ohne die in beiden voraufgehenden Artikeln angegebenen Eigenschaften oder Befugnisse zu haben, ein Attest oder ein Zeugniss der daselbst vorgesehenen Art nachmacht oder wer ebenso ein echtes fälscht, oder wer von einem solchen nachgemachten oder gefälschten Attest oder Zeugniss Gebrauch macht, wird mit Einschliessung bis zu sechs Monat bestraft.

292. Wer, um die Behörde in einen Irrthum zu versetzen, derselben eine Urkunde, ein Attest oder Zeugniss welche echt sind, vorlegt und fälschlich auf sich oder einen Anderen bezieht, unterliegt der im voraufgehenden Artikel festgesetzten Strafe.

Fünftes Kapitel.

Vom Betrug[1]) im Handel, in der Industrie und bei den Versteigerungen.

293[2]). Wer durch Verbreitung falscher Nachrichten oder mit anderen betrügerischen Mitteln auf einem öffentlichen Markte oder an den Handelsbörsen ein Steigen oder ein Fallen der Preise der Löhne, der Lebensmittel, der Waaren oder der Werthe, welche auf offenem Markt verhandelt werden oder zu den Börsenlisten zugelassen sind, hervor-

---

[1]) „delle frodi nei commerci, nelle industrie e negli incanti". Vgl. Anm. zu Art. 413.

[2]) Mot. II S. 192. Kommiss. Ber. S. 246. Entw. Art. 282. Diese dem Deutschen Strafgesetzbuch unbekannte Bestimmung stammt aus dem Code Nap. (Art. 419) und ist aus demselben in die meisten ital. Strafgesetzbücher übergegangen. Cod. Sard. 389. Cod. Tosc. 201. Cod. Parm. 484. Vgl. Oest. Str.-G.-B. § 482. S. auch Anm. 4.

ruft, wird mit Einschliessung von drei bis zu dreissig Monaten und mit Geldstrafe von einhundert bis zu dreitausend Lire bestraft.

Wird das Vergehen von öffentlichen Geschäftsvermittlern oder von Wechselagenten begangen, so besteht die Strafe in Einschliessung von einem bis zu fünf Jahren, in zeitiger Untersagung der Bekleidung öffentlicher Aemter sowie der Ausübung des Berufes, und in Geldstrafe über eintausend Lire.

294 [3]). Wer Maasse oder Gewichte, welche mit dem gesetzlichen Stempel nachgemacht oder gefälscht sind, in Gebrauch nimmt, sodass dadurch ein öffentlicher oder privater Schaden entstehen kann, wird mit Einschliessung bis zu einem Monat und mit Geldstrafe bis zu einhundert Lire bestraft; macht der Thäter von denselben im Betriebe eines offenen Geschäftes davon Gebrauch, so wird er mit Einschliessung bis zu drei Monaten und mit Geldstrafe von fünfzig bis zu fünfhundert Lire bestraft.

Betreibt der Thäter ein offenes Geschäft, so wird derselbe wegen einfachen Besitzes mit einem nachgemachten oder gefälschten gesetzlichen Stempel versehener Maasse oder Gewichte mit Geldstrafe bis zu fünfhundert Lire bestraft.

295 [4]). Wer in seinem Handelsbetriebe dadurch den Käufer täuscht, dass er eine Sache für die andere, oder eine ihrem Ursprunge, ihrer Beschaffenheit oder ihrer Menge nach von der bestimmten oder verhandelten verschiedene Sache verabfolgt, wird mit Einschliessung bis zu sechs Monaten oder mit Geldstrafe von fünfhundert bis zu dreitausend Lire bestraft.

Betrifft die Täuschung Werthgegenstände [5]), so besteht die Strafe in Einschliessung von drei bis zu achtzehn Monaten oder in Geldstrafe über fünfhundert Lire.

---

[3]) Das Deutsche Strafrecht bestraft die Führung falscher Maasse u. s. w. an sich als Uebertretung (§ 369 [2]).

[4]) Wie im Art. 293 so soll auch in diesem Artikel nach Analogie der Vorschriften des Cod. Nap. (Art. 419 ff.) der im Handelsverkehr begangene Schwindel besonders geahndet werden. Nach Ansicht des Reichsgerichts (Entsch. 20. Okt. 1881, V. 137 und 6. Juli 1882. R. IV. 675) stellt derselbe einen regelrechten Betrug dar.

[5]) „oggetti preziosi“: Nach den Motiven (II S. 194) und dem Entwurf (Art. 284) sind darunter Gold- und Silbersachen, sowie Edelsteine zu verstehen.

296 [6]). Wer die Namen, Marken oder Unterscheidungszeichen geistiger Werke oder irgendwelcher gewerblicher Erzeugnisse nachmacht oder fälscht, oder von solchen auch von einem Anderen nachgemachten oder gefälschten Namen, Marken oder Zeichen Gebrauch macht, wird mit Einschliessung von einem Monat bis zu zwei Jahren und mit Geldstrafe von fünfzig bis zu fünftausend Lire bestraft.

Derselben Strafe unterliegt, wer gewerbliche Muster oder Modelle nachmacht oder fälscht, oder von solchen nachgemachten oder gefälschten Mustern oder Modellen Gebrauch macht.

Der Richter kann anordnen, dass das verurtheilende Erkenntniss in eine von ihm bestimmte Zeitung auf Kosten des Verurtheilten eingerückt wird.

297 [6]). Wer geistige Werke oder irgendwelche gewerbliche Erzeugnisse, welche mit Namen, Marken oder Unterscheidungszeichen nachgemacht oder gefälscht, oder die mit Namen, Marken oder Unterscheidungszeichen versehen sind, die den Käufer über den Ursprung oder über die Beschaffenheit des Werkes oder des Erzeugnisses in einen Irrthum versetzen können, im Inlande einführt, um Handel mit denselben zu treiben, oder zum Verkauf stellt oder sonst in Umlauf setzt, wird mit Einschliessung von einem Monat bis zu zwei Jahren und mit Geldstrafe von fünfzig bis zu fünftausend Lire bestraft.

298 [7]). Wer Angaben über wissenschaftliche Entdeckungen oder Erfindungen oder über gewerbliche Gebräuche, zu deren Kenntniss er in Veranlassung seines Standes oder Amtes oder seiner Profession oder Kunst gelangt ist, und die geheim bleiben sollen, verräth, wird, auf Antrag, mit Einschliessung bis zu sechs Monat und mit Geldstrafe über einhundert Lire bestraft.

Ist der Verrath von einem nicht im Inlande wohnenden Ausländer oder von dessen Agenten begangen, so tritt Einschliessung von

---

6) Mot. II S. 196. Kommiss. Ber. S. 249. Entw. Art. 285 und 286. Cod. Sard. 394. Cod. Nap. 425 ff. — Reichs-Ges. v. 30. November 1874 bezw. 11. Jan. 1876 §§ 14 ff. — R.-Ges. v. 11. Juni 1870.

7) Während der verwandte Artikel 163 die Verletzung des Amts- bezw. Berufsgeheimnisses behandelt, betrifft der vorstehende dem Cod. Nap. (Art. 418) entlehnte, im Sard. Strafgesetzbuch (Art. 391) bereits enthaltene Artikel die dem deutschen Strafrecht als Strafthat unbekannte Verletzung des Geschäftsgeheimnisses.

einem Monat bis zu einem Jahre und Geldstrafe über fünfhundert Lire ein.

299[*]). Wer mit Gewalt oder Drohung, mit Geschenken, Versprechungen, Verdunkelungen oder anderen betrügerischen Mitteln das Bieten bei öffentlichen Versteigerungen oder bei privaten für Rechnung öffentlicher Verwaltungen abgehaltenen Verdingungen verhindert oder stört, oder wer die Bieter davon abhält, wird mit Einschliessung von drei bis zu zwölf Monaten und mit Geldstrafe über einhundert Lire bestraft.

Ist der Thäter eine den vorerwähnten Versteigerungen oder Verdingungen vom Gesetz oder von der Obrigkeit vorgesetzte Person, so tritt Einschliessung von einem bis zu fünf Jahren, und Geldstrafe nicht unter fünfhundert Lire ein.

Derjenige, welcher durch Gewährung oder Versprechung von Geld oder eines anderen Vortheils für sich oder einen Anderen sich abhalten lässt, an den genannten Versteigerungen oder Verdingungen theilzunehmen, wird mit Einschliessung bis zu sechs Monat oder mit Geldstrafe von einhundert bis zu zweitausend Lire bestraft.

Siebenter Titel.

Von den Vergehen wider die öffentliche Wohlfahrt[1]).

Erstes Kapitel.

Von der Brandstiftung, von der Ueberschwemmung, von der Untersenkung und von anderen gemeingefährlichen Vergehen[2]).

300. Wer an ein Gebäude oder an Bauten irgendwelcher Art, an vom Erdboden noch nicht getrennte Erzeugnisse, oder an Massen oder

---

[*]) Mot. II S. 196. Kommiss. Ber. S. 251. Entw. Art. 287.

Diese Vorschrift stammt aus dem französ. Gesetz vom 22. Juli 1791 (Art. 27). Aufgenommen alsdann in den Cod. Nap. (Art. 412) ist dieselbe später in sämmtliche ital. Strafgesetzbücher (Cod. Sard. 402 ff., Parma 489, Este 247 ff., Due Sicilie 222, sowie auch in das Preuss. Str.-G.-B. vom 14. April 1851 (§ 270) übergegangen. Nach der Entscheidung des Reichsgerichts vom 27. März 1884 (Entsch. 10 S. 221. Rechtsp. 6 S. 227) ist diese Bestimmung (nach § 2 Einführ.-Ges. zum Strafgesetzbuch) für Preussen in Kraft geblieben.

[1]) „dei delitti contro l'incolumità pubblica". Unter diesem Titel hat der Codifikator, wie er in den Motiven (II S. 199) ausdrücklich erklärt, diejenigen

Lager brennbarer Stoffe Feuer legt, wird mit Einschliessung von drei bis zu sechs Jahren bestraft.

Einschliessung von fünf bis zu zehn Jahren tritt ein, wenn an zur Wohnung bestimmte Gebäude oder an öffentliche oder zu öffentlichem Gebrauch, zum Zwecke öffentlichen Nutzens oder zur Verrichtung eines Gottesdienstes bestimmte Gebäude, oder an gewerbliche Werkstätten, an Waarenlager oder an Lager oder Aufbewahrungsstellen entzündbarer oder explodirender Stoffe, an Stapelplätze, an Eisenbahnfahrzeuge, an Keller, an Bergwerke oder an Waldungen das Feuer gelegt wird.

301. Wer in der Absicht, Gebäude oder im voraufgehenden Artikel angegebene Gegenstände gänzlich oder theilweise zu zerstören, Minen, Torpedos oder andere explodirende Werke oder Maschinen aufstellt oder explodiren lässt, oder wer entzündbare Stoffe, welche geeignet sind, eine solche Wirkung herbeizuführen, aufstellt oder in Brand setzt, unterliegt den in demselben Artikel beziehungsweise festgesetzten Strafen.

302. Wer eine Ueberschwemmung herbeiführt, wird mit Einschliessung von drei bis zu zehn Jahren bestraft.

303. Wer dadurch, dass er Dämme oder Deiche, oder andere Werke, welche zum allgemeinen Schutz gegen das Wasser oder zur allgemeinen Abwehr von Unfällen bestimmt sind, zerstört, die Gefahr einer Ueberschwemmung oder eines anderen Unfalls entstehen lässt, wird mit Einschliessung von einem bis zu fünf Jahren bestraft.

Tritt infolge der That die Ueberschwemmung oder ein anderer Unfall ein, so kommt die Bestimmung des vorhergehenden Artikels zur Anwendung.

Reate aufführen wollen, welche von den „Deutschen Juristen" als gemeingefährliche Verbrechen und Vergehen („reati di pericolo comune") benannt würden, und die auch im Grossen und Ganzen unter dieser Bezeichnung im 27. Abschnitt Deutsch. Str.-G.-B. enthalten sind. In den früheren ital. Strafgesetzbüchern waren die im vorliegenden Titel behandelten Verbrechen und Vergehen unter verschiedenen Kategorien untergebracht, so im Cod. Sard. (Art. 650 ff. und 414 ff.) als Straftbaten wider die Personen und das Eigenthum bezw. wider die öffentliche Gesundheitspflege, im Cod. Tosc. (Art. 430 ff. bezw. 355 ff. unter der Rubrik „Von der gemeingefährlichen Schädigung" (dell' avvelenamento di commune pericolo) bezw. auch als „Vergehen wider die Person".

²) Mot. II S. 197. Kommiss. Ber. S. 254 ff. Entw. Art. 288—297. Cod. Sard. 650 ff. Cod. Tosc. 430 ff. Cod. Nap. 434 ff. und 95. Oest. Str.-G.-B. §§ 85, 106 ff. D. Str.-G.-B. §§ 306 ff.

304. Wer an Schiffe oder schwimmende Gebäude irgendwelcher Art Feuer legt oder den Untergang oder den Schiffbruch derselben herbeiführt, wird mit Einschliessung von drei bis zu zehn Jahren bestraft.

305. Ist eine der in den voraufgehenden Artikeln vorgesehenen Handlungen an militärischen Werken, Gebäuden oder Depots, an Arsenalen, Werkstätten oder Schiffen des Staates begangen worden, so tritt Einschliessung von sechs bis zu fünfzehn Jahren ein.

306. Wer dadurch, dass er die Feuer- oder andern Zeichen zerstört, entfernt oder in irgend welcher Weise versagen lässt, oder wer dadurch, dass er falsche Zeichen oder andere Kunstgriffe anwendet, die Gefahr eines Schiffsbruchs entstehen lässt, wird mit Einschliessung von einem bis zu fünf Jahren bestraft.

Erfolgt der Schiffsuntergang oder der Schiffbruch, so kommen je nach dem Fall die Bestimmungen der beiden voraufgehenden Artikel zur Anwendung.

307. Wer, um die Löschung eines Brandes, oder die Arbeiten zum Schutze gegen eine Ueberschwemmung, einen Schiffsuntergang oder einen Schiffbruch zu verhindern, die zur Löschung oder zum Schutze bestimmten Materialien, Apparate oder anderen Mittel wegnimmt, verbirgt oder unbrauchbar macht, wird mit Einschliessung von einem bis zu fünf Jahren bestraft.

308. Die Bestimmungen der Artikel 300—305 kommen auch gegen denjenigen zur Anwendung, welcher, dadurch dass er an Gebäuden oder Sachen seines Eigenthums eine der in diesen Artikeln angegebenen Handlungen begeht, Personen oder Gegenstände eines Anderen der in den genannten Artikeln angegebenen Art, beschädigt oder einer Gefahr aussetzt.

Ist die That auf einen im Artikel 414 vorgesehenen Zweck gerichtet, so wird die Strafe um ein Sechstel bis um ein Drittel erhöht.

309. Hat eine der in den voraufgehenden Artikeln vorgesehenen Handlungen eine Gefahr für Menschenleben herbeigeführt, so wird die dort festgesetzte Strafe um die Hälfte erhöht.

310. Ist in den in den voraufgehenden Artikeln vorgesehenen Fällen die Sache von unbedeutendem Werth [3]) und ist weder eine

[3]) „di lieve entità“. Der Artikel 310 war im Entwurf nicht enthalten, derselbe ist vielmehr später in den Text aufgenommen worden. Im Sardin. und

andere Sache einer Beschädigung noch eine Person einer Gefahr ausgesetzt gewesen, so treten an Stelle der in diesen Artikeln enthaltenen Bestimmungen die des Artikels 424.

311. Wer durch Unklugheit[4]) oder Fahrlässigkeit, oder aus Unerfahrenheit in seiner Kunst oder Profession oder in Folge Nichtbeobachtung der Vorschriften, Anordnungen oder Einrichtungen einen Brand oder eine Explosion, eine Ueberschwemmung, einen Schiffsuntergang oder einen Schiffbruch, einen Einsturz oder einen anderen gemeingefährlichen Unfall herbeiführt, wird mit Gefängniss bis zu dreissig Monaten und mit Geldstrafe bis zu eintausend Lire bestraft.

Entsteht durch die That eine Gefahr für Menschenleben, so tritt Gefängniss von sechs Monat bis zu fünf Jahren und Geldstrafe von dreihundert bis zu dreitausend Lire ein, und wird der Tod Jemandes herbeigeführt, so tritt Gefängniss von einem bis zu zehn Jahren und Geldstrafe über eintausend Lire ein.

Zweites Kapitel.

Von den Vergehen gegen die Sicherheit der Beförderungs- und Verkehrsmittel [1]).

312. Wer dadurch, dass er Gegenstände auf eine Eisenbahn legt, oder die Verbindungen der Eisenbahngeleise schliesst oder öffnet, oder dass er falsche Signale giebt oder auf irgend eine andere Weise die Gefahr eines Unfalles entstehen lässt, wird mit Einschliessung von einem bis zu fünf Jahren bestraft.

Findet der Unfall statt, so besteht die Strafe in Einschliessung von fünf bis zu fünfzehn Jahren.

---

im Toskan. Str.-G.-B. sollte, wenn der Werth der Sache fünfhundert bezw. einhundert Lire nicht überschritt, bestimmte Strafermässigung eintreten. (Art. 654 bezw. 433 ibid.)

[4]) Ueber „imprudenza“ vgl. Anm. 8 zu Art. 109.

[1]) Mot. II S. 203 ff. Kommiss. Ber. S. 255 ff. Entwurf Art. 298—302. Cod. Sardo 657, 663 und 667. Cod. Tosc. 454 ff. D. Str.-G.-B. §§ 315 ff. Oest. Str.-G.-B. §§ 85 ff. 432 ff. Nähere Bestimmungen über den Schutz der Eisenbahnen und der übrigen öffentlichen Verkehrsmittel enthält das ital. Gesetz vom 20. März 1865 über die öffentlichen Arbeiten (Art. 301 ff.); dasselbe entspricht in seinen bezüglichen Theilen dem Bahnpolizeireglement für die Eisenbahnen Deutschlands vom 4. Januar 1875. Vgl. auch das Franz. Ges. von 15./21. Juli 1845 (Art. 16 ff.).

313. Wer eine Eisenbahn, oder die Maschinen, die Fahrzeuge, die Werkzeuge oder andere Gegenstände oder Apparate, welche zum Betriebe der Eisenbahn dienen, beschädigt, wird mit Einschliessung von einem Monat bis zu fünf Jahren bestraft.

Derselben Strafe unterliegt, wer feste Gegenstände oder Wurfgeschosse[2]) gegen in Lauf befindliche Züge wirft.

314. Wer durch Fahrlässigkeit oder Unklugheit[3]) oder durch Unerfahrenheit in seiner Kunst oder Profession oder infolge Nichtbefolgung der Vorschriften, Anordnungen oder Einrichtungen die Gefahr eines Unfalls auf den Eisenbahnen entstehen lässt, wird mit Gefängniss von drei bis zu dreissig Monaten und mit Geldstrafe von fünfzig bis zu dreitausend Lire bestraft, und mit Gefängniss von zwei bis zu zehn Jahren und mit Geldstrafe über dreitausend Lire, wenn der Unfall stattfindet.

315. Wer die Maschinen, die Telegraphenapparate oder -Drähte beschädigt, oder eine Trennung der Ströme herbeiführt, oder auf irgend eine andere Weise den Telegraphendienst stört, wird mit Einschliessung von einem Monat bis zu fünf Jahren bestraft.

316. Rücksichtlich der Wirkungen des Strafgesetzes ist den gewöhnlichen Eisenbahnen jede andere mit metallenen Schienen ausgerüstete und mit Dampf oder mit irgend einem mechanischen Bewegungsmittel[4]) betriebene Bahn gleichgestellt[5]).

Rücksichtlich derselben Wirkungen sind den Telegraphen die für den öffentlichen Dienst bestimmten Fernsprecher gleichgestellt[6]).

317. Wer, abgesehen von den in den voraufgehenden Artikeln angegebenen Fällen, in irgendeiner Weise für den öffentlichen Ver-

---

[2]) „corpi contundenti o projettili".

[3]) S. Anm. 8 zu Art. 109.

[4]) „motore meccanico".

[5]) Auch nach mehreren reichsgerichtlichen Entscheidungen vom 3. Juli 1884, 1. December 1884 und 19. Mai 1885 (Entsch. Bd. 11, 33 und 12, 205) gehören zwar nicht Pferdebahnen, wohl aber Strassenbahnen mit Lokomotivbetrieb zu den Eisenbahnen im Sinne der §§ 315 ff. D. Str.-G.-B.

[6]) Einem besonderen strafgesetzlichen Schutze sind in Deutschland die Telephonanlagen nicht unterworfen. Von anderen Gesetzbüchern gedenkt derselben nur der Russ. Strafgesetzentwurf, wo im Art. 7 die Beschädigung eines zum Regierungs- oder öffentlichen Gebrauche dienenden Telegraphen- oder Telephonapparates (mit einer die Thätigkeit desselben unterbrechenden Folge) mit Gefängniss bestraft wird.

kehr bestimmte Wege oder Werke zu Lande oder zu Wasser gänzlich oder theilweise zerstört oder sonst unbrauchbar macht, oder wer zu diesem Zwecke die zur Sicherheit derselben bestimmten Gegenstände entfernt, wird mit Einschliessung von drei Monaten bis zu fünf Jahren bestraft, und von drei bis zu zwölf Jahren, wenn die That eine Gefahr für Menschenleben herbeiführt.

Drittes Kapitel.

Von den Vergehen wider die öffentliche Gesundheitspflege und Ernährung [1]).

318. Wer dadurch, dass er Trinkwasser allgemeinen Gebrauches oder für die öffentliche Ernährung bestimmte Stoffe verdirbt oder vergiftet, die Gesundheit der Menschen in Gefahr bringt, wird mit Einschliessung von drei bis zu zehn Jahren bestraft.

319. Wer in einer die Gesundheit gefährdenden Weise Nahrungsmittel oder Arzneien oder andere Sachen, welche bestimmt sind, zum Handel ausgestellt zu werden, nachmacht oder verfälscht, oder wer solche nachgemachte oder verfälschte Stoffe oder Sachen zum Verkauf stellt oder sonst in den Handel bringt, wird mit Einschliessung von einem Monat bis zu fünf Jahren und mit Geldstrafe von einhundert bis zu fünftausend Lire bestraft.

320. Wer nicht nachgemachte oder gefälschte, aber für die Gesundheit gefährliche Nahrungsmittel oder andere Sachen zum Verkauf stellt, ohne dass diese Gefahr dem Käufer bekannt ist, wird mit Einschliessung bis zu sechs Monaten und mit Geldstrafe von einhundert bis zu dreitausend Lire bestraft.

321. Wer zum Verkauf von Arzneien ermächtigt, dieselben in einer Art, Beschaffenheit oder Menge verabfolgt, welche den Medicinal-Verordnungen nicht entspricht oder von der bestimmten oder behandelten verschieden ist, wird mit Einschliessung bis zu einem Jahre und mit Geldstrafe von fünfzig bis fünfhundert Lire bestraft.

322. Wer unechte, aber für die Gesundheit nicht gefährliche

---

[1]) Mot. II S. 204 ff. Kommiss. Ber. S. 256 ff. Entwurf Art. 303—309. Cod. Tosc. 305 ff. Cod. Sardo 414 ff. D. Str.-G.-B. § 324. Vgl. auch § 367³ u. ⁵ ibid. sowie R.-Gesetz vom 14. Mai 1879 und die Kaiserl. Verordnung vom 4. Jan. 1875.

Lebensmittel als echte zum Verkauf stellt oder sonst in den Verkehr bringt, wird mit Einschliessung bis zu einem Monat und mit Geldstrafe von fünfzig bis zu fünfhundert Lire bestraft.

323. Wird eine der in den voraufgehenden Artikeln vorgesehenen Strafthaten aus Unklugheit oder Fahrlässigkeit oder aus Unerfahrenheit in seiner Kunst oder Profession oder infolge Nichtbeachtung der Vorschriften, Anordnungen oder Einrichtungen begangen, so wird der Thäter bestraft:

1) mit Gefängniss von einem Monat bis zu einem Jahr und mit Geldstrafe bis zu eintausend Lire in dem im Artikel 318 vorgesehenen Falle,
2) mit Gefängniss bis zu drei Monaten und mit Geldstrafe bis zu fünfhundert Lire, in den im Artikel 319 vorgesehenen Fällen,
3) mit Gefängniss bis zu einem Monat oder mit Geldstrafe bis zu einhundert Lire, in den in den Artikeln 320 und 321 vorgesehenen Fällen.

324. Führt eine der in den voraufgehenden Artikeln vorgesehenen Strafthaten eine Gefahr für Menschenleben herbei, so werden die daselbst festgesetzten Strafen um die Hälfte erhöht.

325. Begeht der Thäter eines der in den Artikeln 319, 320 und 322 vorgesehenen Vergehen die That durch Missbrauch seines ärztlichen Berufes oder einer anderen der öffentlichen Gesundheitspflege wegen der Aufsicht unterworfenen Profession oder Kunst, so besteht die Strafe:

1) in Einschliessung von sechs Monaten bis zu sechs Jahren und in Geldstrafe nicht unter einhundert Lire in dem im Artikel 319 vorgesehenen Fall,
2) in Einschliessung von drei Monat bis zu einem Jahr und in Geldstrafe von fünfhundert bis zu fünftausend Lire in den im Artikel 320 vorgesehenen Fall,
3) in Einschliessung von einem bis zu sechs Monat und in Geldstrafe von zweihundert bis zu eintausend Lire in dem im Artikel 322 vorgesehenen Fall.

Die Verurtheilung wegen eines der in den voraufgehenden Artikeln vorgesehenen Vergehens hat immer die Untersagung der Ausübung der Profession oder der Kunst, welche als Mittel zur Begehung desselben gedient hat, für eine Zeit zur Folge, welche der auferlegten Einschliessungs- oder Gefängnissstrafe gleichkommt.

326. Wer durch falsche Nachrichten oder andere betrügerische Mittel den Mangel oder die Vertheuerung von Lebensmitteln herbeiführt, wird mit Einschliessung von einem bis zu fünf Jahren und mit Geldstrafe von fünfhundert bis fünftausend Lire bestraft; zu diesen Strafen tritt die vorübergehende Untersagung der Bekleidung öffentlicher Aemter hinzu, und ebenso die der Ausübung des Berufes, wenn der Thäter ein öffentlicher Geschäftsvermittler[2]) ist.

Viertes Kapitel.

Gemeinsame Bestimmungen zu den voraufgehenden Kapiteln[1]).

327. Unbeschadet der Bestimmungen der Artikel 366[4] und 373 werden, falls durch eine der in den Artikeln 300 bis 306, 308, 312, 313, 315—321 und 325 vorgesehenen Strafthaten der Tod oder die Körperverletzung Jemandes verursacht wird, die daselbst festgesetzten Strafen verdoppelt, wenn der Tod, und um ein Drittel bis um die Hälfte erhöht, wenn eine Körperverletzung verursacht ist; jedoch darf die Einschliessung im ersten Falle nicht unter fünfzehn und im zweiten Falle nicht unter drei Monaten betragen.

Ist durch die That der Tod mehrerer Personen oder der Tod auch nur einer und die Körperverletzung einer oder mehrerer Personen verursacht, so darf die Einschliessung nicht unter zehn Jahren betragen, und falls Letztere diese Dauer bereits überstieg, darf dieselbe bis zum gesetzlichen Höchstbetrage ausgedehnt werden. Ist die Körperverletzung mehrerer Personen verursacht, so darf die Einschliessung nicht unter sechs Monaten betragen, und falls Letztere fünf Jahre bereits übersteigt, kann dieselbe bis auf fünfzehn Jahr erhöht werden.

---

[2]) „pubblico mediatore". Die Rechte und Pflichten der öffentlichen Geschäftsvermittler sind im ital. Handelsgesetzbuch (vom 31. Oktober 1882) Art. 29 ff. näher bestimmt und gleichen im Wesentlichen denen der Handelsmäkler (Sensalen) des Deutsch. Hand.-G.-B. (Art. 66).

[1]) Mot. II S. 208 ff. Kommiss. Ber. S. 258. Entwurf Art. 310—313. Cod. Sard. 660 ff. Cod. Tosc 436 ff. Cod. Nap. 434 ff. Die qualificirenden Umstände, welche das ital. Strafgesetzbuch dem einzelnen Titel am Schlusse desselben in einem besonderen Kapitel zu erörtern pflegt, sind im Deutschen Strafgesetzbuch den einzelnen Bestimmungen stets unmittelbar beigefügt: so vgl. z. B. §§ 307[1], 345[2], 321[1], 322[1] u. s. w. das.

328. Wird eines der in den beiden ersten Kapiteln des gegenwärtigen Titels vorgesehenen Vergehen des Nachts oder zur Zeit einer allgemeinen Gefahr oder öffentlicher Nothstände oder Bewegungen begangen, so wird die Strafe um ein Drittel erhöht.

329. Wird eines der im gegenwärtigen Titel vorgesehenen Vergehen von einer Person begangen, welche mit den daselbst angegebenen Diensten, Arbeiten oder der dsgl. Ueberwachung der Materialien betraut ist, so werden die dort festgesetzten Strafen um ein Sechstel bis um ein Drittel erhöht.

330. Ist bei den in den ersten beiden Kapiteln des gegenwärtigen Titels vorgesehenen Vergehen die durch die That hervorgerufene Gefahr ziemlich unerheblich, oder hat der Thäter sich wirklich bemüht, die Folgen derselben zu verhindern oder zu beschränken, so kann die Strafe um ein bis zwei Drittel herabgesetzt werden[2]).

Achter Titel.

Von den Vergehen wider die gute Sitte und die Familienordnung.

Erstes Kapitel.

Von der Nothzucht, von der Verführung Minderjähriger und von der Verletzung des Schamgefühls[1]).

331. Wer mit Gewalt oder Drohung eine Person des einen oder des anderen Geschlechts zu fleischlicher Vereinigung zwingt, wird mit Einschliessung von drei bis zu zehn Jahren bestraft.

---

[2]) Nach Deutschem Strafrecht (§ 310 D. Str.-G.-B.) tritt bei Brandstiftung Straflosigkeit ein, wenn der Thäter den Brand, bevor derselbe entdeckt und ein weiterer als der durch die blosse Inbrandsetzung bewirkte Schaden entstanden war, wieder gelöscht hat. — Vgl. auch Art. 61 Abschn. 2.

[1]) „della violenza carnale, della corruzione di minorenni e dell' oltraggio al pudore". Mot. II S. 214 ff. Kommiss. Ber. S. 259 ff. Entw. Art. 314—321. Cod. Sardo 420 ff. u. 489 ff. Cod. Tosc. 280 ff. Cod. Nap. 330 ff. D. Str.-G.-B. §§ 173 bis 178, 182—184. Oest. Str.-G.-B. §§ 125 ff.

Das Italienische Strafgesetz bestraft im vorsteh. Kapitel als Unzuchtsvergehen:

1. Die fleischliche Vereinigung (congiunzione carnale) zwischen Personen desselben oder verschiedenen Geschlechtes, wenn dieselbe vorgenommen wird,

Derselben Strafe unterliegt, wer sich mit einer Person des einen oder des anderen Geschlechts fleischlich vereinigt, welche zur Zeit der That:

1) das zwölfte Lebensjahr noch nicht vollendet hat,
2) das fünfzehnte Lebensjahr noch nicht vollendet hat, wenn der Thäter der Ascendent, der Vormund oder der Lehrer derselben ist,
3) als verhaftet oder verurtheilt dem Thäter zum Zwecke der Ueberführung oder der Ueberwachung anvertraut war,
4) infolge geistiger oder körperlicher Krankheit oder aus einer anderen von der That des Thäters unabhängigen Ursache, oder in Folge betrügerischer von demselben angewendeter Mittel nicht in der Lage war, Widerstand zu leisten.

332. Ist eine der im ersten Theil und in Nummer 1 und 4 des Absatzes des voraufgehenden Artikels vorgesehenen Strafthaten unter Missbrauch des Ansehens, des Vertrauens oder der häuslichen Beziehungen begangen, so wird der Thäter in dem im ersten Theil vorgesehenen Falle mit Einschliessung von sechs bis zu zwölf Jahren, und in den anderen Fällen mit Einschliessung von acht bis zu funfzehn Jahren bestraft.

333. Wer unter Anwendung der Mittel oder unter Benutzung der Bedingungen oder der Umstände wie im Artikel 331 angegeben, mit einer Person des einen oder des anderen Geschlechts wollüstige

---

a) mittels Gewalt oder Drohung,
b) — ohne diese Voraussetzung —
α) an einer Person unter 12 Jahren,
β) an einer Person unter 15 Jahren, wenn der Thäter ein Verwandter aufsteigender Linie oder der Vormund oder der Lehrer (institutore) ist,
γ) wenn die missbrauchte Person als verhaftet oder verurtheilt der Ueberführung oder Obhut des Thäters anvertraut,
δ) wenn die missbrauchte Person wegen geistiger oder körperlicher Krankheit nicht widerstandsfähig war, oder wenn betrügerische Mittel gegen sie angewendet worden sind,

unter eventueller Strafschärfung: Art. 332.

2. Die Vornahme wollüstiger Handlungen (atti di libidine), unter den zu 1 genannten Voraussetzungen, ohne dass dieselben auf die dort aufgeführten Vergehen d. h. auf eine fleischliche Vereinigung gerichtet sind. Art. 333.

3. Die Schändung eines Knaben oder Mädchens unter 16 Jahren, Art. 335.

4. Die Blutschande, jedoch nur unter Erregung eines öffentl. Scandals, Art. 337.

5. Die öffentl. Schamverletzung Art. 338 u. 339 im Sinne der §§ 183 u. 184 Deutsch. Str.-G.-B.

Die hier niedergelegten (roman.) Rechtsanschauungen weichen zum Theil erheblich von den deutschen ab.

Handlungen vornimmt, welche auf das in diesem Artikel vorgesehene Vergehen nicht gerichtet sind, wird mit Einschliessung von einem bis zu sieben Jahren bestraft.

Wird die That unter Missbrauch des Ansehens oder des Vertrauens oder der häuslichen Beziehungen begangen, so tritt im Falle der Gewalt oder Drohung Einschliessung von zwei bis zu zehn Jahren, und in den im Artikel 331 Abs. 1 und 4 vorgesehenen Fällen Einschliessung von vier bis zu zwölf Jahr ein.

334. Wird eine der in den voraufgehenden Artikeln vorgesehenen Thaten unter gleichzeitiger Betheiligung zweier oder mehrerer Personen begangen, so werden die daselbst festgesetzten Strafen um ein Drittel erhöht.

335. Wer mittels wollüstiger Handlungen eine Person unter sechszehn Jahren schändet[2]), wird mit Einschliessung bis zu dreissig Monaten und mit Geldstrafe von fünfzig bis zu eintausendfünfhundert Lire bestraft.

Ist das Vergehen mit Hinterlist begangen, oder ist der Thäter ein Ascendent der minderjährigen Person, oder ist ihm die Pflege, die Erziehung, der Unterricht, die Beaufsichtigung oder die Bewahrung derselben auch nur vorübergehend anvertraut, so besteht die Strafe in Einschliessung von einem bis zu sechs Jahren und in Geldstrafe von einhundert bis zu dreitausend Lire.

336. Wegen der in den vorhergehenden Artikeln vorgesehenen Vergehen wird nur auf Antrag[3]) eingeschritten; der Antrag wird aber nach Ablauf eines Jahres seit dem Tage, an welchem die That begangen wurde oder seitdem derjenige Kenntniss von derselben hatte, welcher das Recht hat[4]), an Stelle des Verletzten den Antrag selbst zu stellen, nicht mehr zugelassen.

---

[2]) „corrompe". Das analoge Vergehen des Deutschen Strafrechts (§ 182) ist nur gegen ein, übrigens unbescholtenes Mädchen unter sechszehn Jahren denkbar, da zur Erfüllung des Thatbestandes desselben „eine Verführung zum Beischlafe" erfordert wird.

[3]) Nach den bisherigen Gesetzbüchern (Sard. und Tosk.) waren die vorgen. Vergehen überhaupt von Amtswegen zu verfolgen. — Im Deutschen Strafgesetzbuch war ursprünglich das Verbrechen der Nothzucht das einzige Antragsverbrechen. Durch die Novelle vom 26. Februar 1876 ist das Erforderniss des Antrages beseitigt worden. —

[4]) Nach ital. Strafrecht kann der Ehemann für die Ehefrau, der Ascendent für den minderjährigen seiner Gewalt unterworfenen Descendenten und der Vormund oder Pfleger für das Mündel etc. den Strafantrag stellen. (Art. 104 Str.-Proc.-Ordn.)

Die Zurücknahme des Antrages ruft keine Wirkung hervor, wenn dieselbe, nachdem die Verhandlung eröffnet war, erfolgt ist.

Es wird von Amtswegen eingeschritten, wenn die That,

1) den Tod der verletzten Person herbeigeführt hat, oder wenn dieselbe von einem anderen Vergehen begleitet ist, für welches eine Freiheitsstrafe von nicht unter dreissig Monaten festgesetzt ist, und dessen wegen von Amtswegen eingeschritten werden muss,
2) an einem öffentlichen oder dem Publikum zugänglichen Orte begangen wird,
3) unter Missbrauch der väterlichen Gewalt oder des vormundschaftlichen Ansehens begangen wird.

337 [5]). Wer in einer Weise, dass daraus ein öffentliches Aergerniss entsteht, mit einem auch unehelichen Verwandten auf- oder absteigender Linie oder mit einem Verschwägerten gerader Linie, oder mit einer Schwester oder mit einem Bruder, sei es dass er mit demselben nur von väterlicher oder mütterlicher oder von beiden Seiten verwandt ist, eine blutschänderische Beziehung unterhält, wird mit Einschliessung von achtzehn Monat bis zu fünf Jahren und mit zeitiger Untersagung der Bekleidung öffentlicher Aemter bestraft.

338. Wer, abgesehen von den in den voraufgehenden Artikeln angegebenen Fällen, das Schamgefühl oder die gute Sitte durch an einem öffentlichen oder dem Publikum zugänglichen Orte vorgenommene Handlungen [6]) verletzt, wird mit Einschliessung von drei bis zu dreissig Monaten bestraft.

339. Wer mittels unter irgend einer Form verbreiteter oder dem Publikum ausgestellter oder zum Verkauf angebotener Schriften,

---

[5]) Entgegen den Bestimmungen des Sard. und des Toskan. Gesetzbuches (Art. 420 bezw. 301) soll jetzt die in diesem Artikel behandelte Blutschande („relazione incestuosa") erst dann strafbar sein, wenn durch dieselbe ein öffentliches Aergerniss („pubblico scandalo") erregt wird.

[6]) „atti". Dass unter den Begriff „Handlungen" an dieser Stelle nicht wie nach Deutschem Strafrecht nach Maassgabe der Reichsgerichtentscheidung vom 6. Mai 1881 (R. III. 273) auch mündliche Aeusserungen fallen sollen, geht aus den Bestimmungen des Art. 490 hervor, nach welchen die Verletzung der öffentlichen Schamhaftigkeit durch Worte, Gesänge oder andere Handlungen als Uebertretung besonders vorgesehen ist.

Zeichnungen oder anderer unzüchtiger[6]) Gegenstände das Schamgefühl verletzt, wird mit Einschliessung bis zu sechs Monaten und mit Geldstrafe von fünfzig bis zu eintausend Lire bestraft.

Ist die That in gewinnsüchtiger Absicht begangen, so tritt Einschliessungsstrafe von drei Monat bis zu einem Jahr und Geldstrafe von einhundert bis zu zweitausend Lire ein.

Zweites Kapitel.

Von der Entführung[1]).

340. Wer mit Gewalt, Drohung oder Hinterlist eine grossjährige[2]) oder aus der väterlichen Gewalt entlassene[3]) Frauensperson zum Zwecke der Wollust oder der Ehelichung entführt oder zurückhält, wird mit Einschliessung von sechs Monat bis zu fünf Jahren bestraft.

341. Wer mit Gewalt, Drohung oder Hinterlist eine minderjährige[4]) Frauensperson zum Zwecke der Wollust oder der Ehelichung oder eine verheirathete Frauensperson zum Zwecke der Wollust entführt oder zurückhält, wird mit Einschliessung von drei bis zu sieben Jahren bestraft.

Wird die minderjährige Person ohne Gewalt, Drohung oder Hinterlist, sondern mit ihrer Einwilligung entführt oder zurückgehalten,

---

[6]) „osceni“ (obscoenus. Cic.)

[1]) „del ratto“. Entw. Art. 322—327. Mot. II S. 227. Kommiss. Ber. 268. Cod. Sardo 493 ff. Cod. Tosc. 284 ff. Cod. Nap. 354 ff. D. Str..G.-B. §§ 235 ff. Oester. Str.-G.-B. §§ 96 und 57[13]. Vgl. hierzu Art. 145 ff. und Anm. 1 S. 75. Im Deutschen Strafgesetzbuch hat die Entführung als Menschenraub ohne Berücksichtigung des Motives der That ihre Stellung unter den Vergehen wider die persönliche Freiheit gefunden.

[2]) Die Grossjährigkeit tritt wie nach deutschem Recht mit vollendetem einundzwanzigsten Lebensjahre ein. Art. 323 und 240 des ital. Civilgesetzbuches (vom 25. Juni 1865).

[3]) „emancipata“. Nach ital. Civilrecht tritt die minderjährige Tochter durch ihre Verheirathung aus der väterlichen Gewalt; dieselbe kann ebenso wie der minderjährige Sohn, wenn sie das achtzehnte Lebensjahr vollendet haben, vom Vater, welcher die väterliche Gewalt ausübt, oder in Ermangelung desselben vom Familienrath aus der väterlichen Gewalt entlassen werden. (Art. 310 ff. Civilgesetzbuchs.) — Nach Preuss. Landrecht (§ 214 ff. II. 2) kann der Sohn nach vollendetem zwanzigsten Lebensjahr mit seiner ausdrücklichen Zustimmung vor dem Vormundschaftsgericht aus der väterlichen Gewalt entlassen werden.

[4]) S. Anm. 2.

so besteht die Strafe in Einschliessung von sechs Monat bis zu drei Jahren.

Hatte die entführte Person das zwölfte Lebensjahr noch nicht vollendet, so wird der Thäter, auch wenn er Gewalt, Drohung oder Hinterlist nicht angewendet hat, mit Einschliessung von drei bis zu sechs Jahren bestraft.

342. Setzt der Thäter eines der in den voraufgehenden Artikeln vorgesehenen Vergehen, ohne eine wollüstige Handlung begangen zu haben, die entführte Person freiwillig wieder in Freiheit, indem er dieselbe in das Haus, von wo er sie entführte, oder in das Haus ihrer Familie zurückführte, oder sie an einen anderen sicheren Ort zur Verfügung ihrer Familie bringt, so tritt Einschliessung von einem Monat bis zu einem Jahr im Falle des Artikels 340, beziehungsweise von sechs Monat bis zu drei Jahren und von einem bis zu fünf Jahren in den Fällen des Artikels 341 ein.

343. Wird eines der in den voraufgehenden Artikeln vorgesehenen Vergehen nur zum Zwecke der Ehelichung begangen, so kann an Stelle der Einschliessung Gefängniss gesetzt werden.

344. Wegen der in den voraufgehenden Artikeln vorgesehenen Vergehen wird nur auf Antrag eingeschritten; der Antrag wird aber nach Ablauf eines Jahres seit dem Tage, an welchem die That begangen wurde oder derjenige Kenntniss von derselben hatte, der das Recht hat, an Stelle des Verletzten den Antrag selbst zu stellen, nicht mehr zugelassen.

Die Zurücknahme des Antrages ruft keine Wirkung hervor, wenn dieselbe, nachdem die Verhandlung eröffnet war, erfolgt ist.

Drittes Kapitel.

Von der Kuppelei [1]).

345. Wer, um der Wollust eines Anderen zu dienen, eine

[1]) „del lenocinio". Entw. Art. 328—331. Mot. II S. 229. Kommiss. Ber. S. 272. Cod. Sard. 421 ff. Cod. Tosc. 300. D. Str.-G.-B. §§ 180 ff. Oester. Str.-G.-B. § 128. Nach dem Wortlaute des Entwurfes sollte nur eine minderjährige Frauensperson (donna minore di età) Gegenstand der Kuppelei sein. Da indessen nach Art. 335 die Schändung auch eines minderjährigen Knaben strafbar ist, so musste der Gegenstand der Kuppelei verallgemeinert und an Stelle „donna": persona gesetzt werden.

minderjährige[2]) Person zur Gewerbsunzucht[3]) verführt oder die Schändung[4]) derselben veranlasst, wird mit Einschliessung von drei bis zu dreissig Monaten und mit Geldstrafe von einhundert bis zu dreitausend Lire bestraft.

Die Einschliessung beträgt ein bis sechs Jahre und die Geldstrafe nicht unter fünfhundert Lire, wenn das Vergehen begangen worden ist:

1) an einer Person, welche das zwölfte Lebensjahr noch nicht vollendet hat,
2) mittels Hinterlist,
3) von Verwandten aufsteigender Linie, von Verschwägerten in gerader aufsteigender Linie, vom Adoptivvater oder von der Adoptivmutter, vom Ehemann, vom Vormund, oder von einer anderen Person, welcher die minderjährige Person zur Pflegschaft, zur Erziehung, zum Unterricht, zur Beaufsichtigung oder Bewahrung, auch nur vorübergehend anvertraut war,
4) gewohnheitsmässig oder in gewinnsüchtiger Absicht.

Treffen mehr als ein der vorbezeichneten, unter verschiedenen Nummern vorgesehenen Umstände zusammen, so tritt Einschliessung von zwei bis zu sechs Jahren und Geldstrafe nicht unter eintausend Lire ein.

346. Wer, um der Wollust eines Anderen zu dienen, die Gewerbsunzucht oder die Verführung einer minderjährigen Person in der Weise oder in den Fällen, wie im ersten Absatz des voraufgehenden Artikels angegeben, begünstigt oder erleichtert, wird mit

---

Aehnlich sind die Bestimmungen des französischen Strafrechts (Art. 334 ff.), nach welchem wegen Kuppelei derjenige bestraft wird, welcher gewohnheitsmässig die Ausschweifung oder die Schändung einer minderjährigen Person veranlasst, begünstigt oder erleichtert, sowie der übrigen früheren ital. Strafgesetzbücher, des belgischen und des spanischen Strafgesetzbuches. Vgl. Art. 344 ff. Str.-G.-B. für Königreich Beider Sicilien, 372 für Parma, 442 für Este, 181 für den Kirchenstaat, 200 für Insel Malta, 367 für Spanien, sowie das Belgische Gesetz vom 31. März 1844.

[2]) S. Anm. 2 zu Art. 340.

[3]) „prostituzione": die Gewerbsunzucht, die Hurerei. Nach Art. 105 des Ges. v. 30. Juni 1889 „über die öffentliche Sicherheit" ist den bei der Sicherheitsbehörde als arbeitsscheu etc. bekannten und deshalb verwarnten Personen (oziosi e vagabondi abituali ammoniti Art. 94) u. A. untersagt, sich gewohnheitsmässig in Wirthshäusern und in Hurenhäusern („case di prostituzione") aufzuhalten.

[4]) S. Art. 335.

Einschliessung von drei Monaten bis zu zwei Jahren und mit Geldstrafe von dreihundert bis zu fünftausend Lire bestraft, und in dem im zweiten Absatz vorgesehenen Falle beträgt die Einschliessungsstrafe sechs Monat bis zwei Jahre und die Geldstrafe fünfzig bis sechstausend Lire.

347. Der Verwandte oder Verschwägerte aufsteigender Linie, der Ehemann oder der Vormund, welcher den Verwandten absteigender Linie oder die Ehefrau, auch wenn dieselben grossjährig, oder die als minderjährig seiner Vormundschaft unterworfene Person mit Gewalt oder Drohung zwingt, sich der Gewerbsunzucht zu ergeben[5]), wird mit Einschliessung von sechs bis zu zehn Jahren bestraft.

Verleitet der Verwandte aufsteigender Linie oder der Ehemann den Verwandten absteigender Linie oder die Ehefrau, wenn dieselben grossjährig sind, mit Hinterlist zur Gewerbsunzucht, so tritt Einschliessung von dreissig Monaten bis zu fünf Jahren ein.

348. Ist der Thäter eines der in den voraufgehenden Artikeln vorgesehenen Vergehen der Ehemann, so wird nur auf Antrag der Ehefrau eingeschritten, und ist dieselbe minderjährig, auch auf Antrag desjenigen, welcher, wenn sie unverheirathet wäre, über sie die väterliche oder die vormundschaftliche Gewalt haben würde.

Die Verurtheilung hat den Verlust der ehemännlichen Gewalt zur Folge.

Viertes Kapitel.

Gemeinsame Bestimmungen zu den voraufgehenden Kapiteln.

349. Die Verurtheilung wegen eines der in den Artikeln 331, 332, 333, 335, 337, 345, 346 und 347 vorgesehenen Vergehen hat, was die Verwandten aufsteigender Linie betrifft, den Verlust jedes Rechtes, welches denselben infolge dieser Eigenschaft vom Gesetz über die Person und über das Vermögen der Verwandten absteigender Linie, zu deren Nachtheil sie das Vergehen begangen haben, eingeräumt ist, und was die Vormünder betrifft, die Entfernung von der Vormundschaft und die Ausschliessung von jedem anderen vormundschaftlichen Amte zur Folge.

350. Ist eins der in den Artikeln 331, 332, 333, 340 und 341 vorgesehenen Vergehen an der Person einer öffentlichen Hure[1]) be-

[5]) „prostituirsi". Vgl. Anm. 3.

[1]) Nach Analogie der früheren ital. Strafgesetze (Cod. Sard. 499, Cod. Tosc. 290,

gangen worden, so werden die dort festgesetzten Strafen um die Hälfte bis um zwei Drittel ermässigt.

351. Ist durch eine der in den Artikeln 331, 332, 333, 340 und 341 vorgesehenen Strafthaten der Tod oder eine Körperverletzung der beleidigten Person verursacht, so werden die daselbst festgesetzten Strafen im Falle des Todes um die Hälfe bis um das Doppelte, und im Falle der Körperverletzung um ein Drittel bis um die Hälfte erhöht; und es darf die Einschliessung im ersten Falle nicht unter zehn, und im zweiten Falle nicht unter drei Jahren betragen.

352. Der Thäter eines der in den Artikeln 331, 332, 333, 335, 340 und 341 vorgesehenen Vergehen bleibt straffrei, wenn er, bevor die Verurtheilung verkündet ist, mit der verletzten Person die Ehe eingeht[2]); auch wird in diesem Falle das Verfahren gegen alle, welche an dem Vergehen theilgenommen haben, eingestellt, unbeschadet der Strafe, nach den Umständen des Falles, für die anderen Strafthaten.

Wird die Ehe nach der Verurtheilung geschlossen, so treten die Vollstreckung und die strafrechtlichen Wirkungen der Verurtheilung in Wegfall.

Fünftes Kapitel.

Vom Ehebruch[1]).

353. Die Ehefrau, welche die Ehe bricht, wird mit Gefängniss von drei bis zu dreissig Monaten bestraft.

Cod. Due Sicil. 343) glaubt der Gesetzgeber das gegen eine öffentliche Dirne (pubblica meretrice) verübte Sittenattentat um deswillen milder bestrafen zu sollen, weil eine solche Person durch dasselbe nicht beschimpft werde wie eine ehrbare Frauensperson für ihr ganzes Leben, und weil auch der von der Ersten geleistete Widerstand vom Thäter als nicht ernsthaft gemeint aufgefasst werden könne. (Mot. II S. 234 ff.) — Das alte deutsche Strafrecht ging noch weiter: es kannte Nothzucht nur gegenüber einer „unverleumdeten" Frauensperson, während gegen ein Weib, welches ihre Geschlechtsehre verloren, nur ein „Crimen vis" begangen werden konnte. (Peinl. Ger.-Ordn. Art. 119.)

[2]) Nach Deutschem Strafgesetzbuch (§ 238) soll die Verfolgung nur dann stattfinden, wenn die zwischen dem Entführer und der Entführten geschlossene Ehe für ungültig erklärt worden ist.

[1]) Im Entwurf führte das Kapitel die Ueberschrift „dell' adulterio e del concubinato" mit Rücksicht auf die Bestimmungen des Art. 354. — Entw. Art. 335 bis 339. Mot. II S. 235 ff. Kommiss. Ber. 273. — Nach dem Vorbilde des Code

Mit derselben Strafe wird der Mitschuldige der Ehebrecherin bestraft.

354. Der Ehemann, welcher eine Concubine im ehelichen Hause oder anderswo offenkundig hält, wird mit Gefängniss von drei bis zu dreissig Monaten bestraft; die Verurtheilung hat den Verlust der ehelichen Gewalt zur Folge.

Die Concubine wird mit Gefängniss bis zu einem Jahre bestraft.

355. War bezüglich der in den voraufgehenden Artikeln vor-

---

pénal von 1810 Art. 336 ff. wurde auch in allen bisherigen italienischen — Cod. Sard. Art. 482 ff., Cod. Tosc. 291, Cod. Parma 374 ff., Cod. Este 419 ff., Cod. Due Sicil. 326 — ebenso wie in den Strafgesetzbüchern von Belgien Art. 365, Spanien 358 ff., Brasilien 250 ff. der Ehebruch seitens des Ehemanns wenn überhaupt, so doch milder als der der Ehefrau und ihres Mitschuldigen bestraft. Nur das Strafgesetzbuch für den Kirchenstaat (vom 1. November 1832 Art. 176) maass nach gleichem Maasse und bestrafte den Ehebruch bedingungslos mit fünf Jahr, den gewaltsamen Ehebruch sogar mit lebenslänglicher Galeere. — Der Codifikator des vorliegenden Gesetzes ist sich auch der in seinen Bestimmungen liegenden Ungleichmässigkeit der Behandlung von Ehemann und Ehefrau bewusst, namentlich angesichts des auch in die italienische Verfassungsurkunde — (Art. 24) — aufgenommenen Grundsatzes: „Tutti i regnicoli sono eguali dinanzi alla legge.“ (Alle Inländer sind vor dem Gesetze gleich.) Mit Rücksicht aber auf die durch den Fehltritt der Frau für die ganze Familie hervorgerufenen Schande sowie andererseits auf die Bedenklichkeit zu befürchtender Nachkommenschaften müsse die Verletzung der ehelichen Treue seitens der Frau unter allen Umständen bestraft werden.

Der Zug der modernen Strafgesetzgebung geht dahin, Mann und Frau nach gleichem Maasse zu messen. Während das Oester. Strafgesetzbuch vom 27. Mai 1852 (§ 502) nur noch für den Fall die Ehefrau strenger bestraft wissen will, wenn infolge des Ehebruchs derselben über die Rechtmässigkeis der nachfolgenden Geburt ein Zweifel entstehen kann, haben andere Strafgesetzbücher wie unser Deutsches so das Strafgesetzbuch für Schweden, Holland, Ungarn und die meisten Schweizer Cantone auch diesen Unterschied nicht gezogen. Nicht bestraft wird der Ehebruch nach dem Strafgesetzbuch von Genf (1874) und von New-York (1884). — Die italienische strafrechtliche ungleichmässige Beurtheilung des Ehebruchs entspricht übrigens auch den dortigen civilgesetzlichen Bestimmungen über die Zulassung der Ehescheidungsklage. Nach Letzteren (Art. 150 ff.) kann — wie nach dem französischen Civilgesetzbuch (Art. 229 ff.) — ausser wegen absichtlicher Verlassung, wegen Bedrohungen, Grausamkeiten und schwerer Beleidigungen — auf Ehetrennung der Ehemann wegen Ehebruchs der Frau stets, Letztere aber nur aus demselben Grunde klagen, aus welchem sie die obenerörterte Bestrafung des Mannes wegen Ehebruchs beantragen kann, oder wenn solche Umstände hinzutreten, dass der Ehebruch eine schwere Beleidigung gegen sie darstellt.

gesehenen Vergehen der Ehegatte gesetzlich geschieden oder vom anderen Ehegatten verlassen, so besteht die Strafe für jeden der Thäter in Gefängniss bis zu drei Monaten.

356. Es wird wegen der in den voraufgehenden Artikeln vorgesehenen Vergehen nur auf Antrag des Ehemanns oder der Ehefrau eingeschritten, und der Antrag erstreckt sich nothwendigerweise auf den Mitschuldigen der Ehebrecherin und auf die Concubine.

Der Antrag wird nach drei Monaten seit dem Tage, an welchem der beleidigte Ehegatte Kenntniss von der That hatte, nicht mehr zugelassen.

Ebensowenig kann der Antrag des Ehegatten zugelassen werden wegen einer Schuld, deren wegen das Scheidungsurtheil ausgesprochen worden ist[2]).

357. Straffrei bleibt, wer eine der in den voraufgehenden Artikeln vorgesehenen Strafthaten begeht:

1) falls der Antrag vom Ehemann gestellt wird, wenn die Ehefrau beweist, dass er selbst in den der That voraufgehenden fünf Jahren das im Artikel 354 vorgesehene Vergehen begangen hat, oder dass er sie gezwungen oder verleitet hat Hurerei zu treiben[3]), oder dass er die Hurerei bei ihr angeregt oder begünstigt hat,

2) falls der Antrag von der Ehefrau gestellt wird, wenn der Ehemann beweist, dass sie selbst in der vorgenannten Zeit das im Artikel 353 vorgesehene Vergehen begangen hat.

358. Die Zurücknahme des Strafantrages[4]) kann auch nach der Verurtheilung stattfinden, und lässt dieselbe die Vollstreckung und die strafrechtlichen Folgen in Wegfall treten.

Der Tod des antragstellenden Ehegatten führt die Wirkungen der Zurücknahme des Antrages herbei.

---

[2]) Die vorstehende Bestimmung ist vom Gesetzgeber erst auf Vorschlag der Ges.-Kommission aufgenommen worden. (Ber. d. Min. a. d. König S. 136). Mit derselben hat sich das ital. Gesetzbuch auf einem dem Deutschen Str.-G.-B. diametral entgegengesetzten Standpunkt gestellt. Denn nach Letzterem kann der Strafantrag nur wegen des Ehebruchs gestellt, dessen wegen die Ehe geschieden worden ist (§ 173).

[3]) „prostituirsi". Wie zu Anm. 15.

[4]) „la remissione". Vgl. hierzu auch Art. 88.

Sechstes Kapitel.

Von der Doppelehe [1]).

359. Wer, durch eine gültige Ehe gebunden, eine andere Ehe eingeht, und wer ledig eine Ehe mit rechtsgültig verheiratheten Personen eingeht, wird mit Einschliessung oder mit Gefängniss von einem bis zu drei Jahren bestraft.

Hat der Thäter die Person, mit welcher er die Ehe geschlossen hat, über die Freiheit seines oder ihres Standes in Irrthum versetzt, so besteht die Strafe in Einschliessung von drei bis zu sechs Jahren.

360. Die Verjährung der Strafverfolgung wegen des im voraufgehenden Artikel vorgesehenen Vergehens läuft seit dem Tage, an welchem eine der beiden Ehen getrennt oder die zweite Ehe wegen Doppelehe für nichtig erklärt wird.

Siebentes Kapitel.

Von der Kindes-Unterschiebung und von der Unterdrückung des Personenstandes [1]).

361. Wer dadurch, dass er ein Kind verbirgt oder vertauscht, den Personenstand desselben unterdrückt oder fälscht, oder wer ein Kind, welches nicht vorhanden ist, in die Civilstandsregister eintragen lässt, wird mit Einschliessung von fünf bis zu zehn Jahren bestraft.

362. Wer, abgesehen von den in dem voraufgehenden Artikel vorgesehenen Fällen ein eheliches oder ein natürliches anerkanntes Kind in einem Findelhaus [2]) oder an einer anderen Wohlthätigkeitsstelle niederlegt, oder wer dasselbe dort vorlegt, indem er dessen

[1]) „della bigamia". Entw. 340 und 341. Mot. II S. 247. Kommiss. Ber. 273. Cod. Sard. 488. Cod. Tosc. 296. Cod. Nap. 340. D. Str.-G.B. § 171. Oest. Str.-G.-B. 507.

[1]) „della supposizione e della soppressione di stato" (d'infante im Entwurf) Entw. 342—344. Mot. II S. 250. Kommiss. Ber. S 273. Cod. Sard. 506 ff. Cod. Tosc. 259 und 352. Cod. Nap. 345 und 348. D. Str.-G.-B. 169.

[2]) „ospizio di trovatelli". Die missbräuchliche Inanspruchnahme der Findelhäuser wurde bezw. wird ausserdem im Strafgesetzbuch für das Königreich Beider Sicilien (Art. 405), für Parma (386), für Frankreich (348) und Belgien (348) bestraft. (Uebrigens ist in Italien das älteste geschichtlich nachweisbare Findelhaus errichtet worden, 787 in Mailand.)

Personenstand verheimlicht, wird mit Einschliessung von drei Monaten bis zu fünf Jahren bestraft, und bis zu acht Jahren, wenn der Thäter ein Ascendent ist.

363. Der Thäter eines der in den voraufgehenden Artikeln vorgesehenen Vergehen, welcher dasselbe begeht, um die eigene Ehre oder die Ehre der Ehefrau, der Mutter, der Verwandten absteigender Linie, der Adoptivtochter oder der Schwester zu retten [3]), oder um bevorstehende Misshandlungen zu vermeiden, wird mit Gefängniss von einem Monat bis zu drei Jahren bestraft.

Neunter Titel.

Von den Vergehen wider die Person.

Erstes Kapitel.

Von der Tödtung [1]).

364. Wer, in der Absicht zu tödten, den Tod Jemandes verursacht, wird mit Einschliessung von achtzehn bis zu einundzwanzig Jahren bestraft.

---

[3]) Dass die Rettung der Ehre des Thäters oder anderer bei der That hauptsächlich interessirter Personen als Beweggrund zu derselben von Rechts wegen als mildernder Umstand betrachtet werden soll, ist eine neue, auch allen bisherigen italienischen Strafgesetzbüchern unbekannte Vorschrift, welche übrigens noch beim Kindesmord (Art. 369), bei der Abtreibung (Art. 385) und bei der Kindesaussetzung (Art. 388) zur Anwendung kommt.

[1]) „dell' omicidio". Mot. II S. 345 ff. Kommiss. Ber. S. 274 ff. Entw. Art. 345—350. Während das Deutsche Strafgesetzbuch (§§ 211 ff.) nach dem Vorbilde des Preuss. Strafgesetzbuchs vom 14. April 1851 die denkbar einfachste Eintheilung der Tödtung in vorsätzliche, ohne Ueberlegung = Todtschlag und in vorsätzliche, mit Ueberlegung ausgeführte Tödtung = Mord aufgestellt hat, unterscheidet das italienische Strafgesetzbuch: 1) den einfachen Todtschlag — (omicidio volontario Art. 364) und 2) a. den Todtschlag unter „erschwerenden Umständen" „circostanze aggravanti" (Art. 365), b. den Todtschlag unter „qualificirenden Umständen" „circostanze qualificanti" (Art. 366). Mit dem Ausdruck qualificirend wird nur ein höherer Grad der Schwere der That bezeichnet. Vgl. auch Art. 403 und 404 und Anmerk. dazu. In ähnlicher, wenn auch durchaus nicht in gleicher Weise unterschieden zwischen einfachem und qualificirtem Todtschlag der Code pénal und mit ihm alle früheren italienischen Strafgesetzbücher. Vgl. Cod. pén. Art. 295 ff. Cod. Sardo 522 ff. Cod. Tosc. 307 ff. Cod. Due Sicilie 348 ff. Cod. Este 349 ff. Cod. Parma 305. Cod. Romano (Kirchenstaat) 275; sowie auch Strafgesetzbuch für Spanien 332 ff., für Brasilien 192 ff.

365. Die Strafe der Einschliessung beträgt einundzwanzig bis vierundzwanzig Jahr, wenn das im voraufgehenden Artikel vorgesehene Vergehen begangen ist,

1) an der Person des Ehegatten, des Bruders oder der Schwester, des Adoptivvaters oder der Adoptivmutter, oder des Adoptivsohnes, oder der Verschwägerten in gerader Linie,

2) an der Person eines Parlamentsmitgliedes[2]) oder eines öffentlichen Beamten, in Veranlassung ihres Berufes,

3) mittels giftiger Substanzen.

366. Die Strafe des Kerkers kommt zur Anwendung, wenn das im Artikel 364 vorgesehene Vergehen begangen worden ist:

1) an der Person des gesetzmässigen Verwandten auf- oder absteigender Linie, oder des natürlichen Erzeugers oder Sohnes, falls die natürliche Verwandtschaft gesetzmässig anerkannt oder erklärt worden ist,

2) mit Vorbedacht[3]),

3) aus blossem Antrieb roher Verruchtheit[4]), oder mittels schwerer Misshandlungen,

4) mittels Brandstiftung, Ueberschwemmung, Untersenkung oder eines anderen der im siebenten Titel dieses Buches vorgesehenen Vergehen[5]),

5) um ein anderes Vergehen vorzubereiten, zu erleichtern oder zu vollenden, auch wenn dasselbe nicht stattgefunden hat,

6) unmittelbar nach Begehung einer anderen That um den Vortheil derselben zu sichern, oder weil der beabsichtigte Zweck nicht erreicht werden konnte, oder um die Strafthat zu verbergen oder die Spuren oder die Beweise zu unterdrücken, oder sonst um sich oder einem Anderen Straflosigkeit zu verschaffen.

367. Würde in den in den voraufgehenden Artikeln vorgesehenen Fällen der Tod ohne das Zusammentreffen schon vorhandener dem Thäter unbekannter Umstände oder infolge hinzugetretener und von seiner That unabhängiger Ursachen nicht erfolgt sein, so besteht die

---

[2]) Ueber den Schutz der Parlamentsmitglieder s. Anm. 11 zu Art. 123.

[3]) „con premeditazione“.

[4]) „per solo impulso di brutale malvagità“. Diese Qualificirung ist aus dem Toskan. Strafgesetzbuch (Art. 309 § 3) entlehnt.

[5]) d. h. der gemeingefährlichen Vergehen.

Strafe im Falle des Artikels 364 in Einschliessung von fünfzehn bis zu zwanzig Jahren, in den Fällen des Artikels 365 in Einschliessung von achtzehn bis zu einundzwanzig Jahren, und in den Fällen des Artikels 366 in Einschliessung über zweiundzwanzig Jahr.

368[6]). Wer durch Handlungen, welche auf die Begehung einer Körperverletzung gerichtet sind, den Tod Jemandes verursacht, wird mit Einschliessung von zwölf bis zu achtzehn Jahren im Fall des Artikels 364, mit Einschliessung von fünfzehn bis zu zwanzig Jahren in den Fällen des Artikels 365, und mit Einschliessung nicht unter zwanzig Jahren in den Fällen des Artikels 366 bestraft.

Würde der Tod ohne das Zusammentreffen schon vorhandener dem Thäter unbekannter Umstände, oder infolge hinzutretender und von seiner That unabhängiger Ursachen nicht erfolgt sein, so besteht die Strafe in Einschliessung von acht bis zu vierzehn Jahren im Falle des Artikels 364, von elf bis zu sechszehn Jahren in den Fällen des Artikels 365 und von fünfzehn bis zu zwanzig Jahren in den Fällen des Artikels 366.

369[7]). Wird das im Artikel 364 vorgesehene Vergehen an der Person eines noch nicht in die Civilstandsregister eingetragenen Kindes und in den ersten fünf Tagen seit der Geburt desselben begangen, um die eigene Ehre, oder die Ehre der Ehefrau, der Mutter, der Verwandten absteigender Linie, der Adoptivtochter oder der Schwester zu retten, so tritt Gefängnissstrafe von drei bis zu zwölf Jahren ein.

---

[6]) Vgl. § 226 D. Str.-G.-B.

[7]) Entw. Art. 350. Mot. II S. 290 ff. Kommiss. Ber. S. 280. Die in diesem Artikel niedergelegte Auffassung des Thatbestandes des Kindesmordes (l'infanticidio) weicht von der früheren italienischen und auch von der sonst allgemein geltenden Rechtsanschauung erheblich ab. Während nach Letzterer der Kindesmord nur seitens der Mutter gegenüber ihrem ausserehelich geborenen Kinde — prole illegittima — denkbar ist, (D. Str.-G.-B. § 217, Strafgesetzbuch für Sardinien Art. 532, für Parma 308, für Este 351), nach deutschen, belgischen, schwedischen, ungarischen und den meisten schweizerischen Strafgesetzbüchern auch noch unter der Voraussetzung, dass die Tödtung während oder gleich nach der Geburt des Kindes vorgenommen worden ist, giebt der ital. Gesetzgeber, — nachdem schon der Code Napoléon (Art. 300) „le meurtre d'un enfant nouveau-né" schlechtweg als „infanticide" bezeichnet — dem Begriff infanticidio eine ungewöhnliche Ausdehnung, sowohl was den Gegenstand der That als auch was den Thäter, die begleitenden Umstände und das Motiv zur That betrifft. Danach kann der Kindesmord auch an einem ehelichen Kinde begangen werden. Der Thäter braucht nicht die Mutter

370[8]). Wer einen Anderen zum Selbstmord verleitet oder ihm Beistand leistet, wird, wenn der Selbstmord stattgefunden hat, mit Einschliessung von drei bis zu neun Jahren bestraft.

371[9]). Wer durch Unklugheit, Fahrlässigkeit, oder durch Unerfahrenheit in der eigenen Kunst oder Profession, oder in Folge Nicht-

des Kindes zu sein, „infanticida“ kann jede andere Person sein, sofern sie nur die durch die Thatsache der Geburt des Kindes angegriffene eigene oder die Ehre einer der vorstehend einzeln angegebenen Personen hat retten wollen. — Ueber Ehrenrettung als strafmilderndes Motiv der That s. Anm. zu Art. 363 — das Kind darf endlich in das Civilstandsregister noch nicht eingetragen und ebensowenig über fünf Tage alt geworden sein. Während letztere Frist nach portugiesischem Strafrecht (Art. 356) auf acht, nach spanischem Strafrecht (Art. 424) auf drei Tage bemessen ist, hat sie hier der Gesetzgeber mit der Frist in Einklang bringen wollen, binnen welcher die Geburt des Kindes nach den Bestimmungen des bürgerlichen Gesetzbuches (Art. 371) beim Standesbeamten angemeldet werden muss. Mot. II 296.

[8]) Das Gesetz will die Anstiftung und die Beihülfe zum Selbstmord: „istigazione e ajuto al suicidio“ bestrafen. Von allen früheren italienischen Strafgesetzbüchern hatte nur das Toskan. Strafgesetzbuch angeordnet (Art. 314), dass derjenige, welcher an dem Selbstmord eines Anderen theilgenommen hat, mit Zuchthaus von drei bis zu sechs Jahren bestraft werden soll. Es hat den Anschein, als enthielte die obige Strafvorschrift Verstösse gegen die beiden Rechtsgrundsätze: „Volenti non fit injuria“ (L 1 § 5 D de injur.) (Ulpian), und dass da, wo die Hauptstrafthat straflos ist, auch die Theilnahme an derselben nicht strafbar erscheinen kann. Der Schein trügt. Keiner der beiden Grundsätze ist verletzt, weil keiner derselben in Betracht kommen kann. Der erste überhaupt nur mit Vorsicht auszudehnende Satz kann sich nach den übereinstimmenden Ansichten Pessina's und Zanardelli's (Mot. II S. 299) sowie des deutschen Gesetzgebers (Mot. S. 110) und des Reichsgerichts (Entscheid. vom 15. November 1880, Rechtspr. Bd. II S. 521) auf das Leben als ein unveräusserliches Gut nicht beziehen; der zweite Grundsatz kann aber um deswillen hier nicht Platz greifen, weil der (auch im Stadium des Versuchs verbliebene) Selbstmord überhaupt eine Strafthat nicht darstellt, vielmehr die Anstiftung und Beihülfe zu demselben allein principale Reate ausmachen. Vgl. Mot. ebendas. — Anderer Ansicht ist Berner, Lehrbuch des Deutschen Strafrechts 1884 S. 140. — Nichts gemein mit der obigen Bestimmung hat die hier nicht unerwähnt zu lassende Vorschrift des Deutsch. Str.-G.-B. (§ 216), welche die auf das ausdrückliche und ernstliche Verlangen des Getödteten begangene Tödtung (mit Gefängniss nicht unter drei Jahren) bestraft.

Mot. II S. 298 ff. Kommiss. Ber. S. 280. Entw. Art. 351.

[9]) Der obige Artikel behandelt die fahrlässige Tödtung, l'omicidio involontario = colposo. Die hierbei aufgestellte Kasuistik ist dem Deutsch. Str.-G.-B. (§ 222) fremd. Mot. II S. 300. Kommiss. Ber. S. 281. Entw. Art. 352. Ueber „imprudenza“ siehe Anm. zu Art. 109.

beobachtung der Reglements, Anordnungen oder Einrichtungen den Tod eines Anderen verursacht, wird mit Gefängniss von drei Monaten bis zu fünf Jahren und mit Geldstrafe von einhundert bis zu dreitausend Lire bestraft.

Wird durch die That der Tod mehrerer Personen oder der Tod auch nur einer und die Körperverletzung einer oder mehrerer Personen verursacht, welche die im ersten Absatz des Artikels 372 angegebenen Wirkungen hervorgerufen hat, so besteht die Strafe in Gefängniss von einem bis zu acht Jahren und in Geldstrafe nicht unter zweitausend Lire.

Zweites Kapitel.

Von der Körperverletzung [1]).

372. Wer, ohne die Absicht zu tödten, einem Anderen einen Schaden am Körper oder an der Gesundheit oder eine Geistesstörung verursacht, wird mit Einschliessung von einem Monat bis zu einem Jahr bestraft.

Die Strafe besteht:

1) in Einschliessung von einem bis zu fünf Jahren, wenn die That die dauernde Schwächung eines Sinnes oder eines Organes, oder eine dauernde Schwierigkeit der Sprache [2]), oder eine dauernde Verunstaltung des Gesichtes, oder wenn dieselbe eine Lebensgefahr, oder eine Krankheit des Geistes und des Körpers während zwanzig oder mehr Tagen, oder für eine gleiche Zeit die Unfähigkeit zur Verrichtung der gewöhnlichen Beschäftigung herbeiführt, oder wenn sie gegen eine schwangere Frauensperson begangen, die Entbindung derselben beschleunigt,

2) in Einschliessung von fünf bis zu zehn Jahren, wenn die That eine bestimmt oder nachweislich unheilbare Krankheit des Geistes oder des Körpers, oder den Verlust eines Sinnes, einer Hand, eines Fusses, der Sprache, oder der Zeugungsfähigkeit, oder des Ge-

---

[1]) „della lesione personale". Entwurf Art. 353—356. Entw. II S. 301 ff. Kommiss. Ber. S. 281 ff. Cod. Sardo 537 ff. Cod. Tosc. 325 ff. Cod. Nap. 309 ff. und 319 ff. D. Str.-G.-B. §§ 223 ff. Oest. Str.-G.-B. 152 ff.

[2]) „difficoltà della favella".

brauches eines Organes, oder eine dauernde Entstellung des Gesichtes, oder wenn dieselbe gegen eine schwangere Frauensperson begangen eine Fehlgeburt herbeiführt.

Abgesehen von den im voraufgehenden Abschnitt und im folgenden Artikel vorgesehenen Fällen, wird, wenn die That nicht eine Krankheit oder eine Unfähigkeit, die gewöhnliche Beschäftigung zu verrichten, herbeiführt, oder wenn die eine oder andere nicht über zehn Tage dauert, nur auf Antrag eingeschritten, und die Strafe besteht in Einschliessung bis zu drei Monaten oder in Geldstrafe von fünfzig bis zu eintausend Lire.

373. Tritt zu der im voraufgehenden Artikel vorgesehenen That einer der im Artikel 365 zu 2 und 3 angegebenen Umstände hinzu, oder wird die That mit verborgenen Waffen [3]) oder mit jeder besonders benannten Waffe [4]) oder mit ätzenden Stoffen [5]) begangen, so wird die Strafe um ein Sechstel bis um ein Drittel erhöht.

Tritt einer der im Artikel 366 vorgesehenen Umstände hinzu, so wird die Strafe um ein Drittel erhöht, unbeschadet der Strafe für die hinzutretende Strafthat nach Maassgabe der Bestimmungen des Artikels 77.

374. Ueberschreitet in den in den voraufgehenden Artikeln vorgesehenen Fällen die That in den Folgen die vom Thäter gefasste Absicht, so werden die dort festgesetzten Strafen um ein Drittel bis um die Hälfte ermässigt.

375. Wer durch Unklugheit [5]), Fahrlässigkeit, oder durch Unerfahrenheit in der eigenen Kunst oder Profession, oder infolge Nichtbeachtung der Reglements, Anordnungen oder Einrichtungen einem Anderen einen Schaden am Körper oder an der Gesundheit oder eine Geistesstörung verursacht, wird bestraft:

1) mit Gefängniss bis zu drei Monaten oder mit Geldstrafe bis zu eintausend Lire, und es wird in den Fällen des ersten Theiles und des letzten Abschnittes des Artikels 372 nur auf Antrag eingeschritten,

2) mit Gefängniss von einem bis zu zwanzig Monaten oder mit

[3]) Was unter „armi insidiose" zu verstehen, ist im Artikel 470 besonders aufgeführt. Vgl. auch Art. 155.

[4]) S. Art. 155 und auch Anm. zu Art. 470.

[5]) „sostanze corrosive".

Geldstrafe von dreihundert bis zu sechstausend Lire in den übrigen Fällen.

Bleiben mehrere Personen verletzt, so kann in den Fällen der Nummer 1 die Gefängnissstrafe bis auf sechs Monat und die Geldstrafe bis auf zweitausend Lire ausgedehnt werden; und in den Fällen der Nummer 2 besteht die Strafe in Gefängniss von drei Monat bis zu drei Jahren oder in Geldstrafe über eintausend Lire.

Drittes Kapitel.

Gemeinsame Bestimmungen zu den voraufgehenden Kapiteln [1].

376. Nicht strafbar ist derjenige, welcher eine der in den voraufgehenden Kapiteln vorgesehenen Strafthaten begangen hat, weil er zu derselben durch die Nothwendigkeit gezwungen war:

1) sein Eigenthum gegen die Urheber eines der in den Artikeln 406, 407, 408 und 410 vorgesehenen Strafthaten, oder einer Plünderung zu vertheidigen,

2) die Urheber eines Einstieges [2], eines Einbruchs [3] in das Haus oder in ein anderes Wohngebäude oder in die zu demselben gehörigen Räume, oder deren Inbrandsetzung abzuwehren, falls dies des Nachts geschieht, oder wenn das Haus oder das Wohngebäude oder die zugehörigen Räume an einem einsamen Orte liegen, und wenn begründete Furcht für die persönliche Sicherheit desjenigen, der sich dort befindet, vorhanden ist.

Die Strafe wird nur um ein Drittel bis um die Hälfte ermässigt und an Stelle der Einschliessung tritt Gefängniss, wenn die Vertheidigung überschritten wird, in dem unter Nummer 1 des gegenwärtigen Artikels angegebenen Falle, oder wenn die That bei der thatsächlichen

---

[1]) Mot. II S. 312. Kommiss. Ber. S. 284. Entw. Art. 357—361. Abgesehen von der Behandlung der Nothwehr („difesa legittima") im Allgemeinen Theil des Gesetzbuches (Art. 49) hat dieselbe der Gesetzgeber nach dem Beispiele der früheren italien. nnd anderer roman. Strafgesetzbücher (vgl. Cod. Sardo 560 ff., Cod. Tosc. 339 ff., Cod. Due Sicilie 373 ff., Cod. Parma 356 ff., Cod. Este 377 ff. sowie Cod. Nap. 322 und 329, Str.-G.-B. für Spanien Art. 8 und für Brasilien Art. 14) bei Erörterung der Tödtung und der Körperverletzung, wobei sie am häufigsten in die Erscheinuug treten mag, noch besonders berücksichtigt, — gewiss auch angesichts der leichten Erregbarkeit südländischer Temperamente.

[2]) S. Art. 404^{6}.

[3]) S. Art. 404^{4}.

Abwehr der Urheber eines Einstieges, eines Einbruchs in das Haus oder in ein anderes Wohngebäude oder in die zugehörigen Räume, oder der Inbrandsetzung derselben begangen wird, ohne dass die in Nummer 2 vorgesehenen Umstände hinzutreten.

377. Wegen der in den voraufgehenden Kapiteln vorgesehenen Vergehen wird, wenn die That vom Ehegatten, oder von einem Verwandten aufsteigender Linie, oder vom Bruder oder von der Schwester an der Person des Ehegatten, des Verwandten absteigender Linie, der Schwester oder des Mitschuldigen oder Beider bei der thatsächlichen Abfassung auf frischer That des Ehebruchs oder des ausserehelichen Beischlafes begangen wird, die Strafe um wenigstens ein Sechstel ermässigt, und an Stelle der Einschliessung Gefängniss, und an Stelle des Kerkers Gefängniss von einem bis zu fünf Jahren gesetzt.

378. Nehmen mehrere Personen an der Ausführung eines der in den Artikeln 364, 365, 366, 372 und 373 vorgesehenen Vergehen Theil, und wird der Urheber der Tödtung oder der Körperverletzung nicht festgestellt, so unterliegen Alle den daselbst festgestellten Strafen; dieselben werden jedoch um den dritten Theil bis um die Hälfte herabgesetzt, und an Stelle des Kerkers tritt Einschliessung nicht unter fünfzehn Jahren.

Diese Strafermässigung kommt gegen den unmittelbaren Mitthäter[4]) der That nicht zur Anwendung.

379. Unbeschadet der Bestimmungen des voraufgehenden Artikels, und unbeschadet der höheren Strafen, welche für die einzeln begangenen Strafthaten eintreten, werden, wenn bei einer Schlägerei[5]) Jemand todt bleibt oder eine Körperverletzung davonträgt, alle diejenigen, welche bei der Schlägerei Hand an den Verletzten gelegt haben, bestraft:

1) mit Einschliessung von drei Monaten bis zu fünf Jahren, wenn Jemand todt bleibt oder eine Körperverletzung davonträgt, durch welche der Tod erfolgt,

2) mit Einschliessung bis zu zwei Jahren, in den übrigen Fällen, jedoch nicht über ein Drittel der Strafe, welche gegen den Urheber würde verhängt werden müssen.

Diejenigen, welche an der Schlägerei Theil genommen haben,

---

[4]) S. Art. 63.

[5]) „rissa" (Streit, Schlägerei, Raufhandel). Vgl. §§ 227 u. 367[10] D. Str.-G.-B.

ohne Hand an den Verletzten gelegt zu haben, werden mit Einschliessung bis zu sechs Monat bestraft.

Gegen denjenigen, welcher die bestimmte Veranlassung zu der Schlägerei gewesen ist, werden die genannten Strafen um ein Drittel erhöht.

380. Wer an einer Schlägerei theilnimmt und hierbei, um eine drohende Handlung vorzunehmen, eine Waffe abfeuert, wird mit Gefängniss bis zu einem Jahre bestraft[6]).

Viertes Kapitel.

Von der Abtreibung[1]).

381. Die Frauensperson, welche mit irgend einem von ihr oder von einem Anderen mit ihrer Einwilligung angewendeten Mittel sich die Leibesfrucht abtreibt, wird mit Gefängniss von einem bis zu vier Jahren bestraft.

382. Wer einer Frauensperson mit deren Einwilligung die Leibesfrucht abtreibt, wird mit Einschliessung von dreissig Monaten bis zu fünf Jahren bestraft.

Tritt infolge der thatsächlichen Abtreibung oder der zur Vornahme derselben angewendeten Mittel der Tod der Frauensperson ein, so besteht die Strafe in Einschliessung von vier bis zu sieben Jahren; und von fünf bis zu zehn Jahren, wenn der Tod infolge der angewendeten Mittel eintritt, welche gefährlicher waren, als diejenigen, in welche dieselbe eingewilligt hatte.

383. Wer bei einer Frauensperson ohne deren Einwilligung oder wider deren Willen auf die Abtreibung gerichtete Mittel anwendet, wird mit Einschliessung von dreissig Monaten bis zu sechs Jahren bestraft; und mit sieben bis zu zwölf Jahren, wenn die Abtreibung erfolgt.

Ist infolge der thatsächlichen Abtreibung oder der zur Vornahme derselben angewendeten Mittel der Tod der Frauensperson eingetreten, so besteht die Strafe in Einschliessung von fünfzehn bis zu zwanzig Jahren.

---

[6]) Diese Bestimmung ist aus dem Cod. Sard. (Art. 548) übernommen.

[1]) „Del procurato aborto". Mot. II S. 321 ff. Kommiss. Ber. S. 288 ff. Entw. Art. 362—366. Cod. Sardo 501 ff. Cod. Tosc. 321. Cod. Nap. 317. D. Str.-G.-B. §§ 218—220. Oest. Str.-G.-B. §§ 144 ff.

Die im gegenwärtigen Artikel festgesetzten Strafen werden um den sechsten Theil erhöht, wenn der Thäter der Ehemann ist.

384. Ist der Thäter eines der in den beiden voraufgehenden Artikeln vorgesehenen Vergehen eine Person, welche einen Sanitätsberuf oder eine andere aus Gründen der öffentlichen Gesundheitspflege einer Aufsicht unterstellte Profession oder Kunst betreibt[2]), und hat derselbe die Mittel, durch welche die Abtreibung bewirkt oder der Tod erfolgt ist, angegeben, verschafft oder angewendet, so werden die in diesen Artikeln festgesetzten Strafen um ein Sechstel erhöht[3]).

Die Verurtheilung hat immer die Untersagung[4]) der Ausübung des Gewerbes oder der Kunst für eine Zeit zur Folge, welche der auferlegten Einschliessung gleichkommt.

385. Für den Fall, dass die Abtreibung vorgenommen worden ist, um die eigene Ehre[5]) oder die Ehre der Ehefrau, der Mutter, der Verwandten absteigender Linie, der Adoptivtochter, oder der Schwester zu retten, werden die in den voraufgehenden Artikeln festgesetzten Strafen um ein bis zwei Drittel ermässigt, und an Stelle der Einschliessung tritt Gefängniss.

Fünftes Kapitel.

Von der Kindesaussetzung[1]) und von der Aussetzung anderer Personen, welche unfähig sind, für sich selbst zu sorgen, oder die sich in Gefahr befinden.

386. Wer ein Kind unter zwölf[2]) Jahren, oder eine Person, welche infolge geistiger oder körperlicher Krankheit nicht fähig ist,

---

[2]) Im Entwurf (Art. 365) waren die ärztlichen Personen einzeln aufgeführt: un medico, un chirurgo, una levatrice, un farmacista u. s. w.

[3]) Im Entwurf war in einem Absatz zu diesem Artikel (365) noch besonders bestimmt, dass der Arzt oder der Chirurg straffrei bleiben soll, wenn er nachweist, dass er in der Absicht gehandelt hat, das durch die Schwangerschaft oder die Geburt gefährdete Leben der Frauensperson zu retten. Mit Rücksicht auf den im Artikel 49[3] entwickelten Grundsatz über Nothstand (stato di necessità) erschien jedoch die besondere Aufstellung dieser Vorschrift nicht erforderlich und deshalb ist dieselbe auch für den Wortlaut des Gesetzes nicht beibehalten worden.

[4]) S. Art. 25.

[5]) Vgl. das Anm. 3 zu Art. 363 Gesagte.

[1]) „dell' abandonno di fanciulli" etc. Mot. II S 327 ff. Kommiss. Ber. S. 289 ff. Entwurf Art. 367—369. Cod. Sard. 509 ff. Cod. Tosc. 354. Cod. Nap. 349 ff. D. Str.-G.-B. § 221. Oest. Str.-G.-B. § 150.

[2]) Im Entwurf (Art. 367) „unter neun Jahren".

für sich selbst zu sorgen, und über welche er die Beaufsichtigung oder für welche er zu sorgen hat, verlässt, wird mit Einschliessung von drei bis zu dreissig Monaten bestraft.

Entsteht durch das thatsächliche Verlassen ein schwerer Schaden am Körper oder an der Gesundheit, oder eine Geistesstörung, so wird der Thäter mit Einschliessung von dreissig Monaten bis zu fünf Jahren bestraft; und von fünf bis zu zwölf Jahren, wenn der Tod infolgedessen eintritt.

387. Die im voraufgehenden Artikel festgesetzten Strafen werden um ein Drittel erhöht:

1) wenn das Verlassen an einem einsamen Orte stattfindet;

2) wenn das Vergehen von den Eltern an den ehelichen oder an den natürlichen anerkannten oder gesetzlich als solche erklärten Kindern, oder von dem Adoptirenden an den Adoptivkindern oder umgekehrt begangen ist.

388. Begeht der Thäter das in den voraufgehenden Artikeln vorgesehene Vergehen an einem in die Civilstandsregister noch nicht eingetragenem Kinde und innerhalb der ersten fünf Tage seit der Geburt, um die eigene Ehre oder die Ehre der Ehefrau, der Mutter, der Verwandten absteigender Linie, der Adoptivtochter, oder der Schwester zu retten, so wird die Strafe um ein Sechstel bis um ein Drittel ermässigt, und an Stelle der Einschliessung tritt Gefängniss [3]).

389. Wer ein Kind unter sieben Jahren oder eine andere Person, welche infolge geistiger oder körperlicher Krankheit nicht fähig ist, für sich selbst zu sorgen, verlassen oder verirrt findet, und es unterlässt, der Behörde oder deren Agenten hiervon sofort Nachricht zu geben, wird mit Geldstrafe von fünfzig bis zu fünfhundert Lire bestraft.

Derselben Strafe unterliegt derjenige, welcher eine schwangere oder sonst in Gefahr befindliche Person, oder einen menschlichen Körper, welcher leblos ist oder erscheint, findet, und es unterlässt, falls dies ihn nicht einem Schaden oder eine Gefahr für seine Peron aussetzt, den nöthigen Beistand zu leisten oder der Behörde oder deren Agenten hiervon sofort Nachricht zu geben [4]).

---

[3]) S. Anm. 3 zu Art. 363.

[4]) Dem deutschen und dem österreichischen Strafgesetzbuch ist die im vorstehenden Artikel vorgeschriebene Samariterpflicht unbekannt. Im Verfolg der

Sechstes Kapitel.

Von dem Missbrauch der Besserungs- oder Erziehungsmittel und von den Misshandlungen in der Familie oder gegen Kinder[1]).

390. Wer durch Missbrauch der Besserungs- oder Erziehungsmittel einen Schaden oder eine Gefahr für die Gesundheit einer seiner Autorität unterstellten oder ihm zum Zwecke der Erziehung, des Unterrichts, der Pflege, der Beaufsichtigung, oder der Bewahrung oder zum Betriebe eines Gewerbes oder einer Kunst anvertrauten Person, verursacht, wird mit Gefängniss bis zu achtzehn Monaten bestraft.

391. Wer, abgesehen von den im voraufgehenden Artikel angegebenen Fällen, gegen Personen der Familie oder gegen ein Kind unter zwölf Jahren Misshandlungen anwendet, wird mit Einschliessung bis zu dreissig Monaten bestraft.

Sind die Misshandlungen gegen einen Verwandten auf- oder absteigender Linie oder einen Verschwägerten in gerader Linie begangen worden, so besteht die Strafe in Einschliessung von einem bis zu fünf Jahren.

Sind die Misshandlungen gegen einen Ehegatten begangen worden, so wird nur auf den Antrag des Verletzten eingeschritten; und

---

Bestimmung des französischen Civilgesetzbuches vom 8. März 1803 (Art. 58), welche besagt, dass Jeder, der ein neugebornes Kind findet, gehalten ist, dasselbe (mit der Kleidung des Kindes und den anderen bei demselben vorgefundenen Sachen) an den Civilstandsbeamten abzuliefern, bestimmt der Art. 347 des Code pénal, dass wer dieser Vorschrift nicht nachkommt, mit Gefängniss von sechs Tagen bis zu sechs Monat und mit Geldstrafe etc. bestraft werden soll. Diese civil- und strafrechtliche Bestimmung ist dann zunächst rücksichtlich der Auffindung eines neugeborenen Kindes in das italienische Civilgesetzbuch Art. 377 und in alle früheren italienischen Strafgesetzbücher — ausser dem Toskanischen — zum Theil sogar unter grösserer Ausdehnung aufgenommen und auch vom jetzigen Gesetzgeber beibehalten worden. Cod. Sard. 507 und 686[4], Parma 385, Due Sicilie 408.

[1]) Mot. II S. 329. Kommiss. Ber. S. 291. Entw. Art 370—371. Cod. Sardo 514—516. Oest. Str.-G.-B. §§ 413 ff. Züricher Str.-G.-B. Art. § 142. — Abgesehen von diesen vorgenannten Strafgesetzbüchern wird die Ueberschreitung des Erziehungs- und Züchtigungsrechtes nicht sowohl als besonderes Vergehen, sondern als allgemein strafbare Misshandlung geahndet. — Die Gesetzeskommission hat die im vorstehenden Kapitel enthaltenen Vorschläge ohne Widerspruch und Discussion gebilligt (S. 291 a. a. O.).

ist derselbe noch minderjährig, auch auf die Klage desjenigen, welcher, wenn Jener nicht verheirathet wäre, die väterliche Gewalt oder die vormundschaftliche Autorität über ihn haben würde.

392. In den in den voraufgehenden Artikeln vorgesehenen Fällen kann der Richter bestimmen, dass die Verurtheilung, was den Verwandten aufsteigender Linie betrifft, den Verlust jedes demselben kraft der väterlichen Gewalt über die Person und über das Vermögen des Verwandten absteigender Linie, zu dessen Schaden er das Vergehen beging, eingeräumten Rechtes, und was den Vormund betrifft, die Entfernung von der Vormundschaft und die Ausschliessung von jedem anderen vormundschaftlichen Recht zur Folge hat.

Siebentes Kapitel.

Von der übelen Nachrede und von der Beleidigung[1]).

393. Wer durch Mittheilung an mehrere Personen zusammen oder auch einzeln, einer Person eine Thatsache zuschreibt, welche bestimmte und geeignet ist, sie der öffentlichen Verachtung oder dem öffentlichen Hass auszusetzen oder ihre Ehre oder ihren Ruf zu verletzen, wird mit Einschliessung von drei bis zu dreissig Monaten und mit Geldstrafe von einhundert bis zu dreitausend Lire bestraft.

Ist das Vergehen in einer öffentlichen Urkunde, oder mittels im Publikum verbreiteter oder demselben ausgestellter Schriften oder Zeichnungen, oder mit einem anderen Mittel der Veröffentlichung[2])

---

[1]) „della diffamazione e della ingiuria". Mot. II S. 332 ff. Kommiss. Ber. S. 291 ff. Entw. Art. 372—379. Cod. Sardo 570 ff. Cod. Tosc. 366. D. Str.-G.-B. §§ 185 ff. — Der Wortlaut des Artikels 393 entspricht im Wesentlichen dem des § 186 des Deutschen Strafgesetzbuchs. Den Begriff der Verleumdung im Sinne des § 187 D. Str.-G.-B., d. h. die wissentlich falsche Behauptung oder Verbreitung einer unwahren Thatsache in Beziehung auf einen Anderen kennt das italienische Strafrecht überhaupt nicht. An der Hand der elastischen Bestimmung des Artikels 45 über die böswillige Absicht (dolus) wird indessen der ital. Richter angesichts des an sich hohen Strafmindestbetrages leicht in der Lage sein, eine derartige frivole Ehrverletzung in befriedigender Weise zu ahnden.

[2]) Nach dem ital. Pressgesetz vom 26. März 1848 (Art. 28) wird die mittels der Presse begangene übele Nachrede (diffamazione) mit Gefängniss bis zu sechs

begangen, so besteht die Strafe in Einschliessung von einem bis zu fünf Jahren und in Geldstrafe nicht unter eintausend Lire.

394. Der des in den voraufgehenden Artikeln vorgesehenen Vergehens Beschuldigte wird zu seiner Entschuldigung zum Beweise der Wahrheit oder der Offenkundigkeit der der beleidigten Person zugeschriebenen Thatsache nicht zugelassen.

Der Beweis der Wahrheit wird jedoch zugelassen:

1) wenn die beleidigte Person ein öffentlicher Beamter ist, und die demselben zugeschriebene Thatsache sich auf die Ausübung seines Berufes bezieht, unbeschadet der Bestimmungen der Artikel 194 und 198[3]),
2) wenn wegen der der beleidigten Person zugeschriebenen Thatsache gegen dieselbe gleichzeitig ein Strafverfahren eröffnet ist oder wird,
3) wenn der Antragsteller förmlich beantragt, dass das gerichtliche Verfahren auch auf die Feststellung der Wahrheit oder der Unwahrheit der ihm zugeschriebenen Thatsache ausgedehnt wird.

Wird die Wahrheit der That nachgewiesen, oder wird wegen derselben die beleidigte Person in der Folge verurtheilt, so bleibt der Urheber der Beschuldigung straffrei, ausgenommen dass die zur Anwendung gebrachte Art nicht an sich das in dem folgenden Artikel vorgesehene Vergehen darstellt[4]).

395[5]). Wer durch Mittheilung an mehrere Personen zusammen

Monat und mit Geldstrafe von einhundert bis zu eintausend Lire, und die dgl. Beleidigung (ingiuria) mit Haft oder mit Gefängniss bis zu drei Monat und mit Geldstrafe bis zu fünfhundert Lire bestraft.

[3]) Doch ist bei Schmähungen (schweren Beleidigungen) gegen Parlamentsmitglieder und gegen öffentliche Beamte der Beweis der Wahrheit und der Notorietät der dem Beleidigten vorgeworfenen Thatsachen oder Eigenschaften überhaupt unzulässig. S. auch Anm. 5 zu Art. 198.

[4]) d. h. falls nicht aus der Form der Aeusserung oder aus den begleitenden Umständen auf das Vorhandensein einer Beleidigung zu schliessen ist (in Uebereinstimmung mit § 193 D. Str.-G.-B.).

[5]) In diesem Artikel ist die (einfache) Beleidigung (ingiuria) im Sinne des § 185 D. Str.-G.-B. behandelt. Nur vermeidet Letzteres geflissentlich eine Definition des Begriffes Beleidigung, weil sich auch in der Rechtsübung ein Bedürfniss nach einer Begriffsbestimmung nicht fühlbar gemacht habe. Mot. z. Str.-G.-B. f. d. Nordd. Bund S. 102.

oder auch einzeln in irgend einer Weise die Ehre, den Ruf oder den Anstand einer Person verletzt, wird mit Gefängniss bis zu fünfzehn Tagen oder mit Geldstrafe bis zu dreihundert Lire bestraft.

Wird die That auch in alleiniger Gegenwart des Beleidigten oder mit einer an denselben gerichteten Schrift, oder wird dieselbe öffentlich begangen, so besteht die Strafe in Gefängniss bis zu einem Monat oder in Geldstrafe bis zu fünfhundert Lire; und tritt zur Gegenwart des Verletzten die Oeffentlichkeit hinzu, so besteht die Strafe in Gefängniss bis zu zwei Monat oder in Geldstrafe bis zu eintausend Lire.

Wird die That mit einem der im Absatz des Artikels 393 angegebenen Mittel begangen, so besteht die Strafe in Gefängniss von einem bis zu sechs Monaten oder in Geldstrafe von dreihundert bis dreitausend Lire.

396 [6]). Wird das im voraufgehenden Artikel vorgesehene Vergehen gegen eine mit einem öffentlichen Dienst gesetzlich bekleidete Person in deren Gegenwart und in Veranlassung des Dienstes selbst begangen, so wird der Thäter mit Gefängniss bis zu drei Monaten oder mit Geldstrafe bis zu eintausendfünfhundert Lire bestraft; und tritt die Oeffentlichkeit hinzu, so besteht die Strafe in Gefängniss bis zu vier Monat oder in Geldstrafe von fünfzig bis zu zweitausend Lire.

397. Ist bei den in den beiden voraufgehenden Artikeln vorgesehenen Strafthaten der Beleidigte die bestimmte und ungerechte Veranlassung zur That gewesen, so wird die Strafe um ein bis zwei Drittel herabgesetzt; und liegen wechselseitige Beleidigungen vor, so kann der Richter nach den Umständen beide Theile oder einen derselben für straffrei erklären [7]).

Nicht strafbar ist derjenige, welcher zu der Beleidigung durch Gewaltthätigkeiten gegen seine Person verleitet worden ist.

398. Es wird wegen der Beleidigungen, welche in den den Streit betreffenden, von den Parteien oder deren Sachwaltern der Gerichtsbehörde überreichten Schriften oder vorgetragenen Reden enthalten sind, nicht eingeschritten; jedoch kann, abgesehen von den

---

[6]) Die Beamtenbeleidigung ist — entgegen dem bisherigen italienischen Strafrecht — als besondere Beleidigung aufgefasst, ähnlich wie nach früherem Preuss. Str.-G.-B. § 102. Vgl. auch Art. 194 ff. und Anmerk. dazu.

[7]) Gleiche Bestimmungen enthält § 199 D. Str.-G.-B.

gesetzlichen Disciplinarvorschriften [8]), der Richter durch Verkündigung im Streitverfahren die gänzliche oder theilweise Unterdrückung der beleidigenden Schriften anordnen und auf Antrag des Beleidigten eine Geldentschädigung [9]) für denselben anweisen.

399. Im Falle der Verurtheilung wegen eines der im gegenwärtigen Kapitel vorgesehenen Vergehen ordnet der Richter die Einziehung und Unterdrückung der Schriften, Zeichnungen oder anderen Mittel, mit denen das Vergehen begangen ist, an; handelt es sich um Schriften, mit denen dies nicht ausgeführt werden kann, so wird das Erkenntniss auf denselben vermerkt.

Auf Antrag des Klägers wird das verurtheilende Erkenntniss auf Kosten des Verurtheilten ein- oder zweimal in den in demselben angegebenen Zeitungen, in nicht mehr als drei an der Zahl, veröffentlicht.

400. Wegen der in diesem Kapitel vorgesehenen Vergehen wird nur auf Antrag eingeschritten.

Stirbt der beleidigte Theil, bevor er einen Antrag gestellt hat, oder sind die Vergehen wider das Andenken eines Verstorbenen begangen, so können der Ehegatte, die Verwandten auf- und absteigender Linie, die Brüder, die Schwestern und die Söhne derselben, die Verschwägerten in gerader Linie und die unmittelbaren Erben den Antrag stellen [10]).

Im Falle der Beleidigung gegen eine gerichtliche, politische oder administrative Körperschaft oder gegen eine Vertretung derselben, wird nur mit Ermächtigung dieser Körperschaft oder seitens des Vorstehers [11]) derselben eingeschritten, wenn es sich um eine Körperschaft handelt, welche nicht collegialisch eingerichtet ist.

---

[8]) Art. 635 der ital. Strafprocessordnung bestimmt, dass das Gericht die Vertheidiger, welche in ihren Plaidoyers oder in ihren Akten die schuldige Achtung vor der Würde des Gerichts bei Seite setzen oder sich auf andere Weise in der Ausübung ihres Berufes tadelnswerth erweisen, zunächst verwarnen, im Wiederholungsfalle aber ihnen die Ausübung des Berufes auf die Dauer von fünfzehn Tagen bis zu drei Monaten untersagen kann, — abgesehen von der Erstattung der durch die Verzögerung erwachsenen Kosten. — Vgl. hierzu § 180 Deutsch. Gerichtsverfassungsgesetz.

[9]) „riparazione pecuniaria". S. Art. 38.

[10]) Nach Deutsch. St.-G.-B. (§ 189) umschliesst der Kreis der Antragsberechtigten nur die Eltern, die Kinder und den Ehegatten des Verstorbenen.

[11]) „capo gerarchico". S. Anm. 5 zu Art. 197.

401. Die Strafverfolgung wegen der im gegenwärtigen Kapitel vorgesehenen Vergehen verjährt in einem Jahre in den im Artikel 393, und in drei Monaten in den in den Artikeln 395 und 396 vorgesehenen Fällen [12]).

Zehnter Titel.

Von den Vergehen wider das Eigenthum.

Erstes Kapitel.

Vom Diebstahl [1]).

402. Wer, um Vortheil davon zu ziehen, sich in den Besitz der beweglichen Sache eines Anderen setzt, indem er dieselbe ohne

---

[12]) und zwar ausschliesslich vom Tage der Begehung der That ab gerechnet, damit die Feindschaften zwischen den einzelnen Individuen und Familien nicht zu lange hingehalten werden! Mot. II S. 363.

[1]) „del furto". Mot. II S. 368 ff. Kommiss. Ber. S. 296 ff. Entwurf Art. 381 bis 384. Cod. Sardo 622 ff. und 605 ff. Cod. Tosc. 374 ff. und 380 ff. Cod. Nap. 379 ff. D. Str.-G.-B. §§ 242 ff. Oest. Str.-G.-B. §§ 171 ff.

Von sämmtlichen bisher in Italien in Geltung gewesenen Strafgesetzbüchern bringt nur das Toskanische eine Begriffsbestimmung des Vergehens des Diebstahls. Es heisst dort im Artikel 374 § 1 „Wer ohne Einwilligung des Eigenthümers sich in den Besitz einer beweglichen Sache eines Anderen setzt, um Gewinn davon zu machen, begeht das Vergehen des Diebstahls". Diese Definition genügte dem jetzigen Gesetzgeber. In der italienischen Schule gilt die von den obersten Gerichtshöfen gebilligte, auch in unser deutsches Strafgesetzbuch aufgenommene Apprehensionstheorie und diese hat der Codifikator auch seinem Gesetz zu eigen gemacht. (So nach den Entscheidungen des Cassationshofes zu Rom vom 29. November 1882 und vom 5. November 1884, zu Neapel vom 15. Februar 1882 und zu Turin vom 1. Juli 1874.) Die Absicht der „rechtswidrigen Zueignung" hält er zur Vollendung des Thatbestandes nicht für erforderlich, ihm genügt dass ich in Besitzsetzen: impossessarsi mit dem römisch rechtlichen Postulat: lucri faciendi gratia — L 1 § 3 D. 47, 2 de furtis — = per trarne profitto (um Vortheil davon zu ziehen), im Gegensatz zu der im deutschen, holländischen und ungarischen Strafgesetzbuch (§ 242, bezw. Art. 310, bezw. 333) niedergelegten Rechtsanschauung, nach welcher die Absicht der Zueignung seitens des Thäters einen nothwendigen Bestandtheil des gesetzlichen Begriffes des Diebstahls ausmacht. — Das französ. und mit ihm das belg. Str.-G.-B. (379 bezw. 461) erachtet kurzweg „coupable de vol, quiconque a soustrait frauduleusement une chose qui ne lui appartient pas!"

die Einwilligung dessen, dem sie gehört, von dem Orte wegnimmt, wo sie sich befindet, wird mit Einschliessung bis zu drei Jahren bestraft.

Das Vergehen wird auch an den Gegenständen einer noch nicht angenommenen Erbschaft, und vom Miteigenthümer, Gesellschafter oder Miterben an den gemeinschaftlichen Sachen, oder an denen der ungetheilten Erbschaft, sofern dieselben nicht besessen werden, begangen. Der Betrag des Weggenommenen wird durch Abzug des dem Thäter zukommenden Theiles bemessen [2]).

403 [3]). Wegen des im voraufgehenden Artikel vorgesehenen Vergehens tritt Einschliessung von drei Monat bis zu vier Jahren ein, wenn die That begangen wird:

1) an Amtsstellen, in Archiven oder Anstalten, an dort verwahrten Gegenständen, oder anderswo an für den öffentlichen Nutzen bestimmten Gegenständen,
2) auf Begräbnissplätzen, Gräbern oder Grabstätten, an Sachen, welche einen Schmuck oder einen Schutz derselben darstellen, oder die sich an Leichen befinden oder mit denselben beerdigt sind,
3) an Sachen, welche zum Gottesdienste dienen oder bestimmt sind, an den zur Verrichtung desselben geweihten, oder an den mit diesen verbundenen und zur Aufbewahrung dieser Gegenstände bestimmten Orten,

---

[2]) Die auch vom Reichsgericht (Entscheidung vom 12. April 1881, Entsch. Bd. 4 S. 83) bejahte Frage, ob auch der Miteigenthümer an der gemeinschaftschaftlichen Sache einen Diebstahl begehen kann, will der Gesetzgeber durch eine authentische Beantwortung in seinem Gesetzbuch allen weiteren Anfechtungen entrücken, wobei er gleichzeitig den Gegenstand des Vergehens ebenso einfach als genau fixirt.

[3]) Nach Analogie der ital. rechtlichen Behandlung der vorsätzlichen Tödtung (Art. 365 und 366) ist auch der schwere Diebstahl in den unter „erschwerenden“ und in den unter „qualificirenden Umständen“ begangenen unterschieden (Art. 403 und 404). Hierbei ist die Erschwerung der That auf die Wichtigkeit oder Heiligkeit der entwendeten Sache oder auf den dem öffentlichen Vertrauen preisgegebenen Ort, wo sich dieselbe befindet, zurückzuführen, die Qualificirung aber durch die niedrigere Gesinnung und grössere Verworfenheit und Verschlagenheit des Thäters bedingt. Das D. Str.-G.-B. hat eine solche besondere Unterscheidung nicht aufgestellt. Die nach ihm den Diebstahl erschwerenden Umstände stimmen nur zum Theil mit den ital. rechtlichen überein (vgl. § 243 1–7).

4) mit Gewandtheit[4]) gegen die Person an einem öffentlichen oder dem Publikum zugänglichen Orte,

5) an Gegenständen oder an Geld der Reisenden in Fahrzeugen jeder Art zu Lande oder zu Wasser, oder auf den Stationen oder auf den Stapelplätzen öffentlicher Beförderungsunternehmungen,

6) an Thieren an Orten ihrer Aufzucht, oder an nothwendigerweise auf freiem Felde gelassenen Thieren, bezüglich deren die Bestimmung der Nummer 12 des folgenden Artikels nicht anwendbar ist.

7) an Holz von Schlägen in den Waldungen oder an Fischbrut in den Fischbehältern, oder an vom Boden getrennten und nothwendigerweise auf offenem Felde belassenen Erzeugnissen[5]),

8) an Gegenständen, welche gewohnheitsmässig und ihrer Bestimmung gemäss dem öffentlichen Vertrauen ausgesetzt bleiben.

404[6]). Wegen des im Artikel 402 vorgesehenen Vergehens tritt Einschliessung von einem bis zu sechs Jahren ein:

1) wenn die That unter Missbrauch des aus wechselseitigen Beziehungen eines Amtes, einer Arbeitsleistung oder einer auch nur vorübergehenden Hausgenossenschaft zwischen dem Bestohlenen und dem Thäter hervorgehenden Vertrauens an den Gegenständen begangen ist, welche infolge dieser Beziehungen dem Vertrauen des Letzteren überlassen oder ausgesetzt sind,

2) wenn der Thäter die That unter Benutzung der durch öffentliche Unfälle, Nothstände, Bewegungen oder durch ein besonderes Missgeschick des Bestohlenen entstandene Gelegenheit begeht,

3) wenn der Thäter, ohne mit dem Bestohlenen zusammen zu leben, die That zur Nachtzeit[7]) in einem Gebäude und an einem anderen zur Wohnung bestimmten Ort begeht,

---

[4]) „con destrezza“. Der Gesetzgeber hat hier den Taschendiebstahl im Sinne gehabt.

[5]) In ähnlicher Weise wird die oben angeführte Entwendung nach preuss. Forstdiebstahls- und Feld- und Forstpolizeigesetz (vom 15. April 1878 bezw. 1. April 1880) wenn auch nicht als schwerer, so doch als gemeiner Diebstahl im Sinne des Strafgesetzbuches angesehen.

[6]) S. Anm. 3 zu Art. 403.

[7]) Vgl. § 243[7] D. Str.-G.-B. Dort wird der zur Nachtzeit in einem bewohnten

4) wenn der Thäter, um die That zu begehen oder um die entwendete Sache wegzuschaffen, die aus festem Stoff zum Schutze der Person oder des Eigenthums aufgestellten Schutzvorrichtungen vernichtet, zerstört, zerbricht oder wegnimmt, wenngleich der Einbruch am Orte der That nicht erfolgte,

5)[8]) wenn der Thäter, um die That zu begehen oder die entwendete Sache wegzuschaffen, Schlösser öffnet, indem er sich falcher Schlüssel oder anderer Werkzeuge, oder auch des richtigen, vom Besitzer verlorenen oder demselben heimlich entwendeten, oder unrechtmässig erhaltenen oder zurückbehaltenen Schlüssels bedient,

6)[9]) wenn der Thäter, um das Vergehen zu begehen oder um die entwendete Sache wegzuschaffen, das Gebäude oder den umschlossenen Raum auf einem von den für den gewöhnlichen Durchgang der Personen bestimmten verschiedenen Wege unter Ueberwindung solcher Hindernisse und Schutzwehre betritt oder verlässt, welche nur mit betrügerischen Mitteln oder mittels persönlicher Geschicklichkeit überwunden werden können,

7) wenn die That mit Verletzung von einem öffentlichen Beamten infolge einer gesetzlichen Bestimmung oder auf Anordnung der Behörde angelegter Siegel begangen wird,

8) wenn die That von einer verkleideten Person begangen wird,

9)[10]) wenn die That von drei oder mehr Personen gemeinschaftlich begangen wird,

10) wenn die That unter Vorspiegelung der Eigenschaft eines öffentlichen Beamten begangen wird,

---

Gebäude verübte Diebstahl als schwerer nur dann angesehen, wenn der Thäter sich in dasselbe in diebischer Absicht eingeschlichen oder daselbst in gleicher Absicht sich verborgen hatte etc.

[8]) Vgl. § 243^3 D. Str.-G.-B.

[9]) Das als Qualifikation hervorgehobene Verlassen des bestohlenen Gebäudes auf einem anderen als dem gewöhnlichen Wege unter Ueberwindung besonderer Hindernisse findet sich in keinem bisherigen ital. Strafgesetzbuch noch auch sonst hervorgehoben. Der Gesetzgeber will die an den Tag gelegte Hinterlist und Kühnheit besonders berücksichtigt wissen (Mot. II. 382).

[10]) Das D. Str.-G.-B. sieht die Mitwirkung mehrerer Personen bei Verübung eines Diebstahls nur dann als erschwerenden Umstand an, wenn dieselben sich zu fortgesetzter Begehung von (Raub oder) Diebstahl verbunden haben (§ 243^6).

11) wenn die entwendete Sache zu den zum öffentlichen Schutz oder zur öffentlichen Abwehr von Unfällen offenbar bestimmten gehört,

12) wenn die That an Vieh in einer Herde oder an auch nicht in eine Herde gebrachten Grossvieh auf der Weide oder auf freiem Felde, oder in den Ställen und in Einfriedigungen begangen wird, welche einen unmittelbaren Zubehör zu einem bewohnten Hause nicht darstellen.

Treffen mehr als einer der unter den verschiedenen Nummern des gegenwärtigen Artikels vorgesehenen Umstände zusammen, so tritt Einschliessung von zwei bis zu acht Jahren ein.

405 [11]). Wer ohne die Erlaubniss des Berechtigten auf den noch nicht gänzlich abgeernteten Grundstücken eines Anderen stoppelt, harkt oder raspelt, wird auf Antrag mit Geldstrafe bis zu fünfzig Lire und im Rückfall mit Gefängniss bis zu einem Monat bestraft.

Zweites Kapitel.

Vom Raube, von der Erpressung und vom Zwangsloskauf [1]).

406. Wer mit Gewalt oder mit Androhung gegenwärtiger schwerer Schäden für die Person oder das Vermögen den Inhaber oder eine andere am Orte des Vergehens gegenwärtige Person zwingt, eine bewegliche Sache zu verabfolgen oder zu dulden, dass er dieselbe in Besitz nimmt, wird mit Einschliessung von drei bis zu zehn Jahren bestraft.

---

[11]) Die Aufnahme der in diesem Artikel enthaltenen Strafbestimmung als Vergehen darf nach dem in Anm. 2 zu Art. 1 für die Einführung der Zweitheilung vom Gesetzgeber angeführte Grundsatz nicht auffallen, weil der hier erörterte Reat die Verletzung des Rechtes einer bestimmten Person involvirt. Vgl. hierzu Art. 426—428.

[1]) „della rapina, dessa estorsione e del ricatto". Mot. II S. 387 ff. Kommiss. Ber. S. 300 ff. Entw. Art. 385—391. Cod. Sard. Art. 596 ff. Cod. Tosc. 389 ff. Cod. Este 467 ff. Regolam. Rom. 352 ff. Cod. Parma 425. Cod. Nap. 381. Oest. Str.-G.-B. 141, 191—195. D. Str.-G.-B. §§ 253 ff.

Nach dem Index des Gesetzbuches werden im Artikel 406 und 408 der Raub (rapina), im Art. 407 und 409 die Erpressung (estorsione) und im Art. 410 und 411 die schwere Erpressung mit Freiheitsberaubung erörtert. Es lässt sich nicht verkennen, dass im ital. Gesetzbuch die Grenze der allerdings verwandten und deshalb auch im D. Str.-G.-B. in einem Abschnitt zusammengestellten Begriffe von Raub und Erpressung nicht mit der Schärfe des deutschen Strafgesetzbuches

Derselben Strafe unterliegt, wer bei oder unmittelbar nach der thatsächlichen Inbesitznahme der beweglichen Sache eines Anderen gegen die bestohlene oder am Orte der That betroffene Person die vorerwähnte Gewalt oder Drohung anwendet, um die That zu begehen oder um die entwendete Sache wegzuschaffen oder um sich selbst oder einer anderen Person, welche an dem Vergehen theilgenommen hat, Straflosigkeit zu verschaffen.

Ist die Gewalt einzig darauf gerichtet, den Gegenstand der Person aus der Hand oder vom Leibe wegzureissen, so wird der Thäter mit Einschliessung von einem bis zu fünf Jahren bestraft.

407. Wer mit Gewalt oder mit Androhung schwerer Schäden für die Person oder die Sachen Jemanden zwingt, zu dessen oder eines Dritten Nachtheil eine Urkunde[2]) herauszugeben, zu unterschreiben oder zu vernichten, welche irgend eine rechtliche Wirkung nach sich zieht, wird mit Einschliessung von drei bis zu zehn Jahren bestraft.

408. Wird eine der in den voraufgehenden Artikeln vorgesehenen Thaten unter Bedrohung für das Leben mit bewaffneter Hand oder von mehreren Personen, von denen auch nur eine offensichtlich bewaffnet war, oder von mehreren verkleideten Personen, oder mittels Beschränkung der persönlichen Freiheit begangen, so tritt Einschliessung von fünf bis zu fünfzehn Jahren ein.

409. Wer dadurch, dass er in irgend einer Weise Furcht vor schweren Schäden für die Person, für die Ehre oder für das Vermögen hervorruft, oder dass er die Anordnung einer Behörde vorspiegelt, Jemanden zwingt, Geld, Sachen oder Urkunden, welche irgend eine rechtliche Folge nach sich ziehen, zu übergeben, niederzulegen oder zur Verfügung des Thäters zu stellen, wird mit Einschliessung von zwei bis zu zehn Jahren bestraft.

---

innegehalten worden sind. Nach Letzterem ist Raub der mit Gewalt gegen eine Person oder mit Drohungen etc. verübte Diebstahl, Erpressung dagegen die in rechtswidrig gewinnsüchtiger Absicht durch Gewalt oder Drohung begangene Nöthigung einer Person zu einer Handlung etc. Was im vorstehenden Kapitel erörtert wird, würde — abgesehen von dem dritten Absatz des Artikels 064, welcher in seinem Inhalte dem deutschrechtlichen Begriff vom Raub am nächsten kömmt — nach deutschrechtlichen Anschauungen unter den Gesichtspunkt der einfachen bezw. der schweren räuberischen Erpressung fallen, zu welcher im Artikel 410 noch Freiheitsberaubung hinzutritt.

[2]) „un atto“ für „un documento“ im Entwurf (Art. 387).

410 [3]). Wer eine Person festsetzt, um von derselben oder von einem Anderen als Preis für die Freilassung Geld, Sachen oder Urkunden, welche irgend eine rechtliche Folge nach sich ziehen, zum eigenen oder zum Vortheil von ihm bezeichneter Anderer zu erlangen, wird, auch wenn die Absicht nicht erreicht wird, mit Einschliessung von fünf bis zu fünfzehn Jahren bestraft.

411. Wer, abgesehen von den im Artikel 64 vorgesehenen Fällen, ohne zuvor der Behörde Nachricht gegeben zu haben, schriftlichen oder mündlichen Briefwechsel oder Verkehr befördert, um den Zweck des im voraufgehenden Artikel vorgesehenen Vergehens erreichen zu lassen, wird mit Einschliessung von sechs Monat bis zu fünf Jahren bestraft.

412. Zu den Strafen, welche für die in den Artikeln 406 bis 410 vorgesehenen Vergehen festgesetzt sind, tritt immer Stellung unter Polizeiaufsicht hinzu.

Drittes Kapitel.

Vom Betrug und von den anderen Betrugsarten [1]).

413. Wer dadurch, dass er mit Kunstgriffen oder Ränken [2]), welche geeignet sind, den guten Glauben eines Anderen zu überlisten

---

[3]) In den beiden folgenden Artikeln wird eine südeuropäische Specialität: der „ricatto" behandelt. Der Ausdruck „ricatto" [ricattare, (recipere) einlösen; rançonner, rançon: Loskauf) ist neu; in den früheren italienischen Strafgesetzbüchern, in welchen fast sämmtlich dieser Specialität gedacht wird, figurirt dieser Reat unter der Bezeichnung: estorsione oder grassazione con sequestro. Vgl. die Anm. 1 ang. Gesetzesstellen. Der mit der Erpressung verbundene „sequestro" (Festsetzung der Person) bildet ein nothwendiges Thatbestandsmerkmal, das Hauptcharakteristikum der Strafthat und unterscheidet denselben von der gewöhnlichen, auch qualificirten Erpressung sowie andererseits von der sonstigen nicht in Vortheil erstrebender Absicht verübten Freiheitsberaubung. Auch praktische Gesichtspunkte haben den Gesetzgeber veranlasst, eine Strafthat ausdrücklich beizubehalten und besonders hervorzuheben, von der er sagt, dass die furchtbare Gestalt dieses Vergehens (figura paurosa di delitto) schon ganze Provinzen in Bestürzung versetzt habe (Mot. II 389).

[1]) „della truffa e di altre frodi". Mot. II S. 390. Kommiss. Ber. S. 301. Entwurf Art. 392—394. Cod. Sardo Art. 626 ff. Tosc. 404. Cod. Parma 448 ff. Este 493 ff. Due Sicil. 430 ff. Regol. Pontif. 357. Cod. Nap. 405. Oest. Str.-G.-B. 197 ff. D. Str.-G.-B. §§ 263 und 264. Die Ausdrücke truffa und frode stimmen

oder zu überraschen, Jemanden in einen Irrthum versetzt, sich oder einem Anderen einen rechtswidrigen Vortheil zum Nachtheil eines Anderen verschafft, wird mit Einschliessung bis zu drei Jahren und mit Geldstrafe über einhundert Lire bestraft.

Einschliessung von einem bis zu fünf Jahren tritt ein, wenn das Vergehen begangen wird,

1) von Rechtsanwälten, Vertretern oder Verwaltern in Ausübung ihres Berufes,
2) zum Schaden einer öffentlichen Verwaltung oder einer öffentlichen Wohlthätigkeitsanstalt,
3) unter dem Vorwande, Jemanden vom Militärdienst befreien zu lassen.

414[3]). Wer in der Absicht, für sich oder einen Anderen den Preis einer Versicherung für Unfälle oder einen anderen rechtswidrigen Gewinn zu erlangen, eigene Sachen mit irgend einem Mittel zerstört, vernichtet oder verschlechtert, wird mit Einschliessung bis zu einem Jahre bestraft; und wenn derselbe den Zweck erreicht, so kommen die Bestimmungen des voraufgehenden Artikels zur Anwendung.

415[4]). Wer, indem er zu seinem eigenen oder zum Vortheil eines Anderen die Bedürfnisse, die Leidenschaften oder die Unerfahren-

nach allgemeinem ital. Sprachgebrauch überein. Einen Unterschied in beiden Worten hat erst das Strafrecht aufgebracht. Derselbe besteht nach dem sardinischen Strafrecht (s. oben), welchem dann alle anderen Strafgesetze und auch unser Gesetzgeber gefolgt sind, darin, dass „truffa" sich mit dem deutschrechtlichen Begriff vom Betrug d. h. die durch positive oder negative Täuschung herbeigeführte Vermögensbeschädigung deckt, während „frode" sich mehr dem deutschen Wort Schwindel, Gaunerei nähert, wobei zwar auch Täuschung und Vermögensbeschädigung vorliegen, jedoch ohne bestimmten ursächlichen Zusammenhang. Dass wenn auch nicht generell, so doch unter gewissen Umständen auch dass Deutsche Strafrecht diese Abart von Betrug nicht unberücksichtigt gelassen hat, lehren die §§ 265 und 144 D. Str.-G.-B. Vgl. hierzu auch Entsch. d. Obertrib. v. 26. November 69 X S. 144). Zum besseren Verständniss des ital. rechtlichen Begriffes „frode" vgl. auch die im fünften Kapitel des sechsten Titels dieses Buches (Art. 293 ff.) aufgeführten Vergehen.

[2]) „artifizii o raggiri".

[3]) Der obige Artikel entspricht in seinem wesentlichen Inhalte dem § 265 D. Str.-G.-B.; Letzterer ist indessen viel zu eng gefasst, insofern als er nur die Feuer- und Seeversicherung im Auge hat.

[4]) Die Bestimmungen dieses Artikel finden sich wenigstens bezüglich des Schutzes der Minderjährigen zuerst im Code pénal von 1810 (Art. 406) und sind

heit eines Minderjährigen[5]) oder eines gänzlich oder theilweise Entmündigten[6]) missbraucht, denselben eine Urkunde, welche irgend eine rechtliche Wirkung nach sich zieht, zu dessen oder eines Anderen Nachtheil unterschreiben lässt, wird, ohne dass die aus der persönlichen Unfähigkeit hervorgehende Nichtigkeit entgegensteht, mit Einschliessung von einem bis zu fünf Jahren und mit Geldstrafe über dreihundert Lire bestraft.

416[7]). Wer in gewinnsüchtiger Absicht einen Inländer zum Auswandern verleitet, indem er denselben durch Anführung nicht bestehender Thatsachen oder durch Mittheilung falscher Nachrichten täuscht, wird mit Einschliessung von einem bis zu fünf Jahren und mit Geldstrafe von nicht unter fünfhundert Lire bestraft.

Viertes Kapitel.

Von den rechtswidrigen Zueignungen[1]).

417. Wer eine Sache eines Anderen, welche ihm unter irgend einem Titel anvertraut oder übergeben worden ist, der die Verpflichtung

aus demselben in alle italienischen Gesetzbücher übergegangen. Vgl. übrigens auch §§ 301 und 302 D. Str.-G.-B.

[5]) S. Anm. 2 zu Art. 341.

[6]) „interdetto" o „inabilitato". „Interdetto" (Interdicirt) ist diejenige grossjährige oder aus der väterlichen Gewalt entlassene minderjährige Person, welche sich in einem solchen Zustande andauernder Geisteskrankheit befindet, dass sie unfähig ist, für ihre Interessen zu sorgen, und die deshalb interdicirt d. h. entmündigt werden muss. Letzteres geschieht auf Antrag eines Verwandten oder des Ehegatten oder des Staatsanwalts. Dem Interdetto wird ein Vormund bestellt. Der Interdetto kann keine Ehe eingehen, ebensowenig darf er testiren oder Verträge abschliessen. (Art. 324, 326, 329, 61 und 763[2] Ital. Civ.-G.-B.) — Vgl. auch Anm. 3 zu Art. 340.

Eine Person, welche nicht in dem Grade geisteskrank ist, dass sie wie vorerwähnt „interdicirt" werden muss, kann ebenso wie ein Verschwender — auf Antrag der genannten Personen — vom Gericht für „inabile" erklärt werden, d. h. für unfähig, vor Gericht aufzutreten, Vergleiche abzuschliessen, Darlehne aufzunehmen, Capitalien in Empfang zu nehmen, Quittungen auszustellen, Grundstücke zu veräussern oder zu belasten, und überhaupt eine die einfache Verwaltung überschreitende Handlung vorzunehmen, — ohne Beistand eines vom Familienrath oder von der Vormundschaft zu ernennenden Pflegers (Art. 339 ebendas. und Art. 836 Ital. Civ.-Proc.-Ordn.). Die Interdiktion führt also eine grössere Beschränkung der Handlungsfähigkeit als die Inhabilitation herbei, und deshalb sind für den deutschen Wortlaut die obigen Ausdrücke gewählt worden.

[7]) Die obige Bestimmung entspricht der des § 144 D. Str.-G.-B.

[1]) „delle appropriazioni indebite". Mot. II S. 399 ff. Kommiss. Ber. S. 305.

enthält, dieselbe zurückzuerstatten oder von ihr einen bestimmten Gebrauch zu machen, sich zueignet, indem er sie zu seinem oder eines Dritten Vortheil verwendet, wird, auf Antrag, mit Einschliessung bis zu zwei Jahren und mit Geldstrafe über hundert Lire bestraft.

418. Wer ein in Blanco unterschriebenes Blatt[2]), welches ihm mit der Verpflichtung anvertraut ist, dasselbe zurückzuerstatten oder von demselben einen bestimmten Gebrauch zu machen, dadurch missbraucht, dass er auf dasselbe eine Thatsache schreibt oder schreiben lässt, welche irgend eine rechtliche Wirkung zum Schaden desjenigen nach sich zieht, welcher das Blatt unterschrieben hat, wird, auf Antrag, mit Einschliessung von drei Monaten bis zu drei Jahren und mit Geldstrafe nicht unter dreihundert Lire bestraft.

War das unterschriebene Blatt dem Thäter nicht anvertraut gewesen, so kommen die Bestimmungen des dritten und vierten Kapitels des sechsten Titels zur Anwendung.

419[3]). Einschliessung von einem bis zu fünf Jahren tritt ein, und es wird von Amtswegen eingeschritten, wenn das in den voraufgehenden Artikeln vorgesehene Vergehen an Sachen begangen worden ist, welche in Veranlassung eines Berufes, eines Gewerbes, eines Handels, eines

---

Entw. 397—400. Cod. Sard. 628 ff. Cod. Tosc. 396 ff. Cod. Nap. 408. D. Str.-G.-B. §§ 246, 269, 266. Oest. Str.-G.-B. 183 ff. Für den deutschen Rechtsbegriff „Unterschlagung" d. h. die Zueignung im Besitz (Gewahrsam) des Thäters befindlicher beweglicher Sachen hat die italienische Sprache keinen Ausdruck. Denn „sostrazione" oder „intercezioni" (intercettare, lat. intercipere) bedeuten Wegnahme schlechthin.

In allen bisher in Geltung gewesenen italienischen Strafgesetzen findet sich auch das Vergehen der Unterschlagung als solches nicht besonders hervorgehoben, sondern als Missbrauch des Vertrauens, als Betrug truffa behandelt (Vgl. Cod. Tosc. 396, Cod. Este 499, Cod. Parma 453, Cod. Due Sicilie 433[3] u. s. w.). Nur das Sardinische Strafgesetzbuch giebt dem der deutschrechtlichen Unterschlagung nahe kommenden, im Art. 631 behandelten Reat die Bezeichnung appropiazione indebita. Dieselbe für das neue Gesetzbuch beibehalten, kann jede Sache „cosa", gleichgültig ob mobile oder immobile, zum Gegenstande haben und umfasst die deutschrechtlichen Begriffe der Unterschlagung und der Untreue.

[2]) „abusando di un foglio firmato in bianco" etc. In deutschem Strafrecht stellt das im vorliegenden Artikel entwickelte Vergehen auch ohne die im Absatz hervorgehobene Modification eine Urkundenfälschung dar. (§ 269 das.)

[3]) Der vorstehende Artikel behandelt den unter erschwerenden Umständen begangenen Reat der vorgesehenen Artikel.

Geschäftsbetriebes, eines Amtes, eines Dienstes oder einer Nothhinterlegung[4]) anvertraut oder übergeben worden sind.

420. Es wird bestraft, auf Antrag, mit Gefängniss bis zu einem Jahr oder mit Geldstrafe von fünfzig bis zu eintausend Lire:

1) wer von einem Anderen verlorene Sachen findet und dieselben sich zueignet, ohne die civilrechtlichen Vorschriften über den Erwerb des Eigenthums an gefundenen Sachen zu befolgen[5]),
2) wer einen Schatz gefunden hat und sich den dem Eigenthümer des Grundstücks zustehenden Antheil ganz oder zum Theil zueignet[6]),
3) wer Sachen eines Anderen sich zueignet, in deren Besitz er in Folge eines Irrthums oder eines Zufalls gekommen ist.

Kannte der Thäter den Eigenthümer der zugeeigneten Sachen, so kommt Einschliessung bis zu zwei Jahren zur Anwendung.

---

[4]) Unter „deposito necessario" wird nach italienischem Civilrecht (Art. 1864 Civ.-Ges.-Buchs) diejenige Hinterlegung verstanden, zu welcher Jemand durch irgendwelchen Zufall, wie durch einen Brand, einen Hauseinsturz, eine Plünderung, einen Schiffbruch oder ein anderes unvorhergesehenes Ereigniss gezwungen wird; dasselbe ist somit identisch mit dem römisch-rechtlichen „depositum miserabile". L. 1 § 1—4 D. XVI. 3. S. auch Allgem. Landr. Th. I Titel 14 § 43. — Als Nothhinterlegungsstück werden nach ital. Civ.-Recht auch alle von den Reisenden in die Gasthäuser mitgebrachten Effekten angesehen; für Letztere haften die Wirthe und die Gasthausbesitzer (osti e albergatori), auch in dem Falle, dass die Beschädigung oder Entwendung der Sachen von Dienern oder Leitern des Gasthauses oder von dort einkehrenden Reisenden begangen worden ist, nicht aber für die von bewaffneter Hand vorgenommenen Entwendungen und für die durch höhere Gewalt oder infolge grober Nachlässigkeit des Eigenthümers entstandenen Beschädigungen. (Art. 1866 ff. a. a. O.)

[5]) Nach ital. Civilrecht ist derjenige, welcher eine bewegliche Sache findet, verpflichtet, dieselbe dem voraufgehenden Besitzer zurückzuerstatten, und wenn er diesen nicht kennt, sie ohne Verzug an den Vorsteher (sindaco) des Ortes abzuliefern, wo er sie gefunden hat. Dieser macht die Fundabgaben an zwei aufeinanderfolgenden Sonntagen bekannt. Hat sich der Eigenthümer zwei Jahr danach nicht gemeldet, so gehört der Fund bezw. der durch den nothwendig gewesenen Verkauf desselben erzielte Erlös dem Finder. Der Finderlohn beträgt ein Zehntel, bei Sachen über 2000 Lire Werth ein Zwanzigstel. (Art. 715 ff. It. Civ.-G.-B.)

[6]) Ueber die Rechtsverhältnisse am gefundenen Schatz schreibt das ital. Civil-Recht Folgendes vor: Der Schatz gehört dem Eigenthümer des Grundstücks, auf welchem er gefunden wird. Wird der Schatz auf dem Grundstück eines Anderen gefunden, so gehört er zur Hälfte dem Eigenthümer des Grundstücks, zur Hälfte

Fünftes Kapitel.

Von der Hehlerei [1]).

421. Wer, abgesehen von dem im Artikel 225 vorgesehenen Fall, Geld oder Sachen, welche aus einem Vergehen herrühren, annimmt oder verheimlicht, oder in irgend welcher Weise sich herbeilässt, dieselben erwerben, annehmen oder verbergen zu lassen, ohne dass er an dem Vergehen selbst theilgenommen hat, wird mit Einschliessung bis zu zwei Jahren und mit Geldstrafe bis zu eintausend Lire bestraft.

Rühren das Geld oder die Sachen aus einem Vergehen her, welches eine Freiheitsstrafe von über fünf Jahren nach sich zieht, so wird der Thäter mit Einschliessung von einem bis zu vier Jahren und mit Geldstrafe von einhundert bis zu dreitausend Lire bestraft.

In beiden in den voraufgehenden Bestimmungen vorgesehenen Fällen darf die Einschliessung die Hälfte der für das Vergehen, aus welchem die Sachen herrühren, festgesetzten Strafe nicht überschreiten; und handelt es sich um Geldstrafe, so wird, um das Maass derselben zu bestimmen, die Berechnung nach Maassgabe der im Artikel 19 festgesetzten Vorschriften vorgenommen.

---

dem Finder. — Schatz (tesoro) ist jeder bewegliche Gegenstand von Werth, welcher verborgen oder vergraben ist (nascosto o sotterrato) und dessen Besitzer Niemand nachweisen kann. (Art. 714 ital. Civ.-G.-B.)

[1]) Mot. II S. 404 ff. Kommiss. Ber. S. 309 ff. Entw. 401. Cod. Sardo 639 und 285. Cod. Tosc. 418 und 60 ff. Cod. Este 505 und 229 ff. Cod. Parma 461 und 250. Cod. Nap. 62. D. Str.-G.-B. §§ 257 ff. Oest. Str.-G.-B. § 185. Unter „ricettazione" versteht das italienische Strafrecht die im deutschen Strafrecht unter dem Namen „Partirerei" aufgestellte Abart der Hehlerei (§ 259 D. Str.-G.-B.). Das Vergehen der Hehlerei insbesondere, d. h. den dem Thäter oder Theilnehmer nach Begehung der Strafthat geleisteten Beistand, um denselben der Bestrafung zu entziehen oder ihm die Vortheile der That zu sichern, betrachtet das italienische Recht, ohne Unterschied, ob der That eine gewinnsüchtige Absicht zu Grunde liegt oder nicht, als einen strafbaren Eingriff in die Thätigkeit der vom Staat zur Verfolgung der Rechtsbrüche berufenen Behörden, als ein Vergehen wider die Rechtspflege, und bestraft dasselbe allgemein als Begünstigung (favoreggiamento). Vgl. Art. 225. Auch die früheren ital. Strafgesetzbücher waren mehr auf die innere Natur als auf die äussere Veranlassung dieses Vergehens eingegangen, indem sie dasselbe als ein Vergehen wider die Staatsverwaltung behandelten.

Ist der Thäter ein gewohnheitsmässiger[2]) Hehler, so tritt Einschliessung von drei bis zu sieben Jahren in dem im ersten Theile und von fünf bis zu zehn Jahren in dem im ersten Absatz des gegenwärtigen Artikels vorgesehenen Falle ein, auch tritt immer Geldstrafe von dreihundert bis dreitausend Lire hinzu.

Sechstes Kapitel.

Von der Besitzstörung[1]).

422. Wer, um sich die unbewegliche Sache eines Anderen ganz oder theilweise anzueignen, oder um Vortheil davon zu ziehen, die Grenzsteine entfernt oder verändert, wird mit Einschliessung bis zu dreissig Monaten und mit Geldstrafe von fünfzig bis zu dreitausend Lire bestraft.

Derselben Strafe unterliegt derjenige, welcher um sich einen rechtswidrigen Vortheil zu verschaffen, öffentliche oder private Wasser ableitet[2]).

Wird das Vergehen mit Gewalt oder mit Bedrohung gegen die Per-

---

[2]) Die deutschrechtliche Qualifikation der Gewerbsmässigkeit der Hehlerei wird nach Maassgabe aller früheren Gesetzbücher in den Motiven und im Kommissionsbericht ignorirt. Gewohnheitsmässigkeit und Gewerbsmässigkeit sind in ihrem Wesen und in ihrer Wirkung verwandte Begriffe; auch charakterisiren beide die Hehlerei als Iterativ- oder Collektivvergehen. Da nun auch nach Ansicht des Reichsgerichts die von vornherein auf fortgesetzte, d. h. wiederholte Hehlerei des eigenen Vortheils wegen gerichtete Absicht des Hehlers den Begriff der Gewerbsmässigkeit darstellt, — Entscheid. vom 2. Februar 1881. Rechtspr. Bd. III, 4 — so wird gewerbsmässige Hehlerei mit gewohnheitsmässiger in den meisten Fällen sich decken, und erscheint deshalb die Aufstellung der Gewerbsmässigkeit der Hehlerei als Qualifikation nicht unbedingt erforderlich.

[1]) „della usurpazione". Von der (Immobiliar-) Besitzstörung. Mot. II S. 405. Kommiss. Ber. S. 310. Entw. Art. 402 und 403. Cod. Sardo 671 ff. Cod. Tosc. 423 ff. Cod. Nap. 456. D. Str.-G.-B. § 274[2]. Oest. Str.-G.-B. § 190[e].

Von der in diesem Kapitel entwickelten Besitzstörung kennt das Deutsche Strafrecht nur die im Art. 422 erörterte Grenzstein-Entfernung oder -Versetzung, welche es als Urkundenfälschung bestraft.

[2]) Wer dagegen berechtigt ist, aus Flüssen (Bächen, Canälen, Behältern) Wasser abzuleiten, darf erforderlichen Falles auch Wehre (Schleusen) anlegen, jedoch unter der Verpflichtung zur Sicherung der fremden Grundstücke, sowie überhaupt zur Vermeidung jedweden Nachtheils für Letztere und zur eventuellen Schadloshaltung derselben. (Art. 613 ff. Ital. Civ.-G.-B.)

sonen, oder von mehreren Personen mit Waffen[3]), oder von mehr als zehn Personen auch ohne Waffen begangen, so tritt Einschliessung von einem bis zu fünf Jahren und Geldstrafe von eintausendfünfhundert bis zu fünftausend Lire ein.

423. Wer mit Gewalt wider die Personen den friedlichen Besitz[4]) eines Anderen an unbeweglichen Sachen stört, wird mit Einschliessung bis zu einem Jahr oder mit Geldstrafe von hundert bis zu zweitausend Lire bestraft.

Wird die That von mehreren Personen mit Waffen, oder von mehr als zehn Personen auch ohne Waffen begangen, so besteht die Strafe in Einschliessung von einem bis zu drei Jahren oder in Geldstrafe von zweitausend bis zu fünftausend Lire.

Siebentes Kapitel.

Von der Sachbeschädigung[1]).

424. Wer bewegliche oder unbewegliche Sachen eines Anderen vernichtet, zerstört, beschädigt oder in irgend einer Weise verschlechtert, wird, auf Antrag, mit Einschliessung oder Gefängniss bis zu sechs Monat und mit Geldstrafe bis zu fünfhundert Lire bestraft.

Die Strafe besteht in Einschliessung von einem Monat bis zu drei Jahren und in Geldstrafe bis zu dreitausend Lire, und es wird von Amtswegen eingeschritten, wenn die That begangen ist:

1) aus Rache gegen einen öffentlichen Beamten in Veranlassung seines Berufes,
2) mit Gewalt gegen Personen, oder mit einem der in No. 4 und 5 des Artikels 404[2]) angegebenen Mittel,

---

[3]) Vgl. Art. 155 und 470.

[4]) Im friedlichen Besitz („pacifico possesso") eines Immobiles befindet sich nach ital. Recht derjenige, welcher dasselbe über ein Jahr rechtmässig besitzt. Er kann innerhalb eines Jahres von der erfolgten Störung bezw. Entziehung des Besitzes an die Erhaltung desselben bzw. die Wiedereinsetzung in den Besitz beantragen. (Art. 694 ff. Civ.-Ges.-B.)

[1]) „del danneggiamento. Mot. II S. 408 ff. Kommiss. Ber. S. 310 ff. Entw. Art. 404—409. Cod. Sard. 672 ff. Cod. Tosc. 448 ff. Cod. Nap. 456, 446 ff. D. Str. G.-B. §§ 303—305. Oest. Str.-G.-B. §§ 85 und 468. — Siehe auch Anm. zu Art. 45. — Die Qualifikation der Sachbeschädigung nach Deutschem Strafrecht ist nicht in dem Grade ausgedehnt und specialisirt wie nach ital. und ähnelt nur der im Art. 424^{3-5} angeführten.

[2]) d. h. bei Gelegenheit der Verübung eines schweren Diebstahls mittels Einbruchs oder Anwendung falscher Schlüssel. Vgl. hierzu Art. 61 Abs. 2.

3) an öffentlichen oder für zu öffentlichem Gebrauch, zu öffentlichem Nutzen oder zur Ausübung eines Gottesdienstes bestimmten Gebäuden, oder an Gebäuden oder Werken der im Artikel 305[3]) angegebenen Art oder an öffentlichen Denkmälern, Begräbnissplätzen oder deren Zubehör,
4) an Dämmen, Schutzwehren oder an anderen zum öffentlichen Schutz gegen Unfälle bestimmten Werken, oder an für den öffentlichen Dienst bestimmten Apparaten oder Signalen,
5) an Kanälen, an Kloaken oder an anderen, für die Bewässerung bestimmten Werken,
6) an Anpflanzungen von Wein oder an fruchttragenden Bäumen oder Sträuchen.

425. Wird die in dem voraufgehenden Artikel vorgesehene Strafthat gelegentlich einer Gewaltthätigkeit oder eines Widerstandes gegen die Obrigkeit, oder in Gemeinschaft von zehn oder mehr Personen begangen, so werden Alle, welche an dem Vergehen theilgenommen haben, im Falle des ersten Theiles mit Einschliessung oder mit Gefängniss bis zu acht Monaten und mit Geldstrafe bis zu eintausend Lire, und in den im Absatz vorgesehenen Fällen mit Einschliessung von zwei Monat bis zu vier Jahren und mit Geldstrafe bis zu viertausend Lire bestraft. Auch wird immer von Amtswegen eingeschritten.

426[4]). Wer dem Grundstück eines Anderen dadurch Schaden zufügt, dass er Vieh auf dasselbe ohne Befugniss treibt oder dort belässt, wird in Gemässheit der Bestimmungen des Artikels 424 bestraft.

Wegen der That allein, dass der Thäter missbräuchlicher Weise Vieh dort angetrieben oder belassen hat, um dasselbe dort weiden zu lassen, wird derselbe, auf Antrag, mit Gefängniss bis zu drei Monat oder mit Geldstrafe bis fünfhundert Lire bestraft.

427[4]). Wer das von einem Graben, einer lebendigen Hecke oder einer festen Schutzwehr umschlossene Grundstück[5]) eines Anderen

---

[3]) d. h. an militärischen und maritimen Gebäuden, Werken etc.

[4]) Die Behandlung der im Art. 426, 427 und 428 aufgeführten Reate als Vergehen darf nach der im ganzen Gesetz streng durchgeführten Zweitheilung und ihrer Begründung nicht auffallen. S. Anm. 2 zu Art. 1.

[5]) Ist das Besitzthum eines Anderen befriedet, so wird nach deutschem Strafgesetzbuch das widerrechtliche Eindringen in dasselbe als Hausfriedensbruch

eigenmächtig betritt, wird, auf Antrag, mit Geldstrafe bis zu fünfzig Lire, und im Rückfall mit Gefängniss bis zu einem Monat bestraft.

428[4]). Wer auf einem Grundstück eines Anderen jagt, wird, falls dies der Eigenthümer in der vom Gesetz[6]) bestimmten Weise verboten hat, und sofern Zeichen vorhanden sind, welche ein solches Verbot offensichtlich machen, auf Antrag, mit Geldstrafe bis zu fünfzig Lire, und im Rückfall wegen desselben Vergehens mit Gefängniss bis zu fünfzehn Tagen bestraft.

429. Wer ohne Noth Thiere, welche einem Anderen gehören, tödtet oder sonst unbrauchbar macht, wird, auf Antrag, mit Gefängniss bis zu drei Monaten und mit Geldstrafe bis zu eintausend Lire bestraft.

Ist der Schade leicht, so kann nur Geldstrafe bis zu dreihundert Lire zur Anwendung gebracht werden.

Wird das Thier nur verschlechtert, so besteht die Strafe in Gefängniss bis zu einem Monat oder in Geldstrafe bis zu dreihundert Lire.

Straffrei bleibt derjenige, welcher die That an Vögeln begeht, welche auf den von ihm besessenen Grundstücken und in dem Augenblick überrascht werden, als dieselben ihm Schaden zufügten.

430. Wer ausser den in den voraufgehenden Artikeln vorgesehenen Fällen bewegliche oder unbewegliche Sachen eines Anderen verunstaltet oder beschmutzt, wird, auf Antrag, mit Geldstrafe bis zu fünfhundert Lire bestraft.

Tritt einer der im Artikel 425 angegebenen Umstände hinzu, so so tritt Einschliessung bis zu drei Monaten hinzu, und es wird von Amtswegen eingeschritten.

(§ 123) bestraft. Ist das Grundstück nicht befriedet, dann wird das unbefugte Verweilen auf demselben trotz der Aufforderung des Berechtigten als Uebertretung nach § 9 des Preuss. Feld- und Forstpolizeigesetzes vom 1. April 1880 angesehen.

[6]) Art. 712 des ital. Civil-Gesetzbuches besagt: Die Ausübung der Jagd und der Fischerei wird durch besondere Gesetze geregelt. Jedenfalls ist es nicht erlaubt, das Grundstück eines Anderen behufs Ausübung der Jagd dem Verbot des Besitzers zuwider zu betreten, (d. h. der Besitzer muss der Verpachtung der Jagd auf seinem Grundstück zugestimmt haben.) — Die erwähnten Gesetze sind das Gesetz über die Fischerei vom 22. December 1861 und über die Jagd vom 16. Juli 1844 und vom 1. Juli 1845.

Achtes Kapitel.

Gemeinsame Bestimmungen zu den voraufgehenden Kapiteln [1]).

431. In den im gegenwärtigen Titel vorgesehenen Vergehen kann der Richter, wenn der Werth der Sache, welche den Gegenstand des Vergehens bildet, oder derjenige, welcher dem verursachten Schaden entspricht, sehr erheblich ist, die Strafe bis auf die Hälfte erhöhen; wenn er unbedeutend ist, auf die Hälfte, und wenn er sehr unbedeutend ist, bis auf ein Drittel herabsetzen.

Behufs Bestimmung des Werthes wird der Werth, welchen die Sache hatte, sowie der verursachte Schaden zur Zeit der That, und nicht der vom Thäter erlangte Vortheil berücksichtigt.

Die vorgenannten Strafminderungen finden nicht statt, wenn der Thäter wegen eines Vergehens derselben Art [2]) rückfällig ist, oder wenn es sich um eines der im zweiten Kapitel dieses Titels vorgesehenen Vergehen handelt.

432. Erstattet der Thäter eines der im 1., 3., 4. und 5. Kapitel dieses Titels und in den Artikeln 424, erster Theil, 426 und 429 vorgesehenen Vergehen, vor jeder richterlichen Verfügung gegen ihn das Weggenommene zurück oder entschädigt derselbe, falls wegen der Natur der That oder wegen anderer Umstände die Zurückerstattung nicht möglich ist, den Bestohlenen oder Geschädigten vollständig, so wird die Strafe um ein bis zu zwei Drittel ermässigt.

Die Strafe wird um ein Sechstel bis um ein Drittel ermässigt, wenn die Zurückerstattung oder die Entschädigung während des Verfahrens, aber vor der Angehung des Gerichts erfolgt [3]).

---

[1]) Mot. II S. 409. Kommiss. Ber. 311. Entw. Art. 410—412. Cod Sardo 606 ff. und 635 ff. Cod. Tosc. 410 ff. — Die kasuistirende Art und der doktrinäre Charakter, welcher dem Gesetzbuch unverkennbar innewohnt, kommt gerade in den Bestimmungen dieses Kapitels zu starkem Ausdruck. Das Deutsche Strafgesetzbuch enthält auch nur entfernt keine derartigen Direktiven und Belehrungen für den Richter.

[2]) „della stessa indole". Vgl. hierüber die authentischen Begriffsbestimmung im Art. 82.

[3]) Dieser Abschnitt befand sich noch nicht im Entwurf; er ist erst später auf Vorschlag des Senats und der Kommission nach dem Beispiel der Bestimmung des Art. 168 Abs. 2 dem Gesetzestext einverleibt worden, und zwar um möglichst eine Schadloshaltung der Geschädigten zu erzielen. Ber. d. Min. an d. König S. 161.

433. Wegen der im 1., 3., 4. und 5. Kapitel dieses Titels und in den Artikeln 424, erster Theil, 426 und 429 vorgesehenen Thaten wird gegen denjenigen nicht eingeschritten, welcher dieselben zum Schaden:

1) des nicht gesetzlich geschiedenen Ehegatten,
2) eines Verwandten oder Verschwägerten auf- oder absteigender Linie, des Adoptiv-Vaters oder der Adoptiv Mutter oder des Adoptiv-Kindes,
3) eines Bruders oder einer Schwester, welche mit ihm in einer Familie leben

begangen hat.

Wird die That zum Schaden des gesetzlich geschiedenen Ehegatten oder eines Bruders oder einer Schwester, welche mit dem Urheber der That nicht in einer Familie leben, oder eines Oheims oder Enkels oder Verschwägerten zweiten Grades, welche mit dem Urheber in einer Familie leben, begangen, so wird nur auf Antrag eingeschritten, und die Strafe um ein Drittel ermässigt[4]).

[4]) Nach Deutschem Strafrecht soll nur Diebstahl und Unterschlagung seitens Verwandter aufsteigender gegen Verwandte absteigender Linie sowie unter Ehegatten straflos bleiben. Dagegen ist der Diebstahl, die Unterschlagung und der Betrug, falls gegen (andere) Angehörige begangen, auf Antrag zu verfolgen. Die Zurücknahme des Antrages ist hier sowie bei der überhaupt nur auf Antrag zu verfolgenden einfachen Sachbeschädigung zulässig. Die Verfolgung einer gegen Angehörige begangenen Hehlerei ist von der Stellung des Strafantrages nicht abhängig. (§§ 247, 263, 303 D. Str.-G.-B.)

Drittes Buch.

Von den Uebertretungen im Besonderen[1]).

Erster Titel.

Von den Uebertretungen betreffend die öffentliche Ordnung.

Erstes Kapitel.

Von der Verweigerung des Gehorsams gegen die Obrigkeit.

434. Wer eine von der zuständigen Behörde gesetzmässig gegebene Verordnung übertritt, oder eine von derselben aus Gründen der Rechtspflege oder der öffentlichen Sicherheit gesetzmässig erlassene Vorschrift nicht befolgt, wird mit Haft bis zu einem Monat oder mit Geldstrafe von zwanzig bis zu dreihundert Lire bestraft[2]).

435. Wer gelegentlich eines Tumultes oder eines Nothstandes,

---

[1]) Delle contravvenzioni in ispecie. Motive III S. 421 ff. Kommiss. Ber. S. 312 ff. Entw. Art. 413 ff.

Auch bei Behandlung der Uebertretungen ist der Gesetzgeber mit Erfolg bemüht gewesen, dieselben nach ihrem inneren Wesen zu klassificiren und zwar unter möglichster Durchführung einer Analogie zu den Vergehen. Demgemäss sind auch die vier Titel der Uebertretungen mit den entsprechenden Titeln der Vergehen nemlich dem fünften, siebenten, achten und zehnten in Beziehung gebracht worden.

[2]) Die Aufstellung der im Artikel 434 enthaltenen generellen Strafbestimmung setzt voraus, dass die übertretene behördliche Anordnung ohne besondere Strafandrohung oder für den gegebenen Fall mündlich erlassen worden war. Im Entwurf — Art. 413 — war noch die Bedingung hinzugefügt, dass die Uebertretung an einem öffentlichen oder dem Publikum zugänglichen Ort begangen war.

oder bei einer frisch begangenen Strafthat[3]) ohne triftigen Grund sich weigert, seinen Beistand oder Dienst zu leisten, oder die Mittheilungen oder Angaben zu machen, welche von einem öffentlichen Beamten[4]) in Ausübung seines Berufs gefordert werden, wird mit Geldstrafe bis zu fünfzig Lire und, wenn er lügenhafte Mittheilungen oder Angaben macht, mit Geldstrafe von einhundert bis zu fünfhundert Lire bestraft[5]).

436. Wer sich weigert, einem öffentlichen Beamten in Ausübung seines Berufes seinen Namen, Vornamen, Stand oder Beruf, Geburts- oder Wohnort, oder andere persönliche Eigenschaften anzugeben, wird mit Geldstrafe bis zu fünfzig Lire, und wenn die Angaben falsch sind, mit Geldstrafe von fünfzig bis zu dreihundert Lire bestraft[6]).

437[7]). Wer wider das gesetzliche Verbot der zuständigen Behörde religiöse Feierlichkeiten ausserhalb der für den Gottesdienst bestimmten Orte oder wer religiöse oder bürgerliche Aufzüge auf öffentlichen Plätzen oder Strassen veranlasst oder leitet, wird mit Geldstrafe bis zu einhundert Lire, und, wenn die That einen öffentlichen Tumult herbeigeführt, mit Haft bis zu einem Monat und mit Geldstrafe von fünfzig bis zu dreihundert Lire bestraft.

438[8]). Ein Religionsdiener, welcher in Widerspruch mit von der zuständigen Behörde gesetzmässig erlassenen Verordnungen Verrichtungen eines auswärtigen Gottesdienstes ausübt, wird mit Haft bis zu

[3]) „nella flagranza di reati“.

[4]) S. Art. 207.

[5]) Das Deutsche Strafgesetzbuch bestraft nur die Verweigerung der ohne erhebliche eigene Gefahr zu leistenden, bei Unglücksfallen etc. von der Polizeibehörde erforderten Hülfe (§ 360[10]).

[6]) Nach Deutsch. Str.-G.-B. (§ 360[8]) wird nur der Gebrauch eines falschen Namens einem zuständigen, d. h. zur Erforschung des Namens berechtigten Beamten gegenüber bestraft. Vgl. auch Entscheid. des Reichsgerichts vom 10. April 1880. Rechtspr. Bd. I S. 566.

[7]) Das Gesetz vom 30. Juni 1889 über die öffentliche Sicherheit enthält besondere Vorschriften über die Abhaltung religiöser Feierlichkeiten und kirchlicher oder bürgerlicher Aufzüge, denen zufolge u. A. mindestens drei Tage zuvor der Ortspolizeibehörde Anzeige hiervon zu machen ist; Letztere kann aus Gründen der öffentlichen Ordnung und Gesundheit die Aufzüge etc. verbieten. Vgl. Art. 7 bis 9 das.

[8]) Im Entwurf war die im vorliegenden Artikel enthaltene Uebertretung als Vergehen angesehen und in das Kapitel über die Missbräuche der Religionsdiener (Buch II Titel 3 Kap. 5) aufgenommen. S. Anm. 2 zu Art. 1.

drei Monaten und mit Geldstrafe von fünfzig bis zu eintausendfünfhundert Lire bestraft.

Zweites Kapitel.

Von der Anzeige-Unterlassung.

439[1]. Der Arzt, der Wundarzt, die Hebeamme oder ein anderer Sanitätsbeamter, welcher den Beistand seines Berufes in Fällen geleistet hat, die den Charakter eines Vergehens wider die Person[2]) darstellen können, und es unterlässt oder verzögert, dies der Gerichts- oder öffentlichen Sicherheitsbehörde anzuzeigen, wird, ausgenommen dass die Anzeige die Person, welcher Beistand geleistet worden ist, einem Strafverfahren aussetzt, mit Geldstrafe bis zu fünfzig Lire bestraft.

Drittes Kapitel.

Von den Münzübertretungen.

440. Wer Geld zum gesammten Werthe von über zehn Lire, welches er als echtes empfangen hat, als nachgemacht oder gefälscht erkennt und es nicht binnen drei Tagen an die Behörde unter möglicher Angabe der Herkunft desselben abliefert, wird mit einer Geldstrafe bis zu dreihundert Lire bestraft[1]).

---

[1]) Diese in fast allen früheren ital. Strafgesetzen enthaltene Vorschrift stellt sich als die nothwendige Consequenz der Bestimmung der ital. Strafprocessordnung dar, nach welcher (Art. 102 ff.) jeder Arzt etc. verpflichtet ist, innerhalb vierundzwanzig Stunden, in schweren Fällen sofort, Vergiftungen, Verwundungen oder irgendwelche (andere) Misshandlungen, bei welchen er berufsmässige Hülfe geleistet hat, dem Richter des Ortes, wo der Verletzte sich befindet, oder der nächsten Polizeibehörde anzuzeigen. Diese Verpflichtung wird allerdings erheblich eingeschränkt durch die im Art. 439 selbst aufgestellte Ausnahme sowie die dem Arzt etc. auferlegte Verschwiegenheit. Vgl. Anm. zu Art. 214.

Die deutschstrafrechtliche allgemeine Pflicht, glaubhaft bekannt gewordene, möglicherweise noch zu verhütende „gemeingefährliche Verbrechen" (sowie auch Hochverrath, Landesverrath, Münzverbrechen, Mord u. s. w.) der Behörde oder dem Bedrohten anzuzeigen, (§ 139 Str.-G.-B.) ist dem ital. Strafrecht unbekannt; Letzteres stellt die Erstattung desfallsiger Anzeigen an die Behörde nur anheim (Art. 98 Strafprocessordn.). S. auch Anm. S. 71.

[2]) Die Anzeigepflicht soll sich also nur auf die im neunten Titel des zweiten Buches enthaltenen Vergehen (Art. 364 ff.) erstrecken.

[1]) Das Deutsche Strafrecht bestraft, wie auch das französische, nicht die

441[1]). Wer sich weigert, Geld, welches im Staate gesetzlichen Kurs hat, zu seinem Werthe anzunehmen, wird mit Geldstrafe bis zu fünfzig Lire bestraft.

Viertes Kapitel.

Von den Uebertretungen betreffend die Ausübung der Buchdruckerkunst, den Vertrieb von Druckschriften und die Anschläge.

442. Wer die Buchdrucker-, Steindrucker- oder eine andere Kunst der Herstellung mehrfacher Exemplare mit mechanischen oder chemischen Mittel ausübt, ohne die gesetzliche Vorschriften[1]) zu beobachten, wird mit Geldstrafe von einhundert bis zu eintausendfünfhundert Lire bestraft.

443. Wer an einem öffentlichen oder dem Publikum zugänglichen Orte Druckschriften, Zeichnungen oder Handschreiben[2]) ohne Erlaubniss der Behörden, falls eine solche Erlaubniss vom Gesetz gefordert wird[3]), vertreibt oder vertheilt, wird mit Geldstrafe bis zu fünfzig Lire bestraft.

Unterlassung der Ablieferung, sondern nur die Weiterbegebung des als echt empfangenen, alsdann als unecht erkannten falschen Geldes; der ital. Gesetzgeber sucht diesem Vergehen durch die vorgeschriebene Ablieferung vorzubeugen. D. Str.-G.-B. § 148. Cop. Nap. Art. 135. Cod. Sardo 327. Cod. Parma 145. Mot. III S. 426.

[2]) Diese dem Deutschen Strafrecht und auch sonst ungewohnte Vorschrift ist dem Sardin. Strafgesetzbuch (Art. 685[11]) entlehnt.

[1]) Nach Art. 63 des Gesetzes „über die öffentliche Sicherheit vom 30. Juni 1889 darf Niemand die Buchdrucker- und Steindrucker- oder eine ähnliche Kunst“ ohne vorgängige Anmeldung bei der Ortspolizeibehörde unter gleichzeitiger Angabe des Ortes des Geschäftsbetriebes und des Namens des Eigenthümers des Geschäftes oder des Vertreters desselben ausüben. — Nach Deutschem Recht muss von dem Beginn des selbständigen Betriebes eines jeden stehenden Gewerbes der gesetzlich zuständigen Behörde Anzeige gemacht werden (§ 14 der Gew.-Ordn.).

[2]) „stampati, disegni o manuscritti“.

[3]) Nach Art. 65 des vorerwähnten Gesetzes „über die öffentliche Sicherheit“ darf, abgesehen von den periodischen Druckschriften, ohne die Erlaubniss der Sicherheitspolizeibehörde nichts Gedrucktes oder Geschriebenes öffentlich angeschlagen oder vertheilt werden. In Deutschland erstreckt sich die geforderte Erlaubniss auf alle Druckschriften, andere Schriften und Bildwerke (§ 43 Gew.-Ordn.). Vgl. auch § 9 Preuss. Pressges. v. 12. Mai 1851.

Handelt es sch um Druckschriften oder Zeichnungen, deren Beschlagnahme die Behörde angeordnet hat, so besteht die Strafe in Haft bis zu einem Monat und in Geldstrafe von fünfzig bis zu fünfhundert Lire[4]).

444. Wer beim Vertriebe oder bei der Vertheilung von Druckschriften, Zeichnungen oder Handschreiben an einem öffentlichen oder einem dem Publikum zugänglichen Orte Nachrichten verkündet oder ausruft, durch welche die öffentliche oder die Ruhe der Personen gestört werden kann, wird mit Geldstrafe bis zu zweihundert Lire, und, wenn die Nachrichten falsch oder untergeschoben waren, mit Geldstrafe von einhundert bis zu dreihundert Lire oder mit Haft bis zu einem Monat bestraft.

445. Wer ohne Erlaubniss der zuständigen Behörde ausserhalb der Orte, an welchen das Anschlagen erlaubt ist[5]), Druckschriften, Zeichnungen oder Handschreiben anschlägt oder anschlagen lässt, wird mit Geldstrafe bis zu fünfzig Lire bestraft.

446. Wer Druckschriften, Zeichnungen oder Handschreiben, welche die Behörde hat anschlagen lassen, abreisst, zerreisst oder auf andere Weise unbrauchbar macht, wird mit Geldstrafe bis zu einhundert Lire, und wenn er es aus Verachtung gegen die Behörde thut, mit Haft bis zu fünfzehn Tagen bestraft[6]).

Handelt es sich um Druckschriften, Zeichnungen oder Handschreiben, welche Privatpersonen an vom Gesetz oder von der Behörde bewilligten Orten und in der desgl. Weise haben anschlagen lassen, und wird die That vor dem Tage begangen, welcher demjenigen folgt, an dem der Anschlag vorgenommen wird, so besteht die Strafe in Geldstrafe bis zu fünfzig Lire.

Fünftes Kapitel.

Von den Uebertretungen betreffend die Schaustellungen und die offenen Geschäfte und Wirthschaften.

447. Wer öffentliche Schaustellungs- oder Gesellschaftsorte

---

[4]) Vgl. § 28 Deutsch. Pressgesetzes.

[5]) Nach Art. 65 des mehrerwähnten Gesetzes vom 30. Juni 1889 dürfen die Anschläge nur an den von der zuständigen Behörde bestimmten Orten vorgenommen werden.

[6]) Nach Deutsch. Str.-G.-B. — § 134 — wird die im obigen Artikel behandelte Uebertretung als Vergehen bestraft.

eröffnet oder unterhält, ohne die von der Behörde zum Schutze der öffentlichen Wohlfahrt festgesetzten Anordnungen[1]) beobachtet zu haben, wird mit Haft bis zu einem Monat und mit Geldstrafe bestraft; und im Rückfalle darf die Geldstrafe nicht unter dreihundert Lire betragen.

448. Wer ohne Erlaubniss der Behörde Schauspiele oder Unterhaltungen irgendwelcher Art an einem öffentlichen oder dem Publikum zugänglichen Orte giebt, wird mit Geldstrafe von zehn bis zu einhundert Lire bestraft, und wenn die That gegen das Verbot der Behörde begangen wird, mit Haft bis zu fünfzehn Tagen und mit Geldstrafe von fünfzig bis zu dreihundert Mark.

449. Wer Pfandleihgeschäfte oder offene Geschäfte oder Wirthschaften[2]), für welche eine Erlaubniss der Behörde erfoderlich ist, eröffnet, ohne dieselbe zuvor erhalten zu haben, wird mit Geldstrafe bis zu dreihundert Lire bestraft, zu welcher im Rückfall Haftstrafe bis zu einem Monat hinzutrittt.

Ist die Erlaubniss verweigert worden, so besteht die Strafe in Geldstrafe bis zu fünfhundert Lire, zu welcher im Rückfall Haft bis zu drei Monat hinzutritt.

450. Der Eigenthümer oder Leiter eines (Pfandleih-)Geschäftes oder eines der im voraufgehenden Artikel angegebenen Geschäfte oder Wirthschaften, der die vom Gesetz oder von der Behörde festgesetzten Vorschriften nicht beobachtet, wird mit Geldstrafe bis zu fünfzig Lire bestraft, zu welcher im Rückfalle Haft bis zu fünf-

[1]) Oeffentliche Schaustellungen irgendwelcher Art dürfen ohne Erlaubniss der Sicherheitspolizeibehörde nicht gegeben werden. Dasselbe gilt von Pferderennen, Vorstellungen, Concerten, Bällen (sofern dieselben öffentlich abgehalten werden). Zur Darstellung von Opern, Dramen und sonstiger theatralischer Aufführungen bedarf es der Genehmigung des Präfekten der Provinz. Die Erlaubniss darf erst dann ertheilt werden, wenn auf Grund einer technischen Prüfung die Zuverlässigkeit und Sicherheit des Gebäudes und das Vorhandensein ausreichender Ausgänge zur plötzlichen Räumung desselben im Falle eines Brandes festgestellt worden ist. (Art. 37 ff. Gesetzes vom 30. Juni 1889.)

[2]) „agenzie di affari o stabilimenti o esercizii pubblici". Was die „agenzie di affari" betrifft, so bestimmt über die agenzie di prestiti sopra pegno d. h. über die Pfandleihgeschäfte ebenfalls das vorerwähnte Gesetz (Art. 37), dass dieselben nur mit Erlaubniss der Sicherheitsbehörde des Bezirks und gegen Stellung einer von der Handelskammer zu bestimmenden Caution eröffnet bezw. geführt werden dürfen.

zehn Tagen und zeitige Untersagung der Ausübung des Gewerbes oder der Kunst[3]) bis zu einem Monat hinzutritt.

451. Wer für Lohn Jemanden beherbergt oder in Kost oder in Pflege nimmt, ohne zu beobachten, was über die Verpflichtung zu Eintragungen, Erklärungen oder Anzeigen bei der Behörde vorgeschrieben ist[4]), wird mit Geldstrafe bis zu fünfzig Lire, und im Rückfalle von zwanzig bis zu zweihundert Lire bestraft.

Ist das Gewerbe gegen das Verbot der Behörde ausgeübt worden, so besteht die Strafe in Geldstrafe bis zu einhundert Lire, und im Wiederholungsfalle von fünfzig bis fünfhundert Lire.

Sechstes Kapitel.

Von den Anwerbungen ohne Erlaubniss der Obrigkeit.

452. Wer ohne Erlaubniss der Obrigkeit Anwerbungen eröffnet, wird mit Haft bis zu einem Jahr oder mit Geldstrafe von fünfzig bis zu eintausend Lire bestraft[1]).

Siebentes Kapitel.

Von der Bettelei[1]).

453. Wer als arbeitsfähig beim Betteln abgefasst wird, wird mit Haft bis zu fünf Tagen, und im Rückfalle mit Haft bis zu einem Monat bestraft.

---

[3]) S. Art. 11 und 25.

[4]) Die Gastwirthe, Zimmervermiether u. s. w. müssen ein Verzeichniss der bei ihnen wohnenden Personen führen und täglich die Ankunft und Abreise derselben der Sicherheitspolizei anzeigen. Art. 61 a. a. O. Vgl. auch Art. 288.

[1]) Das D. Str.-G.-B. (§ 141) bestraft die Anwerbung nur insofern, als Deutsche für ausländische Militärdienste angeworben werden. — Vgl. hierzu auch Art. 119.

[1]) „della mendicità". Mot. III S. 434 ff. Kommiss. Ber. S. 338 ff. Entw. 430 bis 433. Cod. Sardo 442 ff. Cod. Tosc. 42 ff. Cod. Nap. Art. 274—276. D. Str.-G.-B. §§ 361[4] und 362. Oest. Str.-G.-B. §§ 517 ff. Nach den bisher in Geltung gewesenen ital. Strafgesetzen war nur das öffentliche Betteln, unter Strafschärfung gegen den arbeitsfähigen Bettler strafbar gewesen. Nunmehr soll nach den Vorschriften des gleichzeitig mit dem Strafgesetzbuch veröffentlichten mehrerwähnten Gesetzes „über die öffentliche Sicherheit" (vom 30. Juni 1889) der beim Betteln betroffene arbeitsfähige Mensch unter allen Umständen, der arbeitsunfähige

Dieselben Strafen kommen gegen denjenigen zur Anwendung, der zwar als arbeitsunfähig beim Betteln abgefasst wird, aber die vom Gesetz bestimmten Vorschriften nicht erfüllt hat.

Die Uebertretung wird durch die Thatsache nicht ausgeschlossen, dass der Thäter unter dem Vorwande oder unter der Vorspiegelung, Dienste bei Personen zu nehmen oder Gegenstände zu vertreiben, bettelt.

454. Wer in einer rücksichtlich der Zeit, des Ortes, des Mittels oder der Person drohenden, lästigen oder widerspenstigen Weise bettelt, wird mit Haft bis zu einem Monat, und im Rückfalle von einem bis zu sechs Monaten Haft bestraft.

455. Der Richter kann anordnen, dass die in den voraufgehenden Artikeln festgesetzte Haftstrafe in einer im Artikel 22 vorgesehenen Weise verbüsst wird[2]).

456. Wer zulässt, dass eine seiner Gewalt unterworfene, oder seiner Bewahrung oder Aufsicht anvertraute Person unter vierzehn Jahren zum Betteln ausgeht, oder dass ein Anderer sich derselben zum Betteln bedient, wird mit Haft bis zu zwei Monaten und mit Geldstrafe bis zu dreihundert Lire, und im Rückfalle mit Haft von zwei bis zu vier Monaten bestraft.

Achtes Kapitel.

Von der Störung der öffentlichen und privaten Ruhe.

457. Wer durch Lärm oder Geschrei, durch Missbrauch von Glocken oder anderen Instrumenten, oder bei Ausübung lärmender Gewerbe oder Künste wider die Bestimmungen der Gesetze oder der

---

aber nur dann bestraft werden, wenn sich in einer Gemeinde ein Bettlerasyl (ricovero di mendicità) entweder überhaupt oder in ausreichender Weise nicht befindet, wenn er sich von der Sicherheitspolizei des Ortes seine Unfähigkeit zu irgendwelcher Arbeit nicht hat feststellen lassen und wenn er auf öffentlichen Wegen oder an einem anderen dem Publikum zugänglichen Orte bettelt. — Art. 80 ff. das. — Das deutsche Strafrecht macht keinen Unterschied zwischen dem arbeitsunfähigen oder arbeitsfähigen Bettler; es bestraft Beide auch ohne Rücksicht auf den Ort, wo gebettelt worden ist.

[2]) d. h. der Verurtheilte kann, ähnlich wie nach Deutschem Recht (§ 362 Str.-G.-B.) zur Verbüssung der Strafe in ein Arbeitshaus gebracht oder zur Beschäftigung bei Arbeiten zum öffentlichen Nutzen bestimmt werden.

Verordnungen [1]) die Beschäftigungen oder die Ruhe der Bürger oder die öffentlichen Zusammenkünfte stört, wird mit Geldstrafe bis zu dreissig Lire bestraft, welche im Rückfalle bis auf fünfzig Lire erhöht werden kann.

Wird die That des Nachts nach elf Uhr begangen, so tritt Geldstrafe von zwanzig bis zu fünfzig Lire ein, welche im Rückfalle bis auf hundert Lire erhöht werden kann. Ist die That geeignet, im Publikum Furcht [2]) hervorzurufen, so kann der Geldstrafe Haft bis zu einem Monat hinzugefügt werden.

458. Wer öffentlich aus Muthwillen oder aus einem anderen tadelnswerthen Grunde Jemanden belästigt oder die Ruhe desselben stört, wird mit Geldstrafe bis zu hundert Lire oder mit Haft bis zu fünfzehn Tagen bestraft.

Neuntes Kapitel.

Vom Missbrauch der Leichtgläubigkeit eines Anderen.

459. Wer an einem öffentlichen oder einem dem Publikum zugänglichen Orte durch irgend einen Betrug [1]) die Leichtgläubigkeit des Volkes in einer Weise zu missbrauchen sucht, welche für einen Anderen einen Nachtheil hervorrufen oder die öffentliche Ordnung stören kann, wird mit Haftstrafe bis zu fünfzehn Tagen, und im Rückfalle bis zu einem Monat bestraft.

---

[1]) Nach Art. 36 des mehrgen. Ges. „über die öffentliche Sicherheit“ soll die Ausübung der „geräuschvollen oder lästigen“ Gewerbe oder Künste in den durch Ortsbestimmungen oder gemeindebehördliche Verordnungen festgesetzten Stunden ausgesetzt bleiben.

[2]) „apprensione“ für „allarme“ im Entwurf (Art. 434).

[1]) „impostura“. Der Gesetzgeber will durch die Bestimmungen dieses Artikels namentlich dem Unwesen der Wahrsager, Kartenschläger, Traumdeuter, Schatzgräber etc. steuern. (Mot. III S. 438). Nach bisherigem Recht (Cod. Sard. Art. 436[3]) wurde dieser Unfug als „strafbarer Müssiggang“ mit Gefängniss von drei bis zu sechs Monaten bestraft. Der Cod. Nap. (Art. 479[7]) ahndet das „Metier de deviner et pronostiquer ou d'expliquer les songes“ mit Geldstrafe (11—15 Fr.). — Im deutschen Strafrecht hat in Ermangelung besonderer Vorschriften dieses Gewerbe als „grober Unfug“ angesehen werden müssen. Entscheid. d. Ob.-Trib. v. 16. Juli 1873. Goltd. Arch. 21 S. 274. Auch soll nach einem Bescheid des Ministers des Innern und der Finanzen v. 1?. Febr. 1873 (Minist.-Bl. v. 1873 S. 62) den Wahrsagern „wegen der Unsittlichkeit ihres Gewerbes“ ein Legitimations- oder Gewerbeschein nicht ertheilt werden.

Zweiter Titel.

Von den Uebertretungen betreffend die öffentliche Wohlfahrt.

Erstes Kapitel.

Von den Uebertretungen betreffend die Waffen und die explodirenden Stoffe[1]).

460. Wer, ohne zuvor der zuständigen Behörde[2]) Anzeige erstattet zu haben, eine Waffenfabrik errichtet oder eine den eigenen Gebrauch überschreitende Menge Waffen im Staate einführt, wird mit Haft bis zu drei Monaten oder mit Geldstrafe von fünfzig bis zu eintausend Lire bestraft.

461. Wer ohne Erlaubniss der zuständigen Obrigkeit[3]) hinterlistige Waffen anfertigt oder im Staate einführt, oder vertreibt oder zum Verkauf stellt, wird mit Haft nicht unter sechs Monaten und mit zeitiger Untersagung der Ausübung des Gewerbes oder der Kunst bestraft.

[1]) Entw. 437—447. Mot. III S. 441. Kommiss. Ber. S. 342. Cod. Sard. Art. 456 ff. Cod. Tosc. pol. pun. 87 ff. Cod. Nap. 314. Oest. Str.-G.-B. § 372. Während im Deutschen Strafrecht Vorschriften über die Herstellung, den Handel und den Gebrauch der Waffen einheitlich nicht zusammengestellt, sondern vielmehr im Strafgesetzbuch und in einzelnen Gesetzen und Verordnungen umhergestreut sind, — abgesehen von der neuerdings durch Reichsgesetz vom 9. Juni 1884 geregelten Behandlung des (verbrecherischen und gemeingefährlichen) Gebrauchs von Sprengstoffen, — hat im ital. Strafrecht diese Materie von jeher eine besondere Behandlung erfahren. Die Bestimmungen des bisherigen Strafgesetzbuches (Cod. Sardo Art. 453 ff.) waren in einem Kapitel unter den strafbaren Handlungen „wider die öffentliche Ruhe" zusammengestellt. Die dort aufgeführte Eintheilung der Waffen in eigentliche (einfache) Waffen (armi proprie) und in „uneigentliche" (improprie) Waffen hat auch der jetzige Gesetzgeber beibehalten, nur hat er für letzteren Ausdruck „insidiose" gewählt, für beide Begriffe aber ebenfalls wieder authentische Bestimmungen gegeben. S. Art. 155 und Anm. dazu. — Die näheren Vorschriften über die Anzeigepflicht und die behördliche Erlaubnissertheilung rücksichtlich des Verkehrs mit Waffen und Explosivstoffen enthält das mehrerw. Gesetz über die öffentliche Sicherheit vom 30. Juni 1889, welches gleichzeitig mit dem Strafgesetzbuch veröffentlicht worden ist; dieselben sind bei den einzelnen strafgesetzlichen Bestimmungen über die Herstellung, die Einfuhr, den Handel, den Besitz, die Aufbewahrung, den Gebrauch und die Beförderung der Waffen und der explosiven Stoffe erwähnt.

[2]) Die vorgedachte erforderliche Anzeige ist bei dem Präfekten der Provinz zu erstatten. Art. 13 Ges. v. 30. Juni 1889.

[3]) nemlich der Bezirks-Sicherheits-Behörde. Art. 12^2 ebend.

462. Wer ohne Erlaubniss der zuständigen Behörde[4]) Schiesspulver oder andere explodirende Stoffe herstellt oder im Staate einführt, wird mit Haft bis zu drei Monat und mit Geldstrafe bis zu fünfhundert Lire bestraft.

463. Wer Waffen ohne Erlaubniss der zuständigen Behörde[5]) vertreibt oder zum Verkauf stellt, wird, falls eine solche Erlaubniss gesetzlich vorgeschrieben ist, mit Haft bis zu einem Monat und mit Geldstrafe von fünfzig bis zu fünfhundert Lire bestaft.

464[6]). Wer ohne Erlaubniss der zuständigen Behörde und ausserhalb seiner Wohnung und der zu derselben gehörigen Räume Waffen trägt, für welche die Erlaubniss erforderlich ist, wird mit Haft bis zu einem Monat oder mit Geldstrafe bis zu zweihundert Lire bestraft.

Der Thäter wird mit Haft bestraft:

1) bis zu vier Monat, wenn die Waffe ein Pistol oder ein Revolver ist,

2) bis zu einem Jahr, wenn die Waffe eine hinterlistige ist.

---

[4]) Neml. der zu Anm. 3 gen. Behörde. Art. 21. Ohne behördliche Erlaubniss dürfen Schiesspulver oder andere explosive Stoffe nur bis zu fünf Kilogramm, Dynamit und andere Nitroglycerinstoffe überhaupt nicht im Hause gehalten oder befördert werden, Pulver- und andere Sprengstofffabriken dürfen nur mit Erlaubniss des Präfekten (der Provinz) errichtet werden, und nur unter Beobachtung der für Menschenleben und Eigenthum nothwendigen Sicherheitsmaassregeln. Art. 21 und 22 ebend.

[5]) Die Erlaubniss zum Handel mit Waffen jeder Art ertheilt die Bezirks-Sicherheitsbehörde. Art. 12 ff. ebend.

[6]) Ueber das Waffentragen enthält das erwähnte Gesetz (vom 30. Juni 1889 Art. 19 ff. u. 15 ff.) folgende besondere Bestimmungen: Hieb- oder (Stossangriffs)-waffen dürfen ohne triftigen Grund überhaupt nicht getragen werden. Zum Tragen (ausserhalb der Wohnung und deren Zubehör) (grösseren) Schiessgewehrs (armi lunghe da furco) bedarf es der Erlaubniss der Bezirks-Sicherheits-Behörde, und des Präfekten der Provinz rücksichtlich der Revolver, Pistolen oder Stockdegen. Für die Erlaubniss ist eine Gebühr zu erlegen. Die Erlaubniss darf demjenigen, welcher eine Freiheitsstrafe über drei Jahr erlitten hat und noch nicht wieder in den Besitz der öffentlichen (bürgerlichen Ehren-) Rechte gelangt ist, sowie dem wegen Arbeitsscheu u. s. w. Verwarnten („ammonito") oder dem unter Polizeiaufsicht Gestellten nicht ertheilt werden. Sie kann auch dem verweigert werden, der zu einer Strafe unter drei Jahren verurtheilt ist und seine gute Führung nicht nachzuweisen vermag. Dem aus der väterlichen Gewalt nicht entlassenen Minderjährigen (über 16 Jahr) kann mit Einwilligung des Vaters oder Vormundes die Erlaubniss zum Waffentragen vom Präfekten ertheilt werden. Die Erlaubniss erstreckt sich immer nur auf ein Jahr und wird bei schlechter Führung oder bei Missbrauch der Waffe widerrufen.

465. Die im voraufgehenden Artikel festgesetzten Strafen werden erhöht:

1) um ein Drittel, wenn die Waffe an einem Orte, woselbst eine Versammlung oder ein Zusammenlauf von Menschen stattfindet, oder des Nachts an einem bewohnten Orte getragen wird, oder wenn der Thäter wegen Bettelei verurtheilt worden ist,
2) um ein Drittel bis um die Hälfte, wenn der Thäter wegen wider die Person oder das Eigenthum mit Gewalt begangener Vergehen, oder wegen Gewaltthätigkeit oder Widerstandes gegen die Staatsgewalt verurtheilt worden ist, oder wenn derselbe sich unter polizeilicher Aufsicht befindet; auch kommt Haftstrafe immer zur Anwendung.

466 [7]). Es wird mit Geldstrafe bis zu einhundert Lire bestraft, wer, auch unter der Voraussetzung der Erlaubniss zum Tragen von Feuerwaffen,

1) eine von solchen Waffen geladen einer Person im Alter von unter vierzehn Jahren oder einer Person, welche dieselbe mit Einsicht zu führen weder versteht noch vermag, übergiebt oder tragen lässt,
2) es verabsäumt bei der Aufbewahrung der genannten Waffen diejenigen Vorsichtsmaassregeln anzuwenden, welche zu verhindern geeignet sind, dass eine der erwähnten Personen sich leicht in den Besitz derselben zu setzen vermag,
3) ein geladenes Gewehr an einem Orte trägt, wo eine Versammlung oder ein Zusammenlauf von Menschen stattfindet.

467. Wer ohne Erlaubniss der zuständigen Behörde [8]) an einem bewohnten Ort oder in dessen Nähe, oder einer öffentlichen Strasse entlang oder in der Richtung nach derselben Feuerwaffen abschiesst oder Feuer- oder explodirende Werke in Brand setzt, oder andere gefährliche oder lästige Explosionen oder Brände veranlasst, wird mit Geldstrafe bis zu fünfzig Lire bestraft, zu welcher in schwereren Fällen Haftstrafe bis zu fünfzehn Tagen hinzutreten kann.

---

[7]) Die vorstehende zweckdienliche Vorschrift ist aus dem früheren Toskan. Polizei-Str.-G.-B. (Art. 95) entnommen.

[8]) Nemlich der Ortspolizeibehörde. Art. 24 a. a. O. — Aehnlich das Deutsch. Str.-G.-B. §§ 368^{7}, $367^{8, 5 \text{ u. } 6}$.

468[9]). Wer heimlich oder wider das Verbot des Gesetzes oder der zuständigen Behörde im Hause oder an einem anderen Orte eine Menge Waffen von nicht unter zwanzig an der Zahl, oder ein oder mehrere Geschütze, oder andere ähnliche Maschinen, oder explodirende oder entzündbare Stoffe, welche durch ihre Beschaffenheit oder Menge gefährlich sind, besitzt, wird mit Haft nicht unter drei Monaten bestraft; sind die Waffen hinterlistige, so kann auch auf Stellung unter polizeiliche Aufsicht erkannt werden.

469. Wer ohne Erlaubniss der zuständigen Behörde[10]) Schiesspulver oder andere explodirende Stoffe in einer den eigenen oder gewerblichen Bedarf überschreitenden Menge, oder ohne die von dem Gesetz oder den Verordnungen[11]) vorgeschriebenen Sicherheitsvorkehrungen von einem Ort zum andern schafft, wird mit Haft bis zu einem Monat oder mit Geldstrafe bis zu dreihundert Lire bestraft.

470[12]). Rücksichtlich der strafgesetzlichen Wirkungen werden unter „hinterlistigen“ Waffen verstanden:

1) die Pfriemen, Stiletts und Dolche irgendwelcher Form, und die geschliffenen Messer, deren Klinge fest ist oder mittels einer Feder oder einer anderen Vorrichtung fest gemacht werden kann,
2) die Schusswaffen, deren genau abgemessenes Rohr kürzer als einhunderteinundsechzig Millimeter ist[13]), die Bomben und jede explodirende Maschine oder Umhüllung,
3) die blanken oder Schusswaffen irgendwelchen Maasses, welche in Stöcken, Rohren oder Stäben eingeschlossen sind.

---

[9]) Nach § 10 des mehrerw. Gesetzes ist die Aufsammlung von Kriegswaffen, Munition, Uniformen oder anderer militärischer Ausrüstungsgegenstände verboten. Vgl. hierzu § 360[3] D. Str.-G.-B. und § 8 ob. gen. Reichs-Ges.

[10]) d. i. die Bezirkspolizeibehörde.

[11]) Nemlich der Bezirkspolizeibehörde. Vgl. § 367[5] D. Str.-G.-B. Ueber die Beförderung von Schiesspulver etc. mit der Eisenbahn, Post, zu Schiffe oder auf Landwegen bestehen in Deutschland reichs-, landes- und localpolizeiliche Verordnungen. Eisenb.-Betr.-Regl. v. 11. Mai 1874 § 48. Postordn. v. 8. März 1879 § 10. Verord. d. Min. d. In. und für Hand. und Gew. v. 19. März 1886.

[12]) Vgl. Art. 155, sowie Anm. 1 u. 6.

[13]) Diese Bestimmung ist aus dem Sard. Ges.-B. (Art. 455) übernommen. Ueber Waffen mit längerem Lauf s. Anm. 6.

Zweites Kapitel.

Vom Einsturz und von den Unterlassungen der Gebäude-Ausbesserungen[1]).

471. Wer an der Zeichnung oder an der Errichtung eines Gebäudes theilgenommen hat, wird, wenn dasselbe infolge seiner Fahrlässigkeit oder Unerfahrenheit einstürzt, ohne eine Gefahr für die Sicherheit Anderer herbeizuführen, mit Geldstrafe von nicht unter einhundert Lire bestraft, zu welcher die zeitige Untersagung der Ausübung des Gewerbes oder der Kunst hinzutreten kann[2]).

Die Bestimmung des gegenwärtigen Artikels findet auch im Falle eines Einsturzes von Brücken oder von Zurüstungen für die Errichtung oder Ausbesserungen von Fabriken oder Aehnlichem zur Anwendung.

472. Droht ein Gebäude oder ein anderer Bau ganz oder zum Theil mit Gefahr für die Sicherheit Anderer einzustürzen, so wird der Eigenthümer oder der Vertreter desselben, oder wer sonst zur Erhaltung oder Beaufsichtigung des Gebäudes oder des Baues verpflichtet ist, wenn er nicht für die zur Beseitigung der Gefahr erforderlichen Arbeiten sorgt, mit Geldstrafe von zehn bis zu einhundert Lire, und bis zu eintausend Lire bestraft, wenn er die Anordnung der zuständigen Behörde übertreten hat.

Handelt es sich um ein Gebäude oder einen anderen Bau, welche ganz oder zum Theil eingestürzt sind, so wird derjenige, welcher trotz der Verpflichtung hierzu es verabsäumt, durch Ausbesserungen oder irgend eine andere Vorsichtsmassregel die infolge des Einsturzes noch drohende Gefahr zu beseitigen, mit Geldstrafe von fünfzig bis zu eintausend Lire bestraft.

Drittes Kapitel.

Von den Uebertretungen betreffend Signale und Apparate öffentlichen Dienstes[1]).

473. Wer es unterlässt, die zur Vermeidung von Gefahren, welche an einem Orte öffentlichen Verkehrs durch aufgeführte Werke

---

[1]) Aehnliche Bestimmungen enthielt das bish. Strafgesetzb. (Art. 685[2] Cod. Sard.). Vgl. hierzu 367[13–15] D. Str.-G.-B. §§ 380 ff. Oest. Str.-G.-B.

[2]) S. Art. 15.

[1]) Cod. Sardo Art. 685[1].

oder zurückgelassene Gegenstände entstehen, durch die Verordnungen vorgeschriebenen Signale und Schutzvorrichtungen aufzustellen, wird mit Geldstrafe bis zu dreihundert Lire bestraft, neben welcher in schwereren Fällen auf Haft bis zu zwölf Tagen erkannt werden kann.

Wer eigenmächtig die vorerwähnten Signale entfernt, wird mit Geldstrafe von fünfzig bis fünfhundert Lire bestraft, neben welcher auf Haftstrafe bis zu zwanzig Tagen erkannt werden kann.

474. Wer eigenmächtig die Laternen, welche zur öffentlichen Beleuchtung dienen, auslöscht, oder andere als die in dem voraufgehenden Artikel angegebenen und für öffentlichen Dienst bestimmten Apparate oder Signale entfernt, wird mit Geldstrafe bis zu zweihundert Lire bestraft.

Viertes Kapitel.

Vom gefahrvollen Werfen und Aufstellen von Sachen[1]).

475. Wer auf einen Ort öffentlichen Verkehrs oder auch auf einen mehreren Familien gemeinschaftlichen umschlossenen Privatraum Sachen wirft oder giesst, welche geeignet sind, Personen zu verletzen oder zu beschmutzen, wird mit Haft bis zu zehn Tagen oder mit Geldstrafe bis zu einhundert Lire bestraft.

476. Wer ohne die erforderlichen Schutzvorrichtungen an Fenster, auf Dächer, Terrassen oder andere ähnliche Orte Sachen stellt oder hängt, welche beim Fallen Personen verletzen oder beschmutzen können, wird mit Geldstrafe bis zu dreissig Lire bestraft.

Wird der Urheber der That nicht ermittelt, so kommt die Strafe gegen den Verwalter oder Besitzer des Gebäudes zur Anwendung, falls dieselben in der Lage waren, die That selbst zu verhindern.

Fünftes Kapitel.

Von der Uebertretung betreffend die Ueberwachung geisteskranker Personen[1]).

477. Wer seiner Ueberwachung anvertraute Irrsinnige umherlaufen lässt oder, falls dieselben seiner Ueberwachung sich entzogen

[1]) Cod. Sardo 685^4 und 686^1, 687^1. Cod. Nap. 471^6. D. Str.-G.-B. § 366^{7-9}.

[1]) Cod. Sardo Art. 685^5. Das Deutsche und auch andere Strafrechte haben keine besonderen Vorschriften über die hier erörterte Materie.

haben, der Behörde nicht sofort Anzeige hiervon macht, wird mit Geldstrafe bis zu zweihundertfünfzig Lire bestraft.

478. Wer ihm als geisteskrank bezeichnete Personen zur Ueberwachung annimmt, ohne der Behörde sofort Anzeige hiervon zu machen, oder ohne die Ermächtigung, falls eine solche vorgeschrieben ist, oder die Erlaubniss hierzu zu erhalten, wird mit Geldstrafe von fünfzig bis zu fünfhundert Lire bestraft, neben welcher in schwereren Fällen auf Haft bis zu einem Monat erkannt werden kann.

479. Zu den in den voraufgehenden Artikeln festgesetzten Strafen tritt, falls der Thäter eine der Leitung von Irrenhäusern vorgesetzte Person ist oder falls derselbe die Heilkunst ausübt, zeitige Untersagung der Ausübung des Gewerbes oder der Kunst[2]).

Sechstes Kapitel.

Von der Unterlassung der Ueberwachung und von der schlechten Führung von Thieren oder von Fuhrwerken[1]).

480. Wer wilde Thiere oder gefährliche (Haus-) Thiere, an welchen er das Eigenthum oder über die er die Bewachung hat, gegenüber den durch die Verordnungen vorgeschriebenen Sicherheitsvorkehrungen, freilässt oder nicht bewacht, und wer für den Fall, dass die Thiere der Wasserscheu verdächtig sind, dies nicht sofort der Behörde anzeigt, wird mit Haft bis zu einem Monat bestraft.

481. Wer losgebundene oder angebundene Zug- oder Laufthiere an zugänglichen Orten ohne Bewachung lässt oder sonst sich selbst überlässt, oder wer dieselben ohne genügende Fähigkeit führt, oder sie unerfahrenen Personen anvertraut, oder wer durch die Art des Anspannens oder Führens, oder dadurch dass er sie reizt oder scheu macht, die Sicherheit Anderer einer Gefahr aussetzt, wird mit Haft bis zu einem Monat bestraft.

Ist der Uebertreter ein an einen Erlaubnissschein gebundener Kutscher oder Führer, so tritt noch die Untersagung der Ausübung des Gewerbes[2]) oder der Kunst bis zu vierundzwanzig Tagen hinzu.

---

[2]) S. Art. 11 und 25.

[1]) Cod. Sard. 685[6]. D. Str.-G.-B. §§ 367[11] u. 366[5]. Oest. Str.-G.-B. §§ 387 ff.

482. Wer Thiere oder Fuhrwerke auf öffentlichen oder dem Publicum zugänglichen Wegen oder Verkehrsstellen in einer für die Sicherheit der Personen oder Sachen gefährlichen Weise antreibt, wird mit Geldstrafe bis zu fünfzig Lire bestraft; ist der Uebertretende an eine Erlaubniss gebundener Kutscher oder Führer, so kann noch auf Untersagung der Ausübung des Gewerbes bis zu fünfzehn Tagen erkannt werden.

Siebentes Kapitel.

Von anderen gemeingefährlichen Uebertretungen.

483[1]. Wer auch durch Fahrlässigkeit oder Unerfahrenheit auf irgend eine Weise die Gefahr von Schäden für Personen oder von schweren Schäden für Sachen entstehen lässt, wird mit Geldstrafe bis zu zweihundert Lire oder mit Haft bis zu zwanzig Tagen bestraft.

Stellt die That gleichzeitig eine Verletzung der Vorschriften auf dem Gebiete der Kunst, des Handels oder der Industrie dar, so besteht die Strafe in Haft von sechs bis zu dreissig Tagen und in Untersagung der Ausübung des Gewerbes oder der Kunst bis zu einem Monat.

Dritter Titel.

Von den Uebertretungen betreffend die öffentliche Sittlichkeit[1].

Erstes Kapitel.

Von den Glückspielen[2].

484. Wer an einem öffentlichen oder dem Publikum zugänglichen Orte ein Glücksspiel hält, oder zu Gunsten desselben die Räum-

---

[1] Die Aufnahme dieser generellen Strafbestimmung hat der Gesetzgeber um deswillen für nothwendig erachtet, weil bei dem heutigen Stand und Fortschritt im Gewerbe und in der Kunst nicht alle die Thatsachen zu specificiren seien, welche gemeingefährlich oder gemeinschädlich sein können. Mot. II S. 464.

[1] Mot. III S. 465. Kommissionsber. S. 353 ff.

Die in dem vorliegenden Titel behandelten, unter den allgemeinen Gesichtspunkt der Verletzung der Sittlichkeit gestellten Uebertretungen haben in den bisher in Geltung gewesenen ital. Strafgesetzbüchern eine andere Auffassung und

lichkeit gewährt, wird mit Haft bis zu einem Monat, welche im Rückfall bis zu zwei Monaten ausgedehnt werden kann, und mit Geldstrafe nicht unter einhundert Lire bestraft.

Haft von einem bis zu zwei Monaten tritt ein und kann dieselbe im Rückfall bis zu sechs Monat ausgedehnt werden:

1) wenn die That eine gewohnheitsmässige;

2) wenn derjenige, der das Spiel hält, der Leiter einer öffentlichen Wirthschaft ist, woselbst die Uebertretung begangen ist; in diesem Falle tritt auch Untersagung der Ausübung des Gewerbes bis zu einem Monat hinzu.

485. Wer, ohne an der im voraufgehenden Artikel vorgesehenen Uebertretung theilgenommen zu haben, abgefasst wird, während er an dem Glücksspiele an einem öffentlichen oder dem Publikum zugänglichen Orte theilnimmt, wird mit Geldstrafe bis zu fünfhundert Lire bestraft.

486. In jedem Falle einer Uebertretung wegen Glücksspiels werden das zum Spiel gesetzte Geld und die zu demselben verwandten oder bestimmten Geräthe oder Gegenstände eingezogen.

487. Bezüglich der strafgesetzlichen Wirkungen werden unter „Glückspielen" diejenigen Spiele verstanden, bei welchen in der Absicht, zu gewinnen, der Gewinn oder Verlust gänzlich oder fast gänzlich vom Zufall abhängt [3]).

Aufstellung erfahren. So waren „die verbotenen Spiele" als Reate „wider die öffentliche Ruhe" aufgefasst, (Cod. Sardo Art. 474), die Thierquälerei galt als eine Uebertretung „wider die öffentliche Ordnung", (ebend. Art. 685[7]), die im Art. 490 vorgesehene Uebertretung war der allgemeinen Kategorie der Vergehen „wider die gute Sitte" subsumirt: (Art. 420 ebendas.) die Trunkenheit endlich hatte als ein in die Erscheinung tretender strafbarer Zustand an sich nur im Toskanischen Polizeistrafgesetzbuch („regolamento toscano di policia punitiva") Berücksichtigung gefunden (Art. 60).

[2]) Mot. III S. 466. Kommiss. Ber. S. 353. Cod. Sardo 474 ff. Cod. Tosc. (regolam.) 75—84. Cod. Nap. 410. Cod. Spagn. 267 ff. Nach letzteren beiden Gesetzbüchern ist das öffentliche Veranstalten und Treiben von Glücksspielen unter Strafe gestellt.

Nach Deutschem Strafrecht wird wegen Glückspiels bestraft, wer dasselbe gewerbsmässig betreibt, oder wer als Inhaber eines öffentlichen Versammlungsortes dasselbe dort gestattet, — oder wer öffentlich Glücksspiele hält. §§ 284 ff. und 360[14] das.) ähnlich Oest. Str.-G.-G.-B. §§ 522 ff.

[3]) „nei quali la vincita o la perdita, a fine di lucro, dipenda interamente o quasi interamente dalla sorte". Die authentische Interpretation, welche hier der Ge-

Bei den in den voraufgehenden Artikeln vorgesehenen Uebertretungen werden als dem Publikum zugänglich auch die Orte einer Privatgesellschaft verstanden, woselbst für die Benutzung der Spielgeräthschaften oder die Vergünstigung, zu spielen, eine Entschädigung gefordert wird, oder wo, auch ohne Bezahlung jeder beliebigen Person zum Zwecke des Spiels Zutritt gewährt wird[4]).

Zweites Kapitel.

Von der Trunkenheit[1]).

488. Wer an einem öffentlichen Orte im Zustande lästiger oder widerspenstiger offenbarer Trunkenheit betroffen wird, wird mit Geldstrafe bis zu dreissig Lire bestraft.

---

setzgeber von dem Begriffe „Glückspiel" giebt, deckt sich im Wesentlichen mit der vom Reichsgericht in der Entscheidung vom 30. Juni 1882 Rechtspr. Bd. IV S. 641. Entsch. Bd. VI S. 421) aufgestellten Begriffserklärung von Spiel zum Unterschied von Wette. Nach Letzterer bilden nur Zweck und Motiv die Unterscheidungsmerkmale beider Vertragsarten, insofern als beim Spiel die Erlangung des Gewinnes von den Spielenden direkt als Ziel des Spiels ins Auge gefasst werde, während das Motiv der Wette der Streit sowie die Lust, die Ueberzeugung von der Richtigkeit der aufgestellten Behauptung bewährt zu sehen, und der Zweck der Wette die Ermöglichung oder Sicherung des dem Gegner zu führenden Nachweises sei, dass man bei dem Streite Recht, der Gegner Unrecht gehabt habe. M. a. W. das Motiv zur Wette ist ein ideales, der Zweck des Spieles ein materieller.

[4]) Durch die ital. Gesetze vom 27. September 1863 und 19. Juli 1880, sowie die Verordnung vom 21. November 1880 („sùl giuco del lotto e sulle lotterie") ist das (nicht staatliche) Lotteriewesen eingehend geregelt. Nach denselben dürfen nur die gesetzlich bestätigten juristischen Personen Lotterien und Lottospiele (tombole) veranstalten, und auch nur zu einem wohlthätigen Zweck oder „zur Ermunterung der schönen Künste". Auch sollen bei Ersteren die Gewinne in Mobilien, nicht in Geld oder in Werthpapieren etc. bestehen.

[1]) Mot. III S. 470 ff. Kommiss. Ber. S. 354. Entw. Art. 469—471. — Die Trunkenheit als (selbstverschuldeten) Zustand bestraft von den bisherigen ital. Strafrechten nur das Toskanische (in dem mehrerw. Polizeireglement Art. 60).

Im Entwurf (Art. 469) war zur Erfüllung des Thatbestandes der strafbaren Trunkenheit nur vorausgesetzt, dass Jemand an einem öffentlichen Ort im Zustande „völliger und offenbarer" Trunkenheit betroffen wird. — Schon früher haben andere Staaten durch besondere Gesetze dem Unfug der Trunkenheit zu steuern unternommen, so Schweden durch Gesetz vom 16. November 1841, mehrere Schweizer Kantone (St. Gallen, Appenzell, Luzern), England durch Gesetz vom 10. August 1872 (An act for regulating the sale of intoxicating liquors. 35 und

Ist die That eine gewohnheitsmässige, so besteht die Strafe in Haft bis zu einem Monat; auch kann der Richter anordnen, dass die Haft in einer im Artikel 22 vorgesehenen Weise verbüsst wird.

489. Wer an einem öffentlichen oder dem Publikum zugänglichen Orte die Trunkenheit eines Anderen dadurch herbeiführt, dass er zu diesem Zwecke Getränke oder andere berauschende Stoffe verabreicht, oder wer dieselben einer bereits trunkenen Person verabreicht, wird mit Haft bis zu zehn Tagen bestraft.

Wird die That gegen eine Person begangen, welche das vierzehnte Lebensjahr noch nicht vollendet hat, oder die sich offenbar infolge von Siechthum oder Geistesstörung in einem entarteten Zustande[2]) befindet, so besteht die Strafe in Haft von zehn Tagen bis zu einem Monat.

Treibt der Thäter einen Handel mit berauschenden Getränken oder Stoffen, so tritt zeitige Untersagung der Ausübung des Gewerbes hinzu.

Drittes Kapitel.

Von den Handlungen, welche der öffentlichen Schamhaftigkeit zuwiderlaufen[1]).

490. Wer in der Oeffentlichkeit eine unzüchtige Nacktheit zeigt oder mit Worten, Gesängen oder anderen Handlungen die öffentliche

36 Vict. c. 94) und vom 9. Juli 1879 (42 und 43 Vict. c. 19), Frankreich durch Gesetz vom 23. Januar 1873 „tendant à reprimer l'ivresse publique et à combattre les progrès d' l'alcoolisme", Oesterreich durch Gesetz vom 19. Juli 1877 „über die Hintanhaltung der Trunkenheit". Ebenso bestraft Ungarn in seinem (besonderen) Strafgesetzbuch über Uebertretungen vom 12. Juni 1879 denjenigen (bis zu 25 fl.), der an einem öffentlichen Ort in ärgernisserregender Weise betrunken erscheint. Das Deutsche Strafgesetzbuch (§ 361[5]) bedroht nach Analogie des Preuss. Strafgesetzbuches (§ 119[1]) die Trunksucht (als Uebertretung) nur für den Fall mit Strafe, dass Jemand durch den Trunk unfähig wird, sich und die von ihm zu ernährenden Personen zu unterhalten, so dass fremde Hülfe in Anspruch genommen werden muss. (Vgl. auch Entscheid. des Reichsgerichts vom 21. Februar 1880. Rechtspr. I 366.) Durch Vorlegung eines Gesetzentwurfes (vom 23. März 1881) hatte die Reichsregierung unternommen, dem Unwesen der Trunksucht entgegenzutreten. Nach dem Vorbilde der obengenannten Staaten sollte die Trunkenheit als strafbarer Zustand an sich sowie als eine Strafthat veranlassender oder begleitender Umstand besonders unter Strafe gestellt werden. Der Entwurf ist nach kurzer Berathung im Reichstage einer Kommission überwiesen, dann aber nicht wieder vorgelegt worden.

[2]) „stato anormale".

[1]) Der Gesetzgeber will (Mot. III S. 477) mit der vorstehenden Bestimmung

Schamhaftigkeit verletzt, wird mit Haft bis zu einem Monat oder mit Geldstrafe von zehn bis zu dreihundert Lire bestraft.

Viertes Kapitel.

Von den Thierquälereien.

491. Wer gegen Thiere Grausamkeiten begeht oder dieselben ohne Noth misshandelt oder sie zu offenbar ausartender Ermattung anstrengt, wird mit Geldstrafe bis zu einhundert Lire bestraft [1]).

Derselben Strafe unterliegt derjenige, welcher obschon nur zu einem wissenschaftlichen oder Lehrzweck, aber ausserhalb der zum Unterricht bestimmten Orte, Thiere Experimenten unterwirft, welche Abscheu zu erregen geeignet sind [2]).

Vierter Titel.

Von den Uebertretungen betreffend den öffentlichen Schutz des Eigenthums [1]).

Erstes Kapitel.

Von dem ungerechtfertigten Besitz von Gegenständen und Werthsachen.

492. Wer, nachdem er wegen Bettelei oder wegen Diebstahls,

---

diejenigen Unzüchtigkeiten bestraft wissen, welche zwar auch an sich das Sittlichkeitsgefühl verletzen, die aber vom Thäter nicht mit Ueberlegung vorgenommen worden sind. Letzteren Falles sollen die Vorschriften der Art. 338 und 339 Platz greifen. — Das Deutsche Strafrecht (§§ 183 und 184) kennt diesen Unterschied nicht; doch sollen auch nach mehrfachen Entscheidungen des Reichsgerichts unzüchtige mündliche Aeusserungen unter den Begriff unzüchtiger Handlungen fallen, sofern sie mit Bewusstsein des Thäters einen geschlechtlichen Reiz erregen können. Ebenso ist auch im Deutschen Strafrecht von jeher angenommen worden, dass die Darstellung des Nackten nicht an sich, sondern nur sofern dieselbe in letztgen. Absicht vorgenommen ist, strafbar ist. Entsch. Ob.-Trib. vom 19. Juni 1874 und R.-Ger. v. 15. Dec. 1879. (Vgl. auch Anm. 2 zu Art. 1 und Anm. zu Art. 338 und 339.)

[1]) Nach Deutsch. Str.-G.-B. wird als Thierquäler bestraft, wer öffentlich oder in Aergerniss erregender Weise Thiere boshaft quält oder roh misshandelt. (§ 360[13] das.).

[2]) Mit der in diesem Abschnitt getroffenen Maassnahme sucht der Gesetzgeber (Mot. III S. 479) die auch in Italien lebhaft bekämpfte Vivisektion in einer Weise zu behandeln, durch welche einerseits der Wissenschaft andererseits der Humanität Rechnung getragen werden soll.

[1]) Der Gesetzgeber will durch die im vorliegenden Kapitel enthaltenen Vor-

Raubes, Erpressung, Zwangsloskaufes[2]), Betruges oder Hehlerei verurtheilt worden ist, im Besitze von Geld oder Gegenständen betroffen wird, welche mit seiner Lage nicht übereinstimmen und deren rechtmässige Herkunft er nicht nachweist, wird mit Haft bis zu zwei Monaten bestraft.

Wird derselbe im Besitze gefälschter oder nachgemachter Schlüssel oder zum Eröffnen oder Erbrechen von Schlössern geeigneter Werkzeuge betroffen, deren rechtmässige wirkliche Bestimmung er nicht nachweist, so wird er mit Haft bis zu zwei Monaten, und von zwei bis zu sechs Monat bestraft, wenn die That des Nachts stattgefunden hat.

Das Geld und die Gegenstände werden eingezogen.

Zweites Kapitel.

Von der Unterlassung von Vorsichtsmaassregeln bei Handels- und Pfandleihgeschäften.

493. Wer Gegenstände, welche wegen ihrer Beschaffenheit oder wegen des Standes der Person, welche dieselben anbietet, oder wegen des geforderten oder angenommenen Preises von einer Strafthat herzurühren scheinen, als Pfand, als in Zahlung oder zur Hinterlegung erwirbt oder annimmt, ohne zuvor ihren rechtmässigen Ursprung festgestellt zu haben, wird mit Geldstrafe bestraft; und mit Haft bis zu zwei Monaten, wenn er eine der im Artikel 492 angegebenen Personen ist.

Straffrei bleibt derjenige, der den rechtmässigen Erwerb der Gegenstände nachweist[1]).

494. Wer, nachdem er Geld empfangen oder Gegenstände gekauft oder anderweitig erhalten hat, welche von einem Vergehen herrühren, und alsdann die unrechtmässige Herkunft derselben erkannt hat, es unterlässt, der Behörde sofort Anzeige hiervon zu machen, wird mit Geldstrafe von nicht unter dreissig Lire bestraft, mit welcher Haftstrafe bis zu zwanzig Tagen verbunden werden kann.

---

schriften Präventivmaassregeln zur Verhütung von Eigenthumsvergehen aufstellen. Mot. III S. 481. Aehnliche Bestimmungen wie die im Art. 492 und 493 enthielt bereits der Code Nap. Art. 277 und 278. Vgl. auch § 473 Oest. Str.-G.-B.

[2]) „ricatto". S. Art. 410 ff.

[1]) Diese übrigens sich von selbst verstehende Bestimmung war im Entwurf noch nicht enthalten.

495. Wer einen Handel oder Pfandleihgeschäfte mit Werthsachen oder mit gebrauchten Sachen betreibt und hierbei die für einen solchen Handel oder für solche Geschäfte durch Gesetz oder durch die Verordnungen bestimmten Vorschriften[2]) nicht beobachtet, wird mit Geldstrafe bis zu dreihundert Lire bestraft, zu welcher im Rückfalle Haft bis zu einem Monat und zeitiige Untersagung der Ausübung des Gewerbes oder der Kunst hinzutritt.

Drittes Kapitel.

Vom unerlaubten Verkauf von Schlüsseln und Dietrichen und von der unerlaubten Oeffnung von Schlössern[1]).

496. Der Eisenschmied, Schlosser oder andere Handwerker, welcher Dietriche irgend Jemandem verkauft oder verabfolgt, oder Schlüssel irgend welcher Art nach Wachsabdrücken oder nach anderen Abdrücken oder Mustern für denjenigen anfertigt, welcher nicht der Eigenthümer des Ortes oder des Gegenstandes, für welchen dieselben bestimmt sind, oder der Vertreter desselben ist, wird mit Haft bis zu zwei Monaten und mit Geldstrafe von zehn bis zu einhundert Lire bestraft.

497. Der Eisenschmied, Schlosser oder andere Handwerker, welcher auf Ansuchen Jemandes Schlösser irgendwelcher Art öffnet, ohne sich zuvor zu versichern, dass derselbe der Eigenthümer der Orte oder der Gegenstände, welche geöffnet werden sollen, oder der Vertreter desselben ist, wird mit Haft bis zu zwanzig Tagen und mit Geldstrafe bis zu fünfzig Lire bestraft.

Viertes Kapitel.

Von der unerlaubten Gewichts- und Maassführung[1]).

498. Wer ein offenes Geschäft betreibt und in demselben andere als die vom Gesetz bestimmten Maasse oder Gewichte führt, wird mit

---

[2]) Die oben erwähnten Vorschriften sind in dem Gesetz vom 30. Juni 1889 über die öffentliche Sicherheit (Art. 67 ff.) näher angeführt. S. Anm. 2 zu Art. 449.

[1]) Vgl. D. Str.-G.-B. § 369^1 und Oest. Str.-G.-B. § 469.

[1]) Dieselben Bestimmungen enthält D. Str.-G.-B. § 369^2 u. Cod. Nap. Art. 479^5; Letztere entstammt dem Ges. v. 1 Vendém. IV Art. 9.

Geldstrafe von zehn bis zu fünfzig Lire bestraft; im Rückfall kann die Strafe bis auf einhundert Lire erhöht werden.

Im Entwurf war der vorstehende Artikel als Abschnitt zum Art. 283 (294) den Vergehen wider das öffentliche Vertrauen, insbesondere den Betrügereien im Handel u. s. w. einrangirt; an seiner Stelle stand hier im Entwurf die in den nunmehrigen Text des Gesetzes als Art. 427 aufgenommene Vorschrift. Vgl. auch die Anmerk. zu diesem Artikel.

Sachregister[1]).

[1]) Die Zahlen bezeichnen die Artikel.

Berichtigungen.

Seite 6 Zeile 3 v. unten lies: „Analogieen“ statt: „Analogien“.
- 11 - 12 v. oben lies: „Artikeln 5 und 6“ statt: „Artikeln 5 und 7“.
- 18 - 15 v. unten lies: „an dieser Stelle die“ statt: „an dieser die“.
- 18 - 11 v. unten lies: „Höchstbetrages“ statt: „Hochbetrages“.
- 19 - 18 v. unten lies: „kommt“ statt: „kam“.
- 25 - 4 v. oben ist hinter: „Zeitpunkt“ einzuschalten: „an“.
- 27 - 9, 10 und 11 unten lies: „den“ statt: „der“.
- 29 - 1 v. oben lies: „politischen“ statt: politischer“.
- 32 - 22 v. unten lies: „liegt“ statt: „unterliegt“.
- 33 - 12 v. unten lies: „Zustand“ statt: „Zustande“.
- 33 - 2 v. unten lies: „eines strafbaren Zustandes“ statt „strafbaren Zustand“.
- 38 - 4 v. unten lies: „über“ statt: „unter“.
- 40 - 10 v. oben ist hinter „53“ einzuschalten: „enthaltene Bestimmung“.
- 45 - 8 v. oben ist hinter „Gefängniss“ einzuschalten: „strafe“.
- 46 - 17 v. unten lies statt: „ein jedes Vergehen“ — „jede Strafthat“.
- 46 - 15 v. unten kommen die Worte: „festgesetzten Strafen“ in Fortfall.
- 47 - 3 v. unten lies: „schwerste“ statt: „schwere“.
- 52 - 10 v. unten lies: „der Wirkung“ statt: „die Wirkung“.
- 63 - 10 v. oben lies: „in“ statt: „eine“.
- 81 - 11 v. unten fällt „und“ hinter „angestellt“ fort.
- 88 - 6 v. oben ist hinter „Von“ einzuschalten: „den“.
- 88 - 3 v. oben lies: „einen anderen“ statt: „einen Anderen“,
- 92 - 1 v. oben ist 6 hinter: „Verweisung“ statt hinter „Monaten“ zu setzen.
- 93 - 17 v. unten lies: „Richters“ statt: „Richter“.
- 99 - 16 v. oben lies: „die (nicht aus Gewinnsucht)“ statt die nicht (aus Gewinnsucht)“.
- 102 - 10 v. unten ist hinter: „Aemter“ einzuschalten: „hervor“.
- 103 - 2 v. oben ist „begangen“ zu streichen.
- 111 - 4 v. oben lies: „Monaten“ statt: „Monate“.
- 111 - 15 v. oben ist „bestraft“ zu streichen.
- 112 - 8 v. oben ist hinter „Gefängniss“ einzuschalten: „strafe“.

Seite 113 Zeile 12 bis 14 fällt fort.
- 131 - 13 v. oben ist das Wort „davon“ zu streichen.
- 141 - 9 v. unten ist hinter „Schaden“ einzuschalten: „nicht“.
- 151 - 4 v. unten ist hinter „gestellt“ einzuschalten: „werden“.
- 163 - 6 v. unten lies: „einer“ statt: „eine“.
- 165 - 16 v. oben lies: „bestimmt“ statt: „bestimmte“.
- 171 - 11 v. oben lies: „Pflanzungen in den Baumschulen statt: „Fischbrut in den Fischbehältern.
- 174 - 6 v. unten bis „406“ statt: „064“.
- 183 - 1 v. oben lies statt: „für“: „an“.
- 190 - 9 v. oben lies statt: „Mittel“: „Mitteln“ und statt: „gesetzliche“: „gesetzlichen“.
- 192 - 21 v. oben lies statt: „eines der u. s. w. Geschäfte“: „einer der u. s. w. Anstalten“.

FSC
www.fsc.org
MIX
Papier | Fördert gute Waldnutzung
FSC® C083411

Kolibri 360 GmbH
Ferdinand-Jühlke-Straße 7
99095 Erfurt, Deutschland
produktsicherheit@kolibri360.de